紅粉民國

政學兩界的女權傳奇

張耀杰 著

〔序〕《紅粉民國》

范泓

耀杰兄又有新書即將付梓，囑我作一小序，遲疑許久，方才動筆。

原因很簡單，這些年來，耀杰的研究範圍很廣，許多課題於我而言，比較陌生，這本有關民國女性人物的書稿，其中一些人物，讀完之後，才有一定的瞭解。最初還覺得耀杰為何要寫這類看起來頗有點「八卦」的文字，並起了一個帶顏色的書名——《紅粉民國》。不久前，騰訊組織一幫人在海南定安開會，我與耀杰同居一室，細問下，才知道這是耀杰為北京《環球人物》雜誌開設「民國紅粉」專欄的文章匯總。這類題材，雖是舊人舊事，但經過耀杰的一番嚴謹考證和敘述，讀起來，仍感鮮活、立體，耀杰文史文章的魅力往往就在這裏。

本書中的一些民國女性傳奇人物，多與政學兩界的家事、國事有著千絲萬縷的關係，她們的內心掙扎、自我覺醒、社會參與、情感困局，乃至沉浮命運，多少可以折射出一個時代的詭異和變遷。在我看來，該書對近代以降女性話題與女權運動的研究，尤其是對弱勢女性個體生命的歷史再現，儘管同樣受到時代環境的影響，卻無不暗含研究者的價值傾向，也就是說，在傳統的中國男性「父權當道」的視角中，如何解讀近代女性走出家庭、爭取權利的多元面貌，以及她們豐富的內心世界，乃至長期以來自身性別與社會的緊張關係，倘若缺少「理性思辨層面上的真偽是非」，忽視每個時代的延續和斷裂，難免與史實產生巨大的落差。

在當下一些極具戲劇性筆法的歷史述說中，近代女性的「解放」是與革命、政黨、國家等主流話語聯繫在一起的，之前正統儒教「賢妻良母」道德格局被打破，她們中的一些人成為積極參與政治或社會活動的另類女性。但以今天的思考看，不啻于消解了一代女性在現實中的被動處境與真實困惑，其中最性感、最生動的一面被抹去了，某些人物最終淪為一個「政治符號」而已。因為誰都知道，近代中國除國民革命外，還有共產主義革命，二者一度合流，那些高舉反軍閥、反帝國主義的大旗「揮刀斬棘」的女性傳奇，曾經喧騰一時。尤其是追隨共產革命的一些女性人物，「革命」與「戀愛」如影隨形，私領域的情感在歷次革命風暴之下，成為某種「理想」的標榜。但事實上，當她們把自己的人生交出去之後，「自我」便在「集體意識」中逐漸消融，導致她們的「生命傳奇」滿是政治刻痕，甚至於傷痕累累。書中的陶希聖之女陶琴薰、張中府女伴劉清揚基本上是這樣的悲劇性人物，「娜拉」最終未能變成「革命的天使」，她們「就像在風雨中走失的一隻孤雁，誤入藕花深處，幾聲哀鳴，濺起幾多離愁……」

胡適曾經指出，一九二三年是中國近代思想史上的分水嶺，此前大抵上是重個人主義，此後則進入集體主義。胡適在一九三三年十二月二十二日日記中這樣寫道，「無論為民族主義運動，或共產革命運動，皆屬於這個反個人主義的傾向。」耀杰研究歷史人物和事件，一直有自己的價值鏈條和譜系，他所認同的是胡適先生一以貫之的價值理念，即「以人為本」的自由、平等、民主、憲政的多層級、多元化的自由主義價值譜系。這一價值傾向，若落實到耀杰本人的治學中，對敘事物件進行充分解讀或評價就有了一個明確的參照系，一如他自己所言，「只有在這樣的一個價值鏈條和價值譜系面前經得住歷史檢驗的歷史人物，才有可能成為推動歷史進步的健康力量，而不再是歷史敘述中的反面教材。」

耀杰比較注重文獻的運用和新史料的挖掘，這也是傅斯年提倡的史學觀念。對耀杰來說，完全是在於「深入考察該人物的歷史局限性和人性陰暗面」，「澄清還原已經被嚴重污染扭曲歷史事實」，相對於一般的歷史述說，則更具理性和思辨色彩，甚至得出的某些結論，與以往也有所不同。如他在書中對隆裕太后的歷史評價，對著名女作家冰心的客觀分析和史料指證，前者審時度勢，為了天下平安，以其果斷的決策，頒佈《清帝遜位詔書》，一舉打破中國社會南北雙方分裂敵對的政制僵局，成為「中國版的光榮革命」的終極決定者；後者左右逢源，「是一個從來不把雞蛋放在一個籃子裏的聰明女性」，尤其晚年選擇性記憶，對個人歷史採取「遮蔽隱瞞的態度」，無不「構成了一種事實上的反諷解構」……而這些，並非誅心之論，都是他基於對史料和文獻之解讀的客觀認識和價值判斷。所以，從閱讀的意義上來講，這本《紅粉民國》不乏精彩之處，許多篇什深入獨到，可圈可點。

耀杰是一位多產的、擅長運用史料的文史學者，我和他結識，最初就是從尋找史料開始的。在民國史研究方面，耀杰有著自己的路徑，最明顯的一點，就是努力在擺脫意識形態對歷史真相的羈絆和束縛。在耀杰看來，那些既有的價值混亂、以訛傳訛的歷史敘述，本質上受到某一派別話語權的影響，或許是出於無奈，或許是有意為之，但事實上造成的「唯我獨尊、唯我正確」的單邊敘述，不僅遮蔽和篡改多少歷史真相，也給今人重新認識那一段歷史帶來不小的障礙。

二〇一一年年初，共識網在武漢舉辦「辛亥百年：變與不變」研討會，散會之後，清楚地記得，那一天是一月十一日，我與耀杰坐在漢口某賓館咖啡廳聊天，特別地安靜，只有我們兩個人，這是我們多年來少有的一次推心置腹的交談，我第一次深入到耀杰的內心世界，他對我說起青少年時代在河南鄉下缺衣少食的不堪經歷，包括之前祖父的「非正常的死亡」，以及後來在京城遭遇到的權力打壓，原來耀杰是有「舊恨新仇」的人，而且，從不諱言這一點，較之他的平穩文字，耀杰在某些時候言語上的「偏激」就可理解了。

耀杰讀研究生的專業是戲劇史，研究民國歷史和人物，應當是後來的事情。在中國傳統的戲臺上，曾經上演的大都是「帝王將相、才子佳人」，而耀杰的筆下，無論專著或單篇文字，他寫過袁世凱，寫過孫文，寫過宋教仁，也寫過黃興和陳其美，都是近代史上「帝王將相」式的風頭人物；耀杰還寫過袁克文、辜鴻銘、田漢、曹禺、路翎這一類文人，儘管他們的道路選擇不同，命運也不一樣，都或可歸入「文人才子」的類別。這樣看來，他筆下只缺「佳人」；這本《紅粉民國》中的女性人物，非名媛，即佳人，正好彌補這一「缺憾」。耀杰在不經意間把「帝王將相、才子佳人」都寫到，說起來，是一種巧合，實際上，與他的治學視野有關。

作為耀杰的閱讀者之一，我對其文章是有偏愛的，便有了以上的序。雖是一孔之見，不過，耀杰「居高聲自遠」，這本書無論是誰作序，都會受到方家、讀者的歡迎。

二〇一三年一月一日于南京

〔前言〕

紅粉民國的寫作與致敬

錄入這部書稿的所有文章，緣起於二〇一二年度在《環球人物》雜誌開設的「民國紅粉」專欄。由於長期形成的考據癖好，我對於書中大部分民國時期紅粉人物的情色傳奇，都寫有不適合專欄發表的長篇原稿。限於版面要求，刊載於「民國紅粉」的專欄文章，大都割捨了長篇原稿中更加鮮活生動的人物故事和歷史細節；所以，這次結集所採用的基本上是沒有經過刪改的原始文本。與這些專欄文章相關的，還有另外一些配套文章，先後刊登在《南方都市報》、《經濟觀察報》、《東方早報》、《文史參考》、《同舟共進》等多家報刊，作為附錄的幾篇文章，是這些配套文章中比較有價值的部分。假如沒有「民國紅粉」專欄的開設，這本以嚴謹態度撰寫八卦故事的閒書，是不可能呈現在讀者面前的。在此向《環球人物》雜誌及其責任編輯王晶晶女士表示感謝。

最近幾年來，大陸出版界形成一個爭相出版民國名媛、民國女子之類速食圖書的熱潮。我本人的這部書稿，只是在應付《環球人物》雜誌專欄約稿的同時，繼續從事自己十多年來一直堅持的民國史研究，與這樣一種時髦潮流是沒有直接關係的。

中國歷史上真正出現現代意義上的文化學者，是從胡適開始的。學者是工商契約及民主憲政社會的文明載體，所注重的主要是理性思辨層面的真偽是非；文學人以及專門替皇帝、準皇帝神道設教的儒教經師，主要是農耕遊牧及等級專制社會的前文明載體，所偏重的是道德情感層面上的愛憎善惡。在二十一世紀的今天，一個人文歷史的研究者，假如依然不能在精神層面上跨越農耕遊牧及等級專制的前文明與工商契約及民主憲政的現代文明之間的分水嶺，他的學術研究肯定是不文明和不合格的。但是，迄今為止大陸中國的政學兩界，所充斥的恰恰是前文明甚至於反文明的文人經師，而不是堅持人類共同體的普世性文明常識和價值譜系的現代學者。本書是注重在理性思辨層面敘述紅粉民國情色傳奇的學者之作，而不是中國社會幾千年來文史不分家的二元對立、價值混亂、以訛傳訛、真偽難辨的文人傳奇或文史演義。錄入這部書稿的所有文章，儘管不能完全保證沒有文獻史料及歷史思辨方面的硬傷敗筆；以訛傳訛、蓄意造假的主觀故意，肯定是不存在的。在既有的二元對立、價值混亂、以訛傳訛、真偽難辨的文人傳奇及文史演義中，站在某一派別甚至某一國別的立場上，重新製造新一輪「存天理，滅人欲」的單邊片面、唯我正確的道德情感制高點，從來不是我從事文史寫作的價值選項。在這部書稿的所有文章裡面，貫徹始終的是西方社會從古希臘、古羅馬以來逐步形成的現代工商契約及民主憲政文明中，最具普世性的價值信仰和價值譜系。簡單說來，這個普世性的價值信仰和價值譜系，主要包括五個層級的價值要素——

第一層級是主體個人以人為本的自由自治，財產私有、自食其力、自我健全。簡稱自由自治，也可以簡稱為「我自主」。與西方文明社會的以人為本、自由自治相比較，中國傳統的老莊道學所鼓動的隨心所欲、縱情縱欲、為所欲為以至於消極懈怠的無欲無為，其實是一種逃避責任、泯滅人性的偽自由和反自由。

第二層級是以人為本、自由自治的甲乙雙方自然人及實體法人，在社會化擴大再生產的文明財富創造過程中，共同實現意思自治、契約平等、公平公正、互惠互利的雙向動態過程。簡稱契約平等，也可以簡稱為「我願意」。西方基督教的教堂婚禮中最為重要的儀式，就是作為自然人主體的男女雙方各自表達的「我願意」，而不是「我服從」。

第三層級是民間社會各種自然人及實體法人的公民自組織及其聯合組織，建立在以人為本、自由自治、契約平等的基本前提之上的一人一票、少數服從多數的民主投票、民主選舉、民主授權、民主自治。簡稱民主授權，也可以簡稱「我授權」。在現代文明社會裡，任何性質的公民自組織及其制訂的公共契約的合法性，都是以維護保障而不是犧牲剝奪該組織內部所有自然人及實體法人自由自治、財產私有、契約平等的基本權利為前提條件的。

第四層級是現代工商契約及民主憲政的文明社會，建立在以人為本、自由自治、契約平等、民主授權、程式正義優先於實體正義的基本前提之上的治官安民、憲政限權、依法行政、多元共和的現代政治制度。簡稱憲政限權，也可以簡稱為與中國特色的「我服從我效忠」的官權本位截然相反的「我治官」。作為許可權明確的法人實體，無論是國家政權還是地方政權，都必須用來依法保障公民個人以人為本、自由自治、財產私有、契約平等、民主授權的主體人權，而不是凌駕於公民個人的主體人權之上去救國強國。

第五層級是主體個人在人類社會全球化、資訊化的國際交往過程中，全方位地實現同一個世界、同一個人類的以人為本、自由自治、契約平等、民主授權、憲政限權的博愛大同。相對於人類社會的博愛大同，任何性質的愛國家、愛宗教、愛黨派、愛家庭、愛異性，都是不夠完整全面的，或者說是狹隘片面的。

要完整實現人類共同體中所有主體個人以人為本的自由自治、契約平等、民主授權、憲政限權、博愛大同的理想境界，這五個層級的價值要素必須相輔相成、缺一不可。為了便於記憶和傳播，可以把上述五個層級的價值要素、價值信仰、價值譜系，合稱為人類價值五要素或普世價值五要素。近年來，我一直是按照這樣五個層級的價值要素、價值信仰、價值譜系，來深入考察歷史人物及歷史事件的局限性和幽暗面的：只有在這樣一個普世性的價值信仰和價值譜系面前經得起檢驗的歷史人物，才有可能成為推動人類社會文明進步的健康力量。在相關文章中，我引用了一些文言文的歷史文獻，目的在於澄清還原已經被嚴重污染扭曲的歷史事實。不喜歡文言文和慢閱讀的讀者朋友，可以跳過這些段落進行選擇性地快閱讀。

在我的電腦中還有一些與紅粉民國直接相關的半成品文章，希望能夠在不久的將來，接續出版一部《續粉紅民國》；並且在下一部的《續粉紅民國》中，能夠對於民國社會政學兩界多元共存、豐富多彩的女性人物的情色傳奇和女權運動，進行比較系統全面的學理探討。

由於種種原因，筆者的個人生活和文史寫作，多年來一直處於困頓挫折之中。耿劍、謝泳、丁東、范泓、邵建、陳遠煥、蔡登山、笑蜀、馮克力、韓石山、張思之、劉曉波、吳祚來、何雪峰、葉匡政、杜然、馬莉、李方、楊子雲、郭芙秀、陳曉萍、栗憲庭、陳子明、高瑜、韓三洲、陳小雅、張祖樺、江棋生、鐵流、張抗美、曾園、劉煒茗、帥彥、雷劍嶠、張泓、劉穎、周志興、陳遠、朱軍、褚鈺泉、高戰、陳才、王元濤、胡平、陳奎德、張偉國、何清漣、程曉農、劉青、蔡楚、蘇曉康、王軍濤、宋永毅、李建國、洪哲勝、張偉國、唐柏橋、曾慧燕、何頻、成露茜、溫克堅、李文子、周月、穆軍、楊安、武雲溥、綠茶、徐南鐵、王沖、李之傑、劉瑞琳、曹淩志、毛江良、張愛民、麼志龍、黃小初、孫金榮、郭學明、馬勤、伍繼延、趙曉亮、許丹、孫國棟、王振宇、王鋒、魏汝久、華欣遠、趙虹、張平、朱學東、馬惠東等許多師友同好，曾經給予雪中送炭的關心愛護；在此表示衷心感謝。

二〇〇八年至二〇一〇年主持蘇州德源文化研究所研修項目期間，筆者曾經得到該所導師袁偉時、董健、沙葉新、章詒和、賀衛方、裴宜理(Elizabeth.Perry)、于建嶸、聶聖哲的認真指導；並且得到瀋陽、蔣泥（蔣愛民）、李桂枝（端木賜香）、蔡秀麗、林欣薇、蔡靂、袁玎、譚翊飛、朱孝頂、黎學文、王輝、周帥等學友的大力支持，從而為筆者留下許多美好記憶。對於聶聖哲、於建嶸、郭學明等先生的私人資助，筆者也一直銘記在心。在此特別表示對於德源師友的感恩之情。

最後把這本還算有趣的閒書，獻給永遠美麗的妻子伏盛紅，連同積極進取的兒子張眾。

二〇一二年十二月十日

目次

慈禧與隆裕太后（右立）

隆裕太后，一九一二年的「光榮革命」

一百年前的西元一九一二年二月十二日，也就是中國傳統曆法的辛亥年臘月二十五日，剛剛六歲的宣統皇帝溥儀，奉垂簾聽政的隆裕太后懿旨下詔遜位。《清帝遜位詔書》以及另外兩道配套詔書連夜頒佈，一舉打破中國社會南北雙方分裂敵對的政制僵局。真正意義上的南北統一、五族共和、民主授權、憲政限權的中華民國，是應該從這一天開始算起的。

一百年前的西元一九一二年二月十二日，也就是中國傳統曆法的辛亥年臘月二十五日，剛剛六歲的宣統皇帝溥儀，奉垂簾聽政的隆裕太后懿旨下詔遜位。《清帝遜位詔書》以及另外兩道配套詔書連夜頒佈，一舉打破中國社會南北雙方分裂敵對的政制僵局。真正意義上的南北統一、五族共和、民主授權、憲政限權的中華民國，是應該從這一天開始算起的。憲政學家高全喜在《立憲時刻》一書中，把《清帝遜位詔書》的頒佈稱之為「中國版的光榮革命」。

一、隆裕太后的宮廷生活

清朝同治八年也就是西元一八六八年的正月初十，小名喜子的葉赫那拉・靜芬誕生在北京東城朝陽門內芳嘉園。她的父親桂祥是同治皇帝生母、正在以皇太后身份垂簾聽政的慈禧太后的弟弟。在眾多姐妹中，她是從小就被慈禧太后選中的一個。據說慈禧太后很早就給桂祥留話兒：喜子不要嫁給別人。

一八七五年，同治皇帝去世，只有四歲的愛新覺羅・載湉，被慈禧太后選為同治皇帝的政制繼承人，從而成為光緒皇帝。光緒皇帝的父親醇親王奕譞，是同治皇帝愛新覺羅・載淳的叔父，母親是慈禧太后的同胞妹妹。到了一八八九年也就是光緒十五年的正月二十七日，十九歲的光緒皇帝與二十一歲的姑表姐葉赫那拉・靜芬舉行大婚典禮，靜芬從此入住東六宮之一的鍾粹宮掌管後宮大權。與靜芬一起嫁給光緒皇帝的，還有原任侍郎他他拉・長敘的兩個女兒，其中十六歲的瑾嬪後來晉升為瑾妃，十四歲的珍嬪後來晉升為珍妃。一八九五年十二月即光緒二十一年十月，新任日本公使林董在寫給代理外務大臣西園寺公望的報告中介紹隆裕太后說：「現今之皇后，皇太后之侄女也，雖深為皇太后所鍾愛，但其容貌不揚，且其痘痕斑斑，不獨不為皇帝所寵愛，且甚至為皇帝所厭惡。皇帝專寵於某貴妃，因此該貴妃為皇太后所惡。正值此時，皇太后聞說去年由於此貴妃之密奏，而將與其師有關之人任用為官，大為震怒，以違背本朝家法為理由，將其師撲殺於前些時候，且親自執杖鞭笞貴妃，將其貶為貴人。此事自然召致皇帝對皇太后的反感。」

這裡所說的「某貴妃」指的就是珍妃。珍妃和姐姐瑾妃，早年隨伯父廣州將軍長善居住廣州，與堂兄志銳、兄長志鈞一起拜文廷式為師。光緒二十一年十月二十八日，從頤和園回到城內西苑即中南海的儀鑾殿的慈禧太后，以與太監勾結賣官鬻缺的罪名，對珍妃實施「褫衣廷杖」，也就是扒去衣服當眾杖打。十月二十九日，慈禧太后在懿旨中聲稱：「本朝家法嚴明，凡在宮闈，從不准干預朝政。瑾妃、珍妃承侍掖廷，向稱淑慎，……乃近來習尚浮華，屢有乞請之事。……瑾妃、珍妃均著降為貴人，以示薄懲而肅內政。」此後，慈禧太后還專門在遭貶的瑾貴人、珍貴人住處懸掛禁牌：「俟後妃嬪等如有不遵家法，在皇帝前干預國政，顛倒是非，著皇后嚴加訪查，據實陳奏，從重懲辦，決不寬貸。」

據光緒皇帝的師傅、軍機大臣翁同龢在日記中記載，魯伯陽、玉銘、宜麟、裕寬等人，先後通過賄賂宮內太監永祿、常泰、高萬枝以及瑾妃、珍妃，向光緒皇帝請求職位。光緒皇帝對於慈禧太后的這種處置方式並沒有異議，而是表現得「極坦然」。十一月初二日，珍妃處太監高萬枝被慈禧太后下旨處死。

魯伯陽通過珍妃賄買相當於今天的上海市長的蘇松太道一職，曾經在當時轟動一時。胡思敬在《國聞備乘》中介紹說：「魯伯陽進四萬金於珍妃，珍妃言于德宗，遂簡放上海道。江督劉坤一知其事，伯陽蒞任不一月，即劾罷之。」

關於光緒皇帝和隆裕太后與慈禧太后之間的母子婆媳關係，積極支持戊戌變法的戶部左侍郎、總理衙門大臣張蔭桓，在一八九八年十月十六日發配新疆途中，曾經不避嫌疑對押解差官介紹說：「皇上、皇后事太后皆甚勤，又甚苦，每見皆戰慄。侍立時，或太后賜食，即甚飽亦必勉強食盡。近年來以皇上故，皇后朝覲多不允見，見亦無多問答語。自古君後之苦，未有如皇上皇后之甚者也。」

一九〇〇年，八國聯軍攻入北京，慈禧太后帶著光緒皇帝及其皇后、皇妃逃往西安，臨行前把不肯配合的珍妃沉入井中。一九〇〇年，八國聯軍攻入北京，慈禧太后帶著光緒皇帝及其皇后、皇妃逃往西安，臨行前把依仗光緒皇帝的寵愛賣官干政的珍妃沉入井中。

美國傳教士I.T.赫德蘭一八八八年來華傳教，他的妻子在二十多年的時間裏，一直是慈禧太后的母親、隆裕皇后的姐妹以及許多朝廷貴婦們的醫生。他在《一個美國人眼中的晚清宮廷》一書中轉述妻子的話說，隆裕皇后長得一點都不好看。她面容和善，常常一副很悲傷的樣子。她稍微有點駝背，瘦骨嶙峋。臉很長，膚色灰黃，牙齒大多是蛀牙。太后、皇上接見外國使節夫人時，皇后總是在場，但她坐的位置卻與太后、皇上有一點距離。有時候她從外面走進太后、皇上所在的大殿，便站在後面一個不顯眼的地方，侍女站在她左右。在別人不注意的時候，她就會退出大殿或者到其他房中。她臉上常常帶著和藹安詳的表情，總是怕打擾別人，也從不插手任何事情。

作為女人，隆裕皇后雖然身份高貴，她的私人生活顯然是很不幸的，她從來沒有得到過光緒皇帝的寵愛。一九〇八年十一月十四日，光緒皇帝在南海瀛台涵元殿去世，第二代醇親王載灃的三歲兒子愛新覺羅•溥儀，依照慈禧太后遺命以「繼承同治，兼祧光緒」的雙重身份，被確立為宣統皇帝。兼祧母后的隆裕皇后，被尊為皇太后。醇親王載灃被封為監國攝政王。

二、隆裕太后的政制表現

一九〇九年九月二日，署理直隸總督兼北洋大臣那桐，在日記中記錄了垂簾聽政的隆裕太后，對於中日兩國圍繞間島問題開展的外交談判的高度肯定：「早進內，巳正散值。召見時面陳與日使會議延吉廳交涉事宜甚棘手，現經決定，請旨定奪。奉諭：即照此定，後日簽字，如此結局已為難得，斷不為浮議所搖，今日錫督、陳撫電奏可以不理，簽字後發一電旨宣示一切可也。聖明洞鑒萬里，實為欽悚。」

這是作為政治家、外交家的那桐，關於隆裕太后政制表現的真實記錄。這裏的「錫督、陳撫」，指的是當時的東三省都督錫良和吉林巡撫陳昭常。九月四日，外務部尚書梁敦彥與日本駐華公使伊集院彥吉，正式簽訂《圖們江中韓界務條款》，日本方面完全承認間島為清國領土，以圖們江為中韓國界，在江源地方以界碑為基點，以石乙水為分界線，並承諾撤銷所謂的統監府派出所。中國方面則在開商埠、領事裁判權、興修鐵路等具體事務方面上，給予日本諸多優惠。這在一八四〇年之後的中國近代外交史上，是極其罕見的成功個案，同時也是清政府外交當局袁世凱、那桐等人，與處於敵對狀態的同盟會骨幹宋教仁，以及在日本留學期間已經傾向革命的年輕軍官、同盟會秘密會員吳祿貞等人，為了國家利益而進行的一次特殊合作。宋教仁用長達六萬字的《間島問題》

一書充分證明，圖們江北岸吉林省延邊地區和龍縣光霽峪前，原名假江又名間島的相當於臺灣島面積的大片灘地，屬於中國領土。先任吉林邊務幫辦後任督辦的同盟會秘密會員吳祿貞，也寫作有長達十萬字的《延吉邊務報告》，為捍衛國家主權做出了自己的一份貢獻。

自稱公主的裕德齡，是清朝正白旗貴族裕庚的女兒，她的母親是法國人。裕庚早年受湖廣總督張之洞委派，主持沙市的厘稅榷關，兼辦洋務和教案。她與妹妹容齡從小在漢口的教會學校接受教育，後來隨出任外交官的父親在日本、法國生活過六年。一九〇二年冬天，裕庚任滿回國，被賞給太僕寺卿銜留京養病。十七歲的德齡與妹妹容齡因為通曉外文及西方禮儀，一度被慈禧太后召入宮中擔任侍從女官一九〇五年三月，在上海就醫的裕庚電召德齡姐妹到上海侍疾。裕庚去世後，德齡結識美國駐滬領事館副領事撒迪厄斯・懷特，兩人於一九〇七年五月二十一日在上海結婚。懷特從美領事館卸職後留駐中國改作新聞記者，德齡也用英文寫作了回憶錄《清宮二年記》。一九一一年辛亥革命與南北議和期間，德齡接受記者採訪時提供的資訊，她在辛亥革命與南北議和期間接受記者採訪時提供的資訊，較為形象地佐證了那桐給予隆裕太后的「洞鑒萬里」的高度評價：現在的皇太后是一位很仁慈的女性；「她是一個消息非常靈通的人，她讀過一些被譯成中文的外國歷史書，她很願意學習並培養皇帝」。與此同時，裕德齡也談到隆裕太后所面臨的被動共和的弱勢困境：「她是一位溫和的、文靜的、謙遜的人，有點冷漠。她非常清楚地知道她不能和她的嬸母（姑姑）——也就是已故的慈禧太后——相比……她根本不想去控制政府，這點我非常確信。她想要的僅僅是平安而已。」

三、被動共和的光榮革命

一九一一年十一月十三日，袁世凱依據大清王朝頒佈實施的《憲法重大信條十九條》，在北京就任君主立憲的內閣總理大臣。十二月六日，載灃奉隆裕太后懿旨辭去監國攝政王職位，以醇親王名義退歸藩邸。垂簾聽政的隆裕太后，因此成為即將終結的大清王朝事實上的最高統治者和最高責任人。

十二月七日，時任總理公署幕僚秘書的許寶蘅，在日記中記錄了隆裕太后與內閣總理大臣袁世凱，在養心殿內長達一個小時的對談。隆裕太后表示：「余一切不能深知，以後專任於爾。」並且任命袁世凱為議和全權大臣，由袁世凱委託唐少儀為議和代表，負責與南方各省進行和平談判。

十二月二十八日，全國各地要求清帝遜位的呼聲越來越高，在袁世凱等內閣大臣的強烈要求下，隆裕太后召集慶親王奕劻等王公貴族和國務大臣共商國事。隆裕太后最後對袁世凱等人表態說：「頃見慶王等，他們都說沒有主意，要問你們，我全交與你們辦，你們辦得好，我自然感激，即使辦不好，我亦不怨你們。皇上現在年紀小，將來大了也必不怨你們，都是我的主意。」說到這裏，她放聲大哭，袁世凱等王公大臣也陪同大哭。哭過之後，隆裕太后表示說：「我並不是說我家裏的事，只要天下平安就好。」清帝遜位的基本國策，至此已經初步確定。

一九一二年二月二日，許寶蘅在日記中記載，他於當天到公署，親眼看到國務大臣到養心殿內與隆裕太后商酌優禮皇室，「聞太后甚為滿意，親貴亦認可」。二月三日，許寶蘅在日記中寫道：「六時起，到公署，總理入對……」同一天，袁世凱將經過隆裕太后認可的《關於大清皇帝優禮之條件》九款、《關於皇族待遇之條件》四款、《關於蒙滿回藏各族待遇之條件》七款，分別列作甲、乙、丙三項電告南方議和全權代表伍廷芳。

二月四日下午，伍廷芳、唐紹儀、汪精衛從上海來到南京。當天晚上，孫中山召集南京臨時政府的各部總次長在總統府討論。二月五日上午，臨時參議院開議孫中山交議之優待清室各條件，孫中山委派胡漢民、伍廷芳、汪精衛蒞會說明。參議院對該項條款逐條討論，將《關於大清皇帝優禮之條件》改作《關於清帝遜位後優待之條件》，並對原案中尊號、歲費、住地、陵寢、崇陵工程、宮中執事人員、清帝財產、禁衛軍等項進行修改，刪去第八款「大清皇帝有大典禮，國民得以稱慶」。

二月十二日，與許寶蘅同為總理公署秘書的汪榮寶，在日記中寫道：「本日國務大臣入內請旨發表，同人均來此靜候，惴惴恐有中變，比及午，聞各大臣到閣，一切照辦矣。」接下來，他抒寫了與《清帝遜位詔書》高度一致的個人感慨：「大清入主中國自順治元年甲申至今宣統三年辛亥，凡歷十帝二百六十八年，遂以統治權還付國民，合滿漢蒙回藏五大民族為一大中華民國，開千古未有之局，固由全國志士辛苦奔走之功，而我隆裕皇太后尊重人道，以天下讓之，盛心亦當令我國民感念于無極矣，……匕鬯不驚，井邑無改，自古鼎革之局豈有如今日之文明者哉？」

許寶蘅也在當天日記中寫道：「三時到廳，知辭位之諭旨已下。二六八年之國祚遂爾旁移，一變中國有史以來未有之局。」

二月十六日，《倫敦泰晤士報》評論說：「天子已退位，清朝統治不復存在，世界上最古老的君主國已經正式成為一個共和國。歷史上很少見到如此驚人的革命，或許可以說，從來沒有過一次規模相等的、在各個階段中流血這樣少的革命，革命的最後階段是否已經達到目的，這是未來的秘密。……我們衷心希望，這會給中國帶來一個它所切望的進步的穩定的政府。」

四、「女中堯舜」的身後哀榮

遜位詔書頒佈十天後，上海《申報》於二月二十二日以〈清后頒詔遜位時之傷心語〉為標題報導說，二月十二日，《清帝遜位詔書》由袁世凱在養心殿內呈給隆裕太后，隆裕太后沒有讀完便淚如雨下，隨手交給世續、徐世昌蓋用御寶。此時反對共和的恭親王溥偉自請召見，隆裕太后表示說：「彼親貴將國事辦得如此腐敗，猶欲阻撓共和詔旨，將置我母子於何地！」此時無論是何貴族，均不准進內，於是蓋用御寶陳於黃案。清后仍大哭。清帝時立清后懷中，見狀亦哭，袁世凱君及各國務大臣亦同聲一哭。

九月十一日，黃興、陳其美一行在袁世凱、孫中山的一再邀請催促下來到北京。當天晚上，滿清皇族的遺老遺少奉隆裕太后旨意，在金魚胡同那桐住宅舉行歡迎會，黃興在答謝詞中表示，辛亥革命不過三個月就實現共和，「全賴隆裕皇后、皇帝及諸親貴以國家為前提，不以皇位為私產，遠追堯舜揖讓之盛心，遂使全國早日統一，以與法、美共和相比並。」孫中山也表示說：「孝定景皇后讓出政權，以免生民糜爛，實為女中堯舜，民國當然有優待條件之酬報，永遠履行，與民國相終始。」

十月十日，袁世凱就任中華民國第一屆正式大總統，他在寫給遜位皇室的公函中，稱讚隆裕太后「天下為公」。

一九一三年二月二十二日，隆裕太后在西六宮之一的太極殿病逝，享年四十六歲，袁世凱下令全國下半旗致哀三日，文武官員穿孝二十七日。參議院除下半旗外，於二月二十六日休會一天。二月二十八日為祭奠之期。副總統黎元洪在唁電中稱讚隆裕太后「德至功高，女中堯舜」。在參議院議長吳景濂倡議下，民國政府於三月十九日在太和殿召開國民哀悼大會。靈堂上方懸掛著「女中堯舜」的白色橫幅，靈堂正中擺放隆裕像，所有外露樑柱均用白布包裹。殿堂內擺滿輓聯、花圈。穿著清式喪服和現代軍服的儀仗隊在靈堂前左右站立。已經遜位的宣統皇帝，上謚號為孝定隆裕寬惠慎哲協天保聖景皇后，隆裕太后的屍體隨後與光緒皇帝合葬於河北易縣的崇陵。

辛亥革命前後的隆裕太后，作為大清王朝事實上的最高統治者和最高責任人，是「中國版的光榮革命」的終極決定者。與隆裕皇后史無前例的歷史性貢獻形成鮮明對比的，是《清史稿》對於她簡單得不能再簡單的歷史記載：德宗孝定景皇后，葉赫那拉氏，都統桂祥女，孝欽顯皇后侄女也。光緒十四年十月，孝欽顯皇后為德宗聘焉。十五年正月，立為皇后。二十七年，從幸西安。二十八年，還京師。三十四年，宣統皇帝即位。稱兼祧母后，尊為皇太后。上徽號曰隆裕。宣統三年十二月戊午，以太后命遜位。越二年正月甲戌，崩，年四十六。上謚曰孝定隆裕寬惠慎哲協天保聖景皇后，合葬崇陵。

隆裕太后去世後，《清帝遜位詔書》中明確規定的「將統治權公諸全國，定為共和立憲國體，……總期人民安堵，海宇乂安，仍合滿、漢、蒙、回、藏五族完全領土」的「大中華民國」，始終沒有能夠完整全面地得以實現；隨之而來的反而是同為漢族的南方國民黨與袁世凱北洋軍閥之間，反覆不斷的國內戰爭。被動主持中華民國共和大業的隆裕太后，更是被各種各樣的歷史敘述和小說傳奇，妖魔化為一名宮廷妒婦和亡國罪人。借用高全喜的話說，「從革命建國到和平建國，《清帝遜位詔書》並沒有像英國光榮革命那樣，通過昭示權利法案、凸顯權利與自由原則而獲得人民的擁護，而是通過昭示平和價值，以遜位禪讓的方式，把一個現代共和國的憲法性蘊含呈現出來。……革命的激進主義佔據主導——竟效法蘇俄，創建黨國體制，而保守主義的軍政旗手——袁世凱最終也是包藏禍心，搞起洪憲帝制，看來悠悠天命註定了兩種力量之領袖人物終究缺乏一種像華盛頓、林肯那樣偉大的心靈，致使這場穿越古今之變的政治大變局在開了一個好頭之後，旋即淪入深淵泥潭，所謂『中國版的光榮革命』之最終失敗，看來也是極其無奈的事情。」

劉一

劉一，民國史上第一女性公務員

經常在劉一家中逗留纏綿的勸學所長，嚴重妨礙了喜歡到這裡喝茶聊天的書生學子的青春浪漫，他們便給劉一起了「沔陽監學」的綽號。

武昌首義爆發後，中華民國軍政府機關報《中華民國公報》，於一九一一年十月十六日創刊。創刊之初曾經刊登《劉一啟事》：「每日下午二句鐘，在總監察處接見各界姊妹。」劉一本名李淑卿，是共進會會長、湖北軍政府總監察劉公的如夫人（妾即小老婆雅稱），當時負責總監察處的文案收發工作，是中華民國史上有據可查的第一位女性官員。

一、劉一早年的曲折經歷

據《沔城志》記載，李淑卿，原名遠寶、淑貞，亦名劉一，字文華，別號征清子。光緒十八年即西元一八九二年，出生於沔城下關街龍家灣。她祖籍廣東，父親在湖北沔城（現為仙桃市）充當一名下級官僚，死于天平天國時期的戰亂，母親謝氏靠著做針線活兒拉拔她長大。

在同盟會、共進會及國民黨的元老級人物居正寫作的《梅川日記》中，劉一被稱為「沔陽監學」，其前半生的傳奇經歷與《竇娥冤》中的竇娥和《金瓶梅》中的潘金蓮，頗有幾分相似之處。據居正介紹，劉一的母親是客居湖北沔陽的廣東人。劉一從小聰明美麗並且擅長交際，深受沔陽新學堂的書生學子的喜愛。這些如癡如醉的書生學子經常到劉一家中喝茶聊天，劉一的母親就依靠這些書生學子留下的茶水費維持生計，擅長交際的劉一，也因此芳名遠揚，以至於被相當於教育局長的沔陽勸學所長花錢破處。經常在劉一家中逗留纏綿的這位勸學所長，嚴重妨礙了喜歡到這裡喝茶聊天的書生學子的青春浪漫，他們便給劉一起了「沔陽監學」的綽號。

劉一從小被許配給以賣燒牛肉為業的丁姓回族商販，成婚之後她依然縱蕩自若。沒有豔福的丁某很快死去，丁某的家屬便控告劉一謀殺親夫。劉一在包括沔陽知縣的兒子在內的書生學子以及沔陽勸學所長的營救下，被免於死刑。知縣判決時以二十四元大洋的官價，把她當堂發配給王姓富商。王姓富商對劉一寵愛有加，從而遭到正房太太的妒忌。這位正房太太在豆汁中下毒，不曾想豆汁被王某喝下。劉一發現情況不妙，迅速帶著母親逃往漢口，危難之中遇到似曾相識的一名沔陽學子。這名學子把母女二人帶到武昌，召集同鄉同學共同協商招待安置辦法。這些同鄉同學慷慨解囊，資助劉一進入諮議局議員時象晉創辦的女子職業學校滋蘭女學堂讀書。他們當中有正在秘密策劃武裝起義的共進會會員楊玉如、楊舒武。居正最初就是通過他們二人認識已經成為女革命黨人劉一的。時任共進會會長的劉公，也是通過他們二人喜歡劉一的。劉一其實是李淑卿嫁給劉公充當如夫人之後改用的名字。

二、共進會長劉公的捐資革命

劉公原名炳標，又名湘，字仲文，一八八一年出生於襄陽縣東津鎮大旺洲的豪富之家，父親劉子敬是前清武舉，人稱劉百萬。四叔劉子麟官至清朝度支部郎中，也就是財政部負責全國食鹽專賣的官員。一九〇二年，劉公東渡日本求學，肄業於東亞同文書院。一九〇四年入東斌學堂習軍事，與宋教仁、田桐等人發起創辦《二十世紀之支那》，啟動經費三百元全部由劉公捐助。一九〇五年加入同盟會，捐助五千兩銀票用於出版《民報》。據說同盟會總理孫中山，專門寫有落款為「晚愚侄孫文」的借據：「子敬伯父、陶氏伯母二位大人，匯銀五千兩已收到，特立此據，待革命成功後，一併奉還。」

一九〇六年萍瀏醴起義期間，劉公一度回國，起義失敗後返回日本東京，入明治大學政治經濟科。一九〇七年參與籌組共進會，後被推舉為第三任會長。一九一〇年他回國治療肺病，成為孫武、焦達峰等革命同志奉為財神的對象。當年奉行替天行道、天下為公的湖北、湖南的共進會成員，主要採取這樣幾種方式籌集革命經費：其一是盜竊。聽說廣濟縣一廟裡有金佛，焦達峰變賣田產前往踩風，最後出動六個人盜竊金佛，可惜在路上遇到官府的捕快，他們以為已經被對方發現，只好把金佛拋棄於田野之中。其二是綁架勒索。湖南共進會員鄒永成來到武漢，報告說他嬸母住在武昌八卦井，多金銀首飾，如能以術取之，當為革命之用。大家一聽都說好，便從軍隊裡找軍醫配迷藥，由鄒永成購來好酒置藥其中。詭稱將有遠行，特來與嬸母話別。兩人在屋裡喝酒，孫武、鄧玉麟門外等候。久之，聞鄒嬸言笑自若。鄒永成出來對兩人說：「藥不靈，礙事。」鄒永成心有不甘，最後將嬸母的幼子也就是他自己的堂弟騙至漢口，放言要嬸母贖回人質，成功勒索到八百元大洋。其三是宣傳感化。瀏陽商人劉賢構，販夏布至漢口，在客棧與焦達峰相識。焦達峰向劉賢構宣傳革命，劉深受感動，加入共進會，並把夏布全數交給孫武充當革命經費。其四是賣祖產。張振武跑回竹山，勸父親將城內房產一百多間賣掉。之前為他留日求學和在武昌辦學，其父已經兩次變賣地產。這次，乾脆把房產全部賣掉。其五是動員捐款。他們鎖定的第一捐款對象，便是自己的首領、共進會第三任會長劉公。

當時清廷降旨要大考留學生，中試者將賜予不同官銜。劉公的父親劉子敬名利心重，希望劉公能進京應試獲得功名。不久前從美國留學歸來的劉公表兄陶德琨，時任湖北高等商務學堂教務長兼藩署財政顧問，劉公請求他出面向父親劉子敬進言。陶德琨謊稱有日本駐華武官幫助疏通關係，急需八千兩銀子捐一實缺道台：「要發大財必先做大官，做了大官不難發大財，美國就是典型例子，表弟劉公為日本留學生，正好捐一道台。」劉子敬考慮再三，表示即使捐二萬兩銀子得到一個道台官職，也在所不惜。劉公四叔劉子麟表示支持，率先攤出五千兩銀子，在樊城陝西錢莊換成銀票後交給劉公。劉公的姨表兄潘善伯受共進會委託，前來迎接得到鉅款的劉公返回武漢。劉公的弟弟劉同，隨後也帶著後續的三千兩銀子來到武漢入學就讀。

為了把五千兩銀子儘快移用為革命經費，孫武、楊玉如等人用美人計把十九歲的劉一介紹給三十歲的劉公，然後又由充當憲兵的彭楚藩上門要脅，說是不交出銀子便要舉報劉公是革命黨人。據楊玉如回憶，劉公攜帶鉅款來到武漢的時間是一九一一年初夏。他因為身體虛弱需要靜養，同時也為了方便與劉一同居，便租下城北雄楚樓十號的兩進公館。後面一進為中西合璧的二層樓房，劉公與劉一住在樓上，楊玉如夫婦住在樓下。楊玉如要劉一勸說劉公拿錢資助革命，劉公不太情願地表示，說句不孝不悌的話，這筆錢款是在父兄面前欺騙得來的。他將所有證件和銀票當眾點清，交給孫武接收辦理。劉公交出銀票後，被革命黨人預定為起義成功後的第一任都督。

三、劉一與劉公的革命婚姻

一九一一年十月九日下午，孫武在漢口俄租界寶善裡十四號配製炸彈時發生爆燃事故，臉部、手部被燒傷，被李春萱（作棟）、梅寶璣、趙楚屏、李次生等人送往日本人在德租界開辦的同仁醫院。在場的劉公等人及時撤離。剛剛與劉公一起搬進寶善里一號的劉一，與劉公的弟弟劉同回住宅轉移秘密文件時被捕。武昌首義成功後，由於黎元洪已經被首義官兵推舉為軍政府都督，劉公只好轉任設於武昌蛇山抱冰堂的總監察。劉一也因此成為民國歷史上第一位女性公務員。關於劉一當年的精神面貌和革命風采，劉公曾經兵不厭詐地向英國記者愛德溫•丁格爾介紹說：「我的妻子是一個狂熱的革命者，最近她去上海組織了一個女兵團，依計畫她假扮成一個貧苦的女販，向總督扔出炸彈。這將作為起義開始的信號。」

一九一二年三月十日，袁世凱繼孫中山之後就任中華民國臨時大總統，劉公從北伐左翼軍總司令兼河南安撫使任上辭職，隨後被任命為總統府高等顧問。劉一跟隨劉公來到北京，與在京湖北首義人士發起組織政治團體丙辰俱樂部，並且出版刊物宣傳他們的政治主張。袁世凱稱帝後，劉一隨劉公前往上海參與討袁。一九一七年，劉一隨劉公回到襄陽，策動襄鄖鎮守使黎天才起兵護法。一九二〇年劉公在上海病逝，年僅二十七歲的劉一回到襄陽禮佛寡居。

由於劉一沒有生育子女，後半生一直依靠劉公的侄子們供養。一九五一年的除夕之夜，已經在土改運動中變成地主婆的劉一，在睡夢之中離開人世。家人害怕當地政府出面干預，只好用幾塊門板拼裝成棺材，把劉一的屍體用板車拉到位於襄陽東津大旺洲臨近河堤的一棵老槐樹下，匆匆加以掩埋。曾經在辛亥革命前後叱咤風雲的巾幗英雄，連一個墳頭、一塊墓碑，都沒有能夠存留下來。

黎元洪吴敬君夫婦及兒女

黎本危，民國政壇第一如夫人

武昌首義成功後，隨著黎元洪於一九一一年十月十一日被首義官兵推舉為中華民國軍政府鄂軍都督，他的如夫人黎本危，也逐漸出現在公共視野，成為民國史上第一位涉足政壇的高官眷屬。

湖北武昌首義成功後，隨著黎元洪於一九一一年十月十一日被首義官兵推舉為中華民國軍政府鄂軍都督，他的如夫人黎本危，也逐漸出現在公共視野，成為民國史上第一位涉足政壇的高官眷屬。

一、辛亥革命中的黎本危

黎本危原名危紅寶，又名危文繡，祖籍江西，小時候家鄉遭災，父母雙亡，為了賣身葬父而流落於湖北漢口的煙花巷，憑著嬌美的姿色和婉轉的歌喉，成為書寓春院的當紅歌妓。

一九〇五年一月三十日，大清王朝的欽差大臣、兵部侍郎鐵良到湖北巡查練兵情況，湖廣總督張之洞委派時任湖北新軍第二鎮第三協協統兼護該鎮統制的黎元洪，全權負責接待事宜。當年的兵部侍郎，相當於今天的國防部副部長，當年的鎮的建制相當於今天的師，協相當於今天的旅，以旅長代理師長的黎元洪，專門為國防部副部長鐵良安排了一萬多名新軍官兵在雪地裡對壘作戰的軍事演習。鐵良巡查結束，在張之洞面前稱讚湖北軍政，可謂天下第一，承諾要上奏朝廷給予嘉獎。張之洞高興不已，吩咐黎元洪陪同鐵良去漢口的書寓春院公款腐敗。當紅歌妓危紅寶因此結識了軍界高官黎元洪，情不自禁地萌生仰慕之心。在妓院老鴇的撮合之下，不滿二十歲的危紅寶很快變成四十二歲的黎元洪的如夫人，並且改名換姓，以黎本危的名字在民國史上留下一段傳奇佳話。

黎元洪的原配夫人吳敬君，是九歲便來到黎家的童養媳，而且是一名虔誠的佛教徒。她與黎本危一主內一主外，相處得還算和睦。黎本危粗通文墨又聰明大方，逐漸成為黎元洪處理公私事務的得力助手。武昌首義之後，黎元洪是在首義官兵的脅迫挾持之下勉強出任湖北軍政府的鄂軍都督的。首義成功後，黎元洪並沒有積極主動地率部北伐，民軍主力只是在武漢三鎮及其周邊地區擴充實力。隨著清廷派遣陸軍大臣蔭昌統帥北洋第一軍趕赴湖北撲滅革命，同時命令海軍提督薩鎮冰率領海軍艦隻前來助攻，湖北軍政府在軍事實力方面明顯處於劣勢。湖北民軍雖然打過幾個勝仗，自十月二十六日後，清軍海陸夾攻，民軍傷亡慘重。黎本危多次代表黎元洪到各個醫院探望傷兵鼓舞士氣，每到一處她都要反覆表示「都督本擬親來，因軍各吃緊，不克分身，特命妾代達微忱」，令下級傷兵頗為感動。

與湖北軍政府第一如夫人黎本危相得益彰的，還有共進會領導人、總監察處總監察劉公的如夫人李淑卿，以及戰時總司令黃興的如夫人徐宗漢。時任總監察處監印員的李淑卿，專門在蛇山抱冰堂的辦公室設立接待站，負責接待積極回應武昌首義的女界人士。一九一一年十月二十八日，假扮護士的徐宗漢是在著名女醫生張竹君在上海臨時組織的中國赤十字會的掩護下，與黃興、宋教仁、陳果夫等一百多人一起抵達湖北前線的。正是在張竹君、徐宗漢、李淑卿、黎本危等女權先驅者的感召帶動下，湖北黃陂女子吳淑卿在時稱陽夏戰爭的漢口、漢陽保衛戰中，主動上書黎元洪要求從軍殺敵。黎元洪接信後批令總監察處監印員李淑卿處理。由於當時還沒有女兵建制，李淑卿接到批令後很是為難。吳淑卿、陸國香、姚雪芹等人再次上書黎元洪，呈請組織女子北伐隊。黎元洪批准她們自行組織，由吳淑卿擔任隊長。這件事情被當時多家報刊大肆渲染，一時間轟動湖北及全國各地，從而形成一股女子從軍入伍的熱潮。一位名叫傅翠雲的年輕女子為了能夠從軍殺敵，甚至與一位名叫曹道興的年輕男女閃電結婚，然後夫妻雙雙報名入伍。負責接收這對夫妻軍人的軍官，也破例讓他們白天到軍營服役訓練，晚上回家同房休息。

南北議和成功後，女子北伐隊奉命撤銷。據一九一二年四月十九日的瀋陽《盛京時報》報導，陸國香、吳淑卿組織女子參政同盟會，推舉黎元洪夫人吳敬君為會長，並成立女子法政學堂，「發揚女德，灌輸女識，以為參政女子預備。」黎元洪撥銀千兩給予資助，吳敬君、黎本危也慷慨解囊，湖北各地迅速形成一輪女子辦學的高潮。「凡有所求而來者，必償其願而去，數月之間，黎計費已達數萬金」。一九一二年十一月，湖北女子法政學堂開學，黎元洪與黎本危親臨該校，黎元洪在訓詞中依據現代法理，明確提出「自由者，法律之自由也；平權者，責任之平權也。使人人皆知法律，人人皆負責任」的辦學理念。

二、民國政壇的第一如夫人

一九一二年四月九日，已經辭去臨時大總統職務的孫中山，應黎元洪邀請率領隨行人員乘坐「聯鯨」、「湖鶚」兩艘軍艦抵達武漢。四月十日中午，都督府舉辦盛大宴會，並由黎本危出面招待孫中山夫人盧慕貞及其女兒孫瑗、孫琬。席間黎本危與孫瑗、孫琬達成合辦女子學校的意向，並且於一九一三年如約創辦了湖北第二女子師範學校。

一九一三年，袁世凱撲滅孫中山發起的「二次革命」之後，於十月六日當選中華民國正式大總統，黎元洪當選副總統。為了實現中央集權，袁世凱委派段祺瑞專程來到湖北，以「磋商要政」為藉口逼迫黎元洪赴京。十一月七日，黎元洪在黎本危陪伴下來到北京，以一萬元月俸和兩萬元車馬費的優厚待遇，住進東廠胡同將校俱樂部，隨後被困居在中南海的瀛台。據說袁世凱為了表示特殊照顧，曾經專門安排京漢鐵路局定時用火車運送黎元洪、黎本危喜歡的洪山菜苔和樊口鯿魚，以撫慰他們的思鄉之情。

一九一四年九月二十六日，黎元洪一家由瀛台再次遷居東廠胡同，黎本危很快成為活躍在京津地區社交場所的一名政壇名媛。據一則民國軼事記載，京津上流社會，都知道副總統夫人黎本危女士，近年跟著教師學習英、法語言，已經能與外國人直接談話。

每當有社交舞會，黎夫人就負責招待女賓，她深諳西方禮儀，每每令賓主盡歡。在民國初年的五位北京中央政府大總統袁世凱、黎元洪、馮國璋、徐世昌、曹錕中間，與外交界感情最篤者是黎元洪。

一九二三年六月十三日，時任中華民國大總統的黎元洪，在直系軍閥逼迫下通電離京，他所乘坐的專車前往天津途中，被直系軍閥王承斌所攔截。王承斌向黎元洪索要總統府印信，黎元洪被迫說出印信被黎本危存放在北京東交民巷法國醫院。北京員警總監薛之珩找到黎本危，黎本危臨危不懼拒絕配合，直到黎元洪從天津車站打來電話，她才到法國醫院取出印信。印信交出後，王承斌逼令黎元洪簽字通電宣告辭職，由國務院攝行大總統職務，最後才予以放行。黎元洪回到住宅後，馬上通電將被逼簽名的情形通告全國，表示幾封通電都是「被強迫」之下的不得已行為，「依法決不生效力」。九月八日，黎元洪自天津南下，十一日到達上海圖謀組織臨時中央政府，因為遭到各方面冷遇而宣告失敗，他的政治生命也由此終結。

三、黎本危與毛彥文的悲情攀比

一九二八年六月三日，黎元洪在天津去世，一年後吳敬君去世。黎本危隨後與綢緞商鋪店員王葵軒公開交往，並且於一九三二年攜帶黎家遺產證書出走青島。從美國哥倫比亞大學留學歸來的黎元洪長女黎紹芳，為此與黎本危打了一場爭奪遺產的著名官司。

因為手上有遺產證書，黎家天津房產大部分為黎本危所得。後來，黎本危把名下房產出租給天津東興樓飯莊，她自己投資鉅款與王葵軒在青島開辦一家綢緞商鋪。由於王葵軒頗善經營，綢緞商鋪生意興隆。一九三四年，黎本危與王葵軒在青島高調結婚，引起敬仰前大總統黎元洪的一部分公眾強烈不滿。時任青島代理市長的沈鴻烈下令驅逐黎本危，並且查封她與王葵軒在青島開辦的綢緞商鋪。黎本危孤身一人來到杭州，打算在西湖附近的一所禪寺裡度過殘生。就在這個時候，六十六歲的卸任總理熊希齡與三十三歲的留美才女毛彥文，於一九三五年二月九日在上海隆重結婚。相關訊息源源不絕，登載報端有數月之久。這番熱鬧場面，引出黎本危心理失衡的悲憤攀比。

熊希齡是黎元洪擔任中華民國副總統和大總統時的老部下和老同僚，在交際場上與黎本危多有接觸。毛彥文才貌俱佳卻紅顏薄命，此前已經有過三次婚戀失敗的經歷。眼見熊希齡與毛彥文之間老少夫妻、白髮紅顏的纏綿恩愛，黎本危於悲憤中套用熊希齡寫給毛彥文的定情詩詞〈賀新郎〉的曲調，寫下一首充滿悲情的詩詞投寄給上海《申報》，其中寫道：

往事嗟回首，歎年來，慘遭憂患，病容消瘦。欲樹女權新生命，惟有精神奮鬥。黎公去，誰憐薄柳。天賦人權本自由，乞針神別把鴛鴦繡。青島上，得相手。琵琶更將新聲奏。雖不是，齊眉舉案，糟糠箕帚，相印兩心同契合，恍似當年幼。個中情，況自濃厚。禮教吃人議沸騰，薄海濱無端起頑謳，幹卿事，春水縐。

這首詩詞在《申報》的〈婦女園地〉欄目公開發表後，引起當時社會的廣泛關注。名叫孫瀫章的讀者投稿給《申報》，以「男女對照表」的標題，將黎本危的再嫁與熊希齡的續娶進行對比：「黎本危再嫁王葵軒，新故交謫，逐出青島；熊希齡續娶毛顏文，賓客趨賀，歡騰歇浦。」

然而，一場風波過後，黎本危所謂「欲樹女權新生命」的「精神奮鬥」，再也沒有下文。歷史悠久的古老中國，在相當長的一段時間內，依然是一個官權壓倒民權、男權壓倒女權的等級森嚴、男尊女卑的專權專制社會；紅顏薄命，依然是許多美貌女子的共同宿命。

安陽馬氏庄家的秋瑾、馬青霞照片

馬青霞，豪門富孀的財富傳奇

馬青霞在周作人的印象裡面，只是一個富孀傳說；到了孫中山筆下，她卻變成「巾幗英雄」；在魯迅筆下，她得到的是「才貌雙全」的美譽。

二〇一一年六月六日，與南京朋友范泓、鳳甯、蘇南一起到河南安陽的馬氏莊園參觀遊覽，意外發現一樁民國史上最具中原特色的財富傳奇。傳奇故事中的女性主人公馬青霞，在周作人的印象裡面，只是一個富孀傳說；到了孫中山筆下，卻變成「巾幗英雄」；在魯迅筆下，她得到的是「才貌雙全」的美譽。

一、馬青霞與劉耀德的門當戶對

馬氏莊園位於安陽城區以西二十一公里處的蔣村鄉西蔣村，是清末廣東巡撫馬丕瑤的故居。其地北倚壽安山，南臨珠泉河，西近太行山，東連華北平原，從清光緒十一年（一八八五年）至民國初年，前後營建近五十年之久。馬氏莊園占地面積兩萬多平方米，建築面積五千多平方米，比山西省的喬家大院多一千三百多平方米，共有門、廳、堂、廊、室、樓三百零八間，整個建築群由南、中、北三區六路共二十一處院落組成，是中原地區現存最大規模的明清官邸建築群。一九〇〇年的八國聯軍佔領北京時期，逃亡的慈禧太后和光緒皇帝在返京途中，曾下榻於此。一九四九年之前的國共戰爭時期，馬氏莊園曾是劉鄧大軍司令部所在地。劉伯承和鄧小平分別下榻於該莊園的東西廂房，並且在這裡召開過著名的「魯西南作戰會議」，做出了「強渡黃河，千里挺進大別山」的重大戰略決策。一九四九年之後，馬氏莊園長期作為校舍被徵用，直到近年才被開闢為旅遊景點。

馬丕瑤共有四個兒子三個女兒，其中最具有傳奇色彩的，是他四十六歲時生育的小女兒馬青霞。馬青霞出生於一八七七年。一八九四年，馬丕瑤在前往廣州就任廣東巡撫之前，按照門當戶對的標準把十八歲的馬青霞嫁給二十歲的尉氏縣男子劉耀德字德煦。比起處於上升階段的「父子兩進士」（馬丕瑤和他的二兒子馬吉樟）的馬家，「一門兩進士」的尉氏劉家顯得既根深葉茂又日漸敗落。

據擔任過尉氏縣文化館館長、縣政協文史資料委員會主任的于中華介紹，劉家於明朝初年從山西洪洞縣遷居尉氏，初居井劉村。第六世時，克勤、克儉、克從三兄弟遷居大橋村，以農耕兼做豆腐為生。老大克勤的兒子劉銘善於經營，家庭開始富有。劉銘的兒子、第八世的劉致中，於乾隆三年（一七三八年）考中戊午科進士，官至直隸大名道，這個家族從此興旺發達。劉致中的曾孫、第十一世的劉鴻恩，於道光二十四年（一八四四年）考中進士，官至陝西按察使賞加布政使銜，劉氏家族在劉鴻恩手裡走向鼎盛。劉鴻恩為人簡樸，卻不惜錢財開設學館，選擇品學兼優的寒門子弟免費讀書，一時尉氏才俊皆出其門。

興旺發達一百五十多年的劉氏家族既注重讀書做官，又擅長經營實業。家族中知縣以上官員有數十人之多。家族商號「七十二茂、八十二盛」遍佈全國多個省份數十個城市，僅土地一項就有二十多萬畝，是當年門懸雙千頃牌子的河南首富，在尉氏更有「劉半縣」之稱。尉氏縣城一半以上的房屋是劉家的，劉家人自誇「南京到北京，不飲別家水，不宿別家店」。但是，與馬丕瑤、馬吉樟父子的與時俱進、積極進取不同，尉氏劉家基本上是固守祖業不思進取。家族成員炫豪誇富、揮金如土，很少有人靜坐書房苦讀上進，他們既不關心社會事業，也不涉足新興產業。家族中幾十個道、府、州、縣的官銜，大都是花錢捐來的。用馬青霞在〈豫人劉馬青霞披露——告四萬萬男女同胞書〉中的話說，就是「沾染富家習氣甚深，驕奢淫逸幾成第二天性」。

當年的劉致中兄弟五人分為老五門，第十二世的劉耀德是老五家的後人。這一門不太注重做官，而是專心經營工商實業，加上人脈不旺，歷代單傳，祖宗財產沒有經過分割離散，因此成為德字輩二十八個同族兄弟中間的第一豪富。當時劉氏家族中，男性大都抽大煙，孩子尚在繈褓，就往臉上噴煙氣，有意讓其染上煙癮。他們這樣做的邏輯是：抽大煙的人坐不住，所以不能長期從事賭博活動。劉氏家產怎麼也花不完，只有賭博這個無底洞才會敗壞全部財產。劉耀德就是按照這樣的奇怪邏輯被動染上鴉片煙癮的。

劉耀德是典型的紈絝子弟，為人不壞，出手大方，在族人中頗得好評，但是，他的輕薄放蕩也遠近聞名。尉氏當地流傳著許多劉耀德的豪富故事：不滿二十歲的他，花錢捐了一個山西試用道的四品候補官銜，為了誇富炫耀，他曾經在開封城樓撒過金葉子，在南京玄武湖扔過銀元寶。他到各地巡視生意時，經常包下整座妓院，令妓女脫光衣服在室內等候。他逐一走進房內，只是在每個妓女臀部拍兩下，戲稱之為「拍響瓜」。

劉耀德自幼體弱又嗜好鴉片，後來又生了瘩背瘡，他與馬青霞結婚後一直沒有生育。為了給劉耀德治病，寡母楊氏曾遍貼告示，廣請天下名醫，聲言有來為兒子診治的，每天賞一個銀元寶。令她沒有想到的是，無良大夫把劉耀德當成「提款機」，為了多得賞銀而故意拖延時日，結果反而耽誤了治療。久治不愈的劉耀德於一九〇一年去世之後，母親楊氏才意識到自己的各種錯誤行徑，於悔恨交加中哀傷過度，不久也離開人世。

二、周作人印象中的富孀傳說

劉耀德於一九〇一年去世時只有二十七歲，妻子馬青霞年僅二十五歲。為了爭奪巨額遺產，族人爭著要做劉耀德的繼子，劉耀德的靈柩竟然因此被停放在寺廟裡不能安葬。為了捍衛自己的遺產繼承權，馬青霞在婆婆楊氏配合下聲稱遺子在腹，到開封與已經懷孕的劉耀德姐姐秘密同住，成功抱養了劉耀德姐姐生育的雙胞胎中的一個，起名劉鼎元。劉氏族人紛紛懷疑，並且對馬青霞懷恨在心。隨著婆婆楊氏去世，孤兒寡母的處境變得更加險惡。於是便有了周作人印象中的富孀傳說。

晚年周作人在《知堂回想錄》中回憶說，一九〇七年十二月，河南留學同鄉會在日本創刊《河南》月刊，他和當時還不叫魯迅的同胞兄長周樹人字豫才，被安徽壽州人孫竹丹拉去撰寫文章。《河南》月刊的總編輯是著名國學家、江蘇儀徵人劉申叔即劉師培。負責支付稿費的是秘密從事革命活動的河南開封人、同盟會會員程克：「程克記得也是民國初年的一個議員，那時不知道在學什麼，為什麼老是在日本旅行，也不明白他與《河南》的關係，是同鄉會長麼，是雜誌社長，還是會計呢？總之關於這月刊雜誌的一切都不明了，只聽得一種傳說，說河南有一位富家寡婦，帶著一個獨生兒子過活，本家的人覬覦她的財產，陰謀侵略，她覺得不能安居，只能叫兒子來東京留學，自己也跟了出來。她把一筆款捐給同鄉會，舉辦公益事情，一面也求點保護，這樣便是《河南》月刊的緣由。至於事實有無出入，那就不得而知了。劉申叔是揚州有名的國學世家，以前參與《國粹學報》，所做文章久已聞名，這時在東京專替他的夫人何震出名，創辦破天荒的女性無政府主義雜誌，尤其聲名很大，……」

周作人的上述回憶與歷史事實之間確實存在一些「出入」。《河南》月刊的編輯兼發行人署名為「武人」，實際上是張鐘端為總經理，劉積學為總編輯，其他主要人員還有程克、余誠、潘印佛（祖培）、曾昭文、陳伯昂、李錦公、王傳琳等。其中的劉積學是河南新蔡人，清末舉人，一八八〇年出生，一九〇五年留學日本並加入同盟會。據該刊簡章介紹，「本報為河南留東同人所組織，對於河南有密切之關係，故直名曰《河南》……本社所有經費均尉氏劉青霞女士所出，暫以二萬元先行試辦；候成效卓著時再增鉅資，以謀擴充。」

魯迅當年在只出版過九期的《河南》月刊中，一連用「令飛」、「迅行」等筆名發表過包括〈人間之歷史——德國黑格爾氏種族發生學之一元研究詮解〉、〈裴象飛詩論〉、〈摩力詩力說〉、〈科學史教篇〉、〈文化偏至論〉、〈破惡聲論〉在內的六篇長文。共中的四篇經許廣平抄錄後收入他的論文集《墳》。一九二六年十月三十日，魯迅在《墳・題記》中回憶說：「因為那編輯先生有一種怪脾氣，文章要長，愈長，稿費便愈多。所以如〈摩羅詩力說〉那樣，簡直是生湊。倘在這幾年，大概不至於那麼做了。……」

關於自己所從事的包括創辦《河南》月刊在內的社會公益事業，馬青霞在〈告四萬萬男女同胞書——豫人劉馬青霞披露〉中寫道：「北京豫學堂，捐銀三萬兩；尉氏縣高等學堂，捐銀三千兩；孤貧院，捐地一頃零三十畝；橋工捐銀一萬五千兩；省城女學堂，捐銀三千兩。丁未遊學東瀛，創辦《河南》雜誌，捐銀兩萬兩，《中國新女界》雜誌，捐銀一萬八千兩。歸國後，在尉氏縣自辦華英女校，約費銀三萬六千兩。辛亥年冬天，省城運動起義，捐銀三萬兩，……」

這裡的丁未就是一九〇七年。魯迅、周作人兄弟從《河南》月刊得到的稿費，就是源於馬青霞捐助的兩萬兩銀子。馬青霞之所以選擇去日本遊學，與兩位男子有直接關係。

第一位是在日本留學期間加入同盟會的革命黨人張鐘端。比馬青霞小兩歲的張鐘端，一八七九年生於河南省許昌縣，一九〇五年考取日本東京中央大學，與尉氏劉氏家族的劉恒泰是同學好友，年齡相近的劉恒泰，是劉青霞在劉氏家族的同門侄孫。一九〇六年，張鐘端、劉恒泰、潘祖培、羅文華等人一同回國，經劉恒泰介紹登門拜訪擁有鉅資的馬青霞，馬青霞因此產生了對於東鄰日本的神往之情。

第二位是比馬青霞大十八歲的二哥馬吉樟。馬吉樟一八八三年考中進士之後，被殿試選為庶起士，授翰林院編修，先後充任國史館協修會典館總校和光緒皇帝身邊的侍講、侍讀、日講起居注官。一九〇五年，清政府廢除科舉制度，全國各省紛紛興辦新式學堂，馬吉樟便聯合河南籍京官袁世凱、張邵予等人，在北京宣武門外的嵩雲草堂籌辦豫學堂。時任直隸總督的袁世凱捐白銀一萬兩，其他河南籍官員共捐五千兩，馬青霞獨自捐銀三萬兩。由馬吉樟任學堂監督的豫學堂建成後，將馬青霞年僅四歲的養子劉鼎元的名字，以名譽校長名義刻在校園石碑上，並且將劉青霞的照片掛在松筠庵禮堂門首。

馬青霞因為樂善好施、熱心公益，被光緒皇帝誥封為一品夫人，劉鼎元也被授予候選主事的官銜。

一九〇七年，馬吉樟奉派前往日本考察學務，馬青霞母子要求一同前往。時任翰林院侍讀的馬吉樟，呈請學部和外務部為馬青霞辦理出國護照。關於此事，當年的《河南官報》報導說：「一品命婦劉馬氏，係本籍紳士、翰林院侍讀馬太史吉樟之妹，而已故山西試用道劉觀察德煦之妻也。熱心學務，考求實業。茲擬攜子候選主事劉鼎元前赴東洋，調查女學堂及各項實業、學堂規則。由其兄馬侍讀具呈學部請轉諮外務部發給護照。並諮外務部發給護照。並諮照出使日本楊大臣一體保護，俾得從容考察云。」

這裡的楊大臣，指的是當時任大清國駐日本公使的楊樞。據說馬青霞在日本期間，宣誓加入過同盟會。一九〇七年十二月，在馬青霞資助下，張鐘端聯合留日豫籍同學創辦《河南》雜誌。隨後，馬青霞還為出版至第四期陷入經濟困境的《中國新女界》雜誌捐銀一萬八千兩。該雜誌在特別廣告中寫道：「本社雜誌，自經煉石女士燕斌創辦以來，頗蒙海內外學者歡迎，銷路之廣，已及五千餘冊，誠非初料所能及。惟因特別事故，以致未能如期出版。遲愆之咎，誠無可諱。茲得河南尉氏縣劉女士贊成，增助資本，以擴社務。現已增聘幹事，一切大加改良。准於西曆八、九兩月內定將五、六、七、八四期雜誌相繼發行。西曆十月為始，以後每月按期出版，決不延誤，以慰閱者之希。特此廣告。」

馬吉樟回國後出任湖北按察使，張鐘端經馬青霞介紹，回國給馬吉樟充當幕僚。馬青霞回國後，花費三萬六千兩銀子在尉氏縣城自己家的南花園裡，創辦河南境內第一所女子學校——華英女校。一九〇八年三月三十一日，湖北武漢的《江漢日報》以〈尉氏女學成立〉為標題報導說：「尉氏劉青霞女士，去冬曾議在縣城創設女學，已志前報。旋以效仿無從著手，因親赴北京並東洋調查一切章程，刻已于正月回尉。女學已定基址在西門外。即日修建堂舍，一俟竣工，即可開課。」

河南當地的《開封簡報》也報導說：「尉氏一品命婦劉馬氏，前曾獨立捐助創設華英女校，先辦初等一班，頗著成效也。欲開浚知識，養成家庭教育習慣起見，遵章在該校附近設師範一班，招考學生四十名，初定二年畢業，刻已開堂授課。」

宣統元年即一九〇九年，河南巡撫給大清朝廷寫過一份請求為馬青霞建立牌坊以示表彰的奏摺。其中寫道：「再據尉氏縣知縣馬駿聲稟，該縣一品命婦劉馬氏，以邑中女學堂尚屬闕為，願將西門內管業房屋一所改造女子初等小學堂。額定學生五十名，延聘女教員二人，四年畢業，于本年二月間開學，一切遵照定章辦理。共計開辦費合銀一千五百兩，每歲額支需銀二千五百兩，計四年已需銀一萬兩，均經籌備。另儲稟請立案等情，經臣飭由提學使查核，詳請奏獎。前來臣查士民捐地方善舉，銀至千兩以上例得請旨建坊，給予『樂善好施』字樣。今該命婦劉馬氏創設女學，需費逾萬，核與建坊之例相符合，仰懇天恩俯准，給予尉氏縣一品命婦劉馬氏樂善好施字樣，於本籍自行建坊，以昭激勸。」

華英女校培養的女學生任銳，是新蔡縣官紳、同盟會員任芝銘的二女兒，後來成為中共早期烈士孫炳文的夫人。孫炳文在一九二七年國民黨的清黨運動中被捕犧牲，任銳一九三八年二月到延安抗日軍政大學習時，與女兒孫維世同窗共讀，一時傳為佳話，被毛主席讚譽為「媽媽同志」。她歷任四川璧山第五抗日兒童收容所保育員、八路軍重慶辦事處圖書管理員、陝甘寧邊區政府監印。一九四九年四月十一日在天津病逝。這些自然都是後話。

一九一一年十月十日武昌首義爆發後，張鐘端受湖北軍政府委派，回到河南開封秘密聯絡同盟會員王庚先、周維屏等人組織起義，被推舉為河南革命軍總司令。馬青霞先後交給他三萬兩銀子充當革命經費。十二月二十二日晚，張鐘端在河南優級師範學校召集會議，決定於次日凌晨兩點舉事。此時，起義所需手槍、彈藥正待分配，所需佈告、檄文等數千份已經印好。巡防營統領柴得貴在打入革命黨內部的總稽查張光順等人配合下，突入學堂將張鐘端等二十一人逮捕。十二月二十四日，張鐘端被袁世凱重新委任的河南巡撫齊耀琳下令處決。對於「滿擬竭力多捐，旋因失敗而止」的馬青霞來說，三十三歲的張鐘端之死，應該是她喪夫之後的又一次致命打擊。

三、孫中山筆下的「巾幗英雄」

馬氏莊園住宅區分東、中、西三路，由四個四合院組成。住宅區東路第四個也是最後一個院落，是馬丕瑤的長子馬吉森及三女馬青霞居住的地方。馬吉森住北屋正樓，馬青霞住東廂側樓。東樓二樓的廊柱上，懸掛著一塊匾額，上面寫著集自蘇軾法帖的四個大字「思無邪齋」。這四個字出自《詩經》，意思是心無邪念、思想純正。這裡是馬青霞養病終老的地方，這四個字應該是她萬念俱毀的悲愴心境的真實寫照。

據說是孫文寫給馬青霞的「巾幗英雄」匾，懸掛在「思無邪齋」一樓的門框之上。走進房間，映入眼簾的是孫中山書寫的懸掛在正面牆壁上的「天下為公」匾額。匾額下方是裝裱在玻璃相框裡的兩張照片，左邊是秋瑾，右邊是馬青霞。在左邊牆壁上，懸掛著馬青霞的大事表，其仲介紹說：馬青霞（一八七七至一九二三），馬丕瑤三女，與秋瑾齊名，素有「南秋瑾、北青霞」之稱。她自幼喜愛讀書，才華橫溢。馬青霞為人寬厚，樂善好施，熱愛公益事業，曾多次不惜重金慷慨解囊。光緒帝聞報，感其業績，誥封「一品夫人」，賜「一品夫人服飾」。

但是，遍查民國時代的歷史文獻，從來沒有過「南秋瑾、北青霞」的文字記錄。馬青霞在《祭秋瑾文》中明確表示，自己「本欲回國前去面晤，聆聽高見，不料天不暇人，竟身遭不幸，使餘不得見而哀痛。」也就是說，馬青霞一九〇七年去日本時，大她兩歲的秋瑾已經回到國內，從事光復會方面的革命活動。馬青霞與「為救國而死，死得悲壯，死得其所」的女傑秋瑾，從來沒有見過面。不僅如此，當年的女性革命家秋瑾，在她一九〇七年一月十四日創辦於上海的《中國女報》中，對於馬青霞出資捐助的革命精神不夠充分的《中國新女界》月刊，還公開提出過尖銳批評。當年與秋瑾相識並且齊名的女權先驅，至少可以舉出呂碧城、金天翮、張昭漢、張竹君、何震、陳擷芬、林宗素、唐群英、蔡蕙、吳木蘭、何香凝、楊季威、燕斌等十多人。作為內陸地區河南省的女權先驅者、工商實業先驅者、社會公益事業先驅者和女子教育先驅者，針對尉氏劉氏家族追求自己的正當權利，是馬青霞一生中最為重要的生活內容和人生追求。她一生中所專注的主要是家庭財產保衛戰，而不是救國救民救天下的政制革命。她所面對的主要敵人，是尉氏劉氏家族內部最具有中原文化特色的窩裡鬥，而不是國家層面的政制統治者。用她自己的話說，「有家不能歸是喪卻居住之自由也；流離奔走，主持商會者無人，是喪卻營業之自由也；今日詐訛，明日狡賴，是喪卻財產之自由也！」

比起秋瑾來，馬青霞在日本期間接觸最多的女性人物，應該是國學家劉師培又豔麗又強悍的嬌妻、中國女權運動史上更具影響力的先驅者何震。馬青霞當年的影響力，主要侷限於河南地區。馬青霞被重新發現，是一九八一年以後的事情。時任河南尉氏縣文化館館長的於中華，在整理圖書館書庫時無意中翻閱到手抄本尉氏縣《縣誌》，才從已經被歷史浮塵所掩埋的名人錄中，發現了當地這個名叫劉青霞的女富豪，並且於一九八三年在《人物》雜誌發表〈劉青霞──叛逆女性、傳奇人物〉一文。由此可知，所謂的「南秋瑾、北青霞」，其實是近年來從事文化宣傳和商業包裝的當地政府工作人員，自欺欺人的浮誇捏造和以訛傳訛。筆者在此鄭重建議河南省文化管理部門，在從事文化管理和文化宣傳方面，多做一些腳踏實地的文史研究和文獻考證工作，少做一些自欺欺人、以訛傳訛的浮誇宣傳文章。

在馬青霞大事表中，另有這樣一段不太準確的文字介紹：「一九一二年春，馬青霞被河南各大團體公選為河南國民捐總理。一九一三年初，馬青霞兩次赴上海拜見孫中山，表示願將全部財產捐獻給國家，作為修築鐵路費用。孫中山感動不已，並為她揮毫題寫了『天下為公』和『巾幗英雄』，以贊其愛國壯舉。」

事實上，只要認真查勘對照一下《孫中山全集》第二卷的相關文章，就可以很容易地找到更加準確的文字記錄──

一九一二年四月三十日，南京留守黃興為了抵制四國銀行團提出的監督中國財政的借款條件，致電孫中山倡議發起國民捐。南京方面的六十個團體隨後發起組織國民捐總會，並且推舉孫中山為該會總理。孫中山於六月一日通電接受總理職務，並且於六月三日致電袁世凱及參議院，建議在全國範圍內開展認捐活動。樂善好施的馬青霞，因此被河南各大團體公選為河南國民捐總理。只是隨著六月四日黃興被撤銷南京留守職務，這一活動很快便宣告停止。就任河南國民捐總理職務只有二十多天的馬青霞，在辭職書中表示說：「政府借用外債，損失國權。黃留守有國民捐之倡議，吾豫愛國志士群起回應，組織國民捐事務所，推鄙人為總理，曾經力辭未蒙允許。當時勉強就職者。誠以此為救亡之急務，極欲贊成也。今本所成立已逾兩旬，諸事就緒。鄙人自問一無學識之婦人，焉能負此巨任？且吾豫人才濟濟，不乏賢能，何用一婦人參與公事？現鄙人已決意辭退，請諸公另舉賢能總司其事，早集鉅資，以應國家急需，亦鄙人之所深願也。」

到了同年十一月十九日，被袁世凱授予籌辦鐵路全權的孫中山，在致袁世凱總統府秘書長、廣東同鄉、國民黨員梁士詒（燕蓀）的密電中寫道：「茲有河南尉氏縣劉馬氏青霞認繳本處股銀二十萬元。據稱家藏金一千三百兩，銀九萬兩，欲設法運出。但路途危險，族人眈視，願得汴督飭地方官護送。可否由公轉懇總統知照豫督，准予保護？此人現在上海，專候覆示。」

同樣是在十一月十九日這一天，馬青霞此前資助過兩千元大洋的開封《自由報》，公開刊登〈豫人劉馬青霞披露——告四萬萬男女同胞書〉一文，其中寫道：「四萬萬男女同胞公鑒：今日之中國非所謂法治國乎？法制云者人人受治於法律之中，雖以總統之尊不敢違法以欺人，雖以匹夫匹婦之微亦罔不得法律之保障。固與滿清政府時代，強凌弱，暴凌寡，不可同日而語也。……況總統、總理以及河南都督均屬豫人，其餘為豫人者無論在何方面，當無強權之可言。以故青霞昔日所唾面自乾者，今亦不忍安於默默，新仇舊恨，請為我男女同胞涕泣述之……」

這裡的總統指的是袁世凱，總理指的是趙秉鈞，河南都督指的是袁世凱的表弟張鎮芳，他們三個恰好都是河南人。按照馬青霞披露的材料，劉氏家族中有許多共同財產，譬如家族中沒有分割的土地一千頃，馬青霞作為老五門之一應該擁有五分之一。再如公茂典商號資本金十五萬串，馬青霞擁有一半股份，其餘一半為族人共有。這些共同財產中屬於馬青霞的份額，已經全部被無理剝奪。除家族共同財產之外，各門還有屬於自己的私產。當時歸馬青霞獨立經營的五千頃田產和桐茂典及四五處小鋪商號全部盈利，族人共同經營的公茂典商號卻虧損了五十多萬兩銀子。馬青霞在族人苦苦請求下，慷慨劃撥十八萬五千兩銀子用於資助公茂典商號。十多年來，馬青霞為了取悅族人，在經營工商實業之餘，曾經花費八萬兩銀子，在尉氏縣城修建名叫師古堂的住宅，用於收養劉氏家族中無依無靠的寡婦。花費四萬兩銀子，在劉氏故居大橋莊獨資修建劉氏祠堂，並且捐地十五頃設立劉氏義學；規定凡是家族內六十歲以上的老人，每月可以從劉氏義莊領取糧食安享晚年。她這樣「節衣縮食勞神焦思」，依然不能得到習慣於窩裡鬥的劉氏族人的容忍諒解。「專制家庭中之數十惡魔咄咄逼人，不惜以怨報德、匹婦何罪？言之痛心！」正是在這種情況下，怒不可遏、忍無可忍的馬青霞公開表示說：「天賦人權，自由平等，共和肇建應變方針。退讓主義，一變而為競爭主義；家族主義一變而為社會主義。……我不能欺人，人亦不能欺我……」

在刊登〈豫人劉馬青霞披露——告四萬萬男女同胞書〉的第二天也就是十一月二十日，開封《自由報》又以〈劉女士關心桑梓〉為標題聲援說：「劉女士青霞，開封人，現充北京女子法政學校校長、北京女子學務維持會會長、北京女子參政同盟會會長、北京《女子白話報》發起人。因吾豫女界雖稍有起色，尚未大放光明，心焉惡之。聞不日來汴，組織女子學務維持會支部，以期昌明。此真吾豫女界之偉大人，將來之女學詎可量哉！」

一九一二年十二月四日，孫中山再一次密電梁士詒詢問道：「前電托設法保護河南人運金出境事，能否辦到？」對於孫中山及南方國民黨激烈派保持高度警惕的袁世凱和梁士詒，當然不會動用政府資源幫助馬青霞轉移資產去資助孫中山。當時任袁世凱親信秘書的馬吉樟，也是不會同意妹妹這麼做的。尉氏劉氏家族更不會允許馬青霞把巨額財產轉移離境。

一九一三年七月，孫中山、黃興、李烈鈞、陳其美等人在江西、江蘇等地挑起發動「二次革命」，遭到袁世凱北京政府的迅速鎮壓。「二次革命」失敗後，與孫中山保持聯繫的馬青霞，被劉氏家族告到官府，經過馬吉樟的多方協調，馬青霞才免除了一場牢獄之災。

四、魯迅筆下的「才貌雙全」

在馬青霞「思無邪齋」的右邊牆壁上，張貼有馬青霞親筆書寫的〈告四萬萬男女同胞書〉全文，以及馬青霞加入中國同盟會的宣誓詞。在下面的展覽櫥窗裡面，有馬青霞的〈祭秋瑾文〉，以及魯迅為馬青霞題寫的「才貌雙全」的條幅。該條幅的落款時間是一九一八年九月二十六日，這幅題字並不足以證明魯迅與馬青霞之間，曾經有過較為密切的直接交往。

一九一八年九月二十六日，魯迅在日記中寫道：「晴。上午寄王式乾信。下午收本月奉泉百五十。晚杜海生來，交與泉二元，曾呂仁母壽屏資也。夜宋子佩來。作〈隨感錄〉一篇，四葉。」

這一天是星期四，與魯迅一起居住在宣武門外南半截胡同紹興會館補樹書屋的周作人，在當天日記裡寫道：「晴。上午得廿二日家信，寄復函四。下午作《隨感錄》一則，……晚紫佩來，閱《新青年》一過。」

當時的魯迅是《新青年》同人中唯一堅持不向外界暴露自己真實身份的匿名寫作的一個人，直到一九二五年的女師大風潮中，他依然很忌諱別人知道魯迅的真實身份，就是教育部僉事周樹人。「晚杜海生來，交與泉二元，曾呂仁母壽屏資也」一句話，足以證明這位教育部僉事，在私底下是不拒絕有償題字的。魯迅兄弟所住的紹興會館，與馬青霞出鉅資創辦的位於北京宣武門外嵩雲草堂的豫學堂鄰近。只是現在已經難以查考，四十一歲的馬青霞究竟是通過什麼方式和什麼管道，得到比自己年輕四歲的魯迅題寫的「才貌雙全」的墨寶的？假如魯迅知道馬青霞就是當年在日本東京創辦《河南》月刊的金主，他是不應該不告訴周作人的。假如周作人知道馬青霞就是當年出錢辦《河南》月刊的「富家寡婦」，他晚年是不會在《知堂回想錄》把馬青霞僅僅當作一種傳說來加以回憶的。

不管怎麼說，魯迅「才貌雙全」的題字，對於馬青霞來說還是名符其實的。良好的家庭教育，培養了劉青霞優異的文藝才華。馬青霞投資修建的師古堂和劉氏祠堂，所仿照的都是馬氏莊園的建築規制，其中劉氏祠堂的許多繪畫、詩詞，都出自馬青霞之手，足見其多才多藝。劉青霞還曾經為華英女校的學生畫過一幅「群芳圖」，並且題寫了這樣一首詩歌：「莫憐舊時花枝敗，但求自由花常開。願君不辭勞素手，育得群芳天下栽。」

在開封《自由報》創刊時，馬青霞仿照《江南好》的曲調撰寫過一首《自由好》的祝詞：「自由好，中夏少萌芽。嶽色河聲飛筆疾，洛陽紙貴泄春華，開遍自由花。自由好，妖霧慘夷門。手拔摩天旗影蕩，腰懸橫河劍光騰，奪轉自由魂。自由好，過渡帳迷津。揭破九幽超變相，羅膽萬佛見天真，崇拜自由神。自由好，五嶽獨稱嵩。燕趙健兒身手銳，犬羊部落羽毛空，撞破自由鐘。」

這首詩詞刊出四天後，《自由報》上另有署名紫如愚的一首和詞：「自由花，平地苗萌發。點綴乾坤生異彩，栽培根應味精華，開遍自由花。自由魂，一躍到崑崙。鄂渚充戍張赤手，春閨嫠婦泣黃昏，招得自由魂。自由鐘，時勢造英雄。蒙藏版五色纛，唐虞揖讓七齡童，撞破自由鐘。自由神，歐美取前型。歷史萬年刪帝統，男兒眾志作於城，拜倒自由神。……」

五、馬青霞的最後捐獻

一九二一年，劉氏家族的一個同輩堂兄又為劉鼎元的身份問題，把馬青霞告到縣銜。這一次，馬青霞斷然公開了精心隱瞞二十多年的謊言騙局，當眾承認劉鼎元的真實身份。當時的《新中州報》以〈劉馬青霞與義子劉鼎元離異分居〉為題報導說：「已故劉耀德之妻劉馬青霞與義子劉鼎元糾葛一案，現經中人龍君等調處離異分居，各自度日。由該氏酌給洧川縣南席鎮田地五頃，又開封雙龍巷住房一所，現洋一千元。同中立據。簽押分執。不得再生枝節……」

鑒於劉家在尉氏縣的地位，縣長在取消劉鼎元繼承人地位之後，親自主持了遴選過繼人儀式。等到八個十五歲以下的候選人站出來之後，馬青霞出其不意地掏出一把光洋撒到他們面前讓他們爭搶。最後搶得最少（一說是沒有去搶）的那個孩子當選。馬青霞給出的解釋是，《三字經》最後一段說「人遺子，金滿盈。我遺子，惟一經」，這個對金錢不動心的孩子最合我意。就這樣，困擾多年的繼承人問題塵埃落定。

一九二二年夏天，直奉戰爭結束，直系軍閥馮玉祥出任河南督軍。他上任不久便微服拜訪馬青霞，慷慨允諾派員保護其家庭財產，並且懇請馬青霞出任河南教育廳廳長。馬青霞感動之下，把價值四百多萬大洋的家產全部捐給馮玉祥代表的地方國民政府，只是象徵性地給熱衷於窩裡鬥的劉氏家族，留下一萬元的安慰費用。馬青霞惟一的條件，是讓一直追隨身邊保護自己的張武文、王致和參加革命軍。馮玉祥慷慨應允，安排張武文做自己的衛隊副隊長，王致和先當連長視軍功再予擢升。

捐完財產的馬青霞從容部署了自己名下的學校、工廠、商鋪、田園等項資產的交接事宜，妥善安置了家丁長工的生活出路，然後為開封難民收容所送去四十件兒童衣服，算是完成平生最後一次慈善捐助。接下來，她乘車北上，返回安陽馬氏莊園，隨身所帶的衣被，全部打有補丁。為了迎接妹妹回歸，幾個哥哥特意把她出嫁前住過的瓦房接高一層，成為真正的馬家繡樓。一九二三年舊曆的二月初六日，馬青霞長眠在娘家繡樓上，終年四十七歲。

劉氏家族的頑劣之徒，對於已經去世的馬青霞依然不肯放過。當馬青霞的靈柩運往尉氏途中，竟然被截留在開封，與其丈夫劉耀德的棺木一起停放在城南救苦廟中。數年之後才運回尉氏葬入劉氏祖墳。關於此事，馬青霞的二哥馬吉樟在悼亡詩中寫道：「募捐小妹金三萬，創設燕京豫學堂。白骨雙棺停未葬，無兒伯道泣穹蒼！」在詩後跋語中，馬吉樟另有介紹：「光緒乙已，募劉氏妹青霞三萬兩，建豫學堂，益以同鄉公捐四萬五千兩，款足之多，為旅京省學之冠。劉妹身後族人爭繼，妹婿耀德至今未葬，雙棺停寺，家產亦盡數充公矣！」（本文部分材料引自開封市政協議政網刊載的于中華文章《劉青霞女士的一生》；以及《大河報》首席記者姚偉、實習生孫燦文，發表於該報二〇一一年九月十九至二十八日的《「一品誥命」的革命路》系列文章，特此致謝。）

呂碧城

呂碧城，政學兩界的女權高唱與絕情獨身

呂碧城的女權高唱，於第一時間贏得上流社會半新半舊的文人雅士、官場大吏的唱和回應，從而成就了中國教育史上女子公學第一女校長和中華民國史上第一女徽商的人生輝煌。在得不到自己所渴望的家族親情與男女愛情的情況下，絕情獨身、輝煌不再的呂碧城，只好把曾經高歌猛進、銳意進取的女權高唱，轉換成為對於佛教信仰的精神依附，進而致力於人類之外的護生戒殺的動物保護。

在中國女權運動史上，呂碧城是最具傳奇色彩的先驅者之一。她的女權高唱，於第一時間贏得上流社會半新半舊的文人雅士、官場大吏的唱和回應，從而成就了中國教育史上女子公學第一女校長和中華民國第一女徽商的人生輝煌。但是，源於人性本能和人生苦難的女權高唱，一旦在舊式詩詞的往來唱和、相互吹捧中，被架空抬舉到遠離人間煙火、充滿詩情畫意的名人祭壇和象牙墓塔，留給這位附庸風雅、名利雙收的名女人的，只能是既沒有進路也沒有退路的絕情獨身、輝煌不再的人生困境。在世俗生活中得不到自己所渴望的家族親情與男女愛情的情況下，呂碧城只好把曾經高歌猛進、銳意進取的女權高唱，轉換成為對於佛教信仰的精神依附，進而致力於大同人類之外的護生戒殺的動物保護。

一、呂碧城的家學淵源

呂碧城，原名賢錫，又名若蘇，字遁天，號明因、聖因、曼智，筆名碧城女史呂蘭清、曉珠、信芳詞侶等，齋名夢雨天華室，晚年法號寶蓮。祖籍安徽省旌德縣廟首鄉垂裕堂，清光緒九年即一八八三年出生於山西太原，其時父親呂鳳岐正在山西學政使任上。呂碧城天資聰慧，文思敏捷，五歲時就能夠用「秋雨打梧桐」應對父親的「春風吹楊柳」詩句。「七歲能繪巨幅山水，十二歲詩文成篇」，以至於「每有詞作問世，遠近爭相傳誦」。

安徽旌德北接人文薈萃的涇川，東臨徽文化發祥地績溪，南面是徽文化中心歙州，自古以來書院林立，學風淳厚。呂氏家族詩禮傳家、人才輩出，僅清乾隆至光緒百餘年間，就有先後四人出任雲南、湖南、福建、山西的學政使，其中之一就是呂碧城父親呂鳳岐。呂鳳岐字瑞田，別號石柱山農，是光緒三年即一八七七年丁醜科進士，曾任國史館編修、玉牒館纂修，一八八二至一八八五年出任山西學政使，協助山西巡撫張之洞創辦山西大學的前身令德書院。一八八六年十二月五日，「自念秉性有傲，恥於苟同，於世亦不相宜」的呂鳳岐告老辭官，於第二年遷居安徽六安縣城南門三道巷，開始在六安城郊建築藏書三萬餘卷的長恩精舍書齋。在此期間，前妻蔣氏生育的兩個兒子賢釗和賢銘，一個因翹課受到薄責自盡，一個因病早逝，給他造成沉重打擊。一八九五年農曆正月十九日，剛剛建成長恩精舍的呂鳳岐因病去世，有《靜然齋筆記》、《石柱山農行年錄》存世。

呂碧城的母親嚴士瑜字韻娥，出身于安徽省來安縣官宦世家，從小隨母親武婉仙學習詩詞創作，二十七歲嫁給呂鳳岐充當繼室夫人，先後生育了賢鐘（惠如）、賢鈖（美蓀，又寫作眉生）、賢錫（碧城）、賢滿（坤秀）四個女兒，一九一三年病逝於上海。據呂賢玢（美蓀）回憶，「先母嚴淑人克儉克柔，年二十七嬪於我先君。幼憐於親，得其詩學，亦上承其外大母沈湘佩夫人之余緒也。既嫠居，提攜幼弱，備極艱辛，衰年卒於滬瀆……」

這裡所說的「外大母沈湘佩夫人」，指的是嚴士瑜外婆沈善寶字湘佩，她生於一八〇八年、去世於一八六二年，是清代道光、咸豐、同治年間著名的女詩人和女學教育家，其生平事蹟見於惲珠著《正始續集・補遺》，雷　、雷瑊合著《閨秀詩話》、陳詩著《皖雅初集》、施淑儀著《清代閨閣詩人徵略》、光鐵夫著《安徽名媛詩詞徵略》及《杭州府志》、《重修安徽通志・列女・才媛》等歷史文獻。幼年時代，沈善寶隨父母生活在江西義甯，母親吳浣素為一時名媛，著有《簫引樓集》。十二歲時，身為義寧州判的父親遭受同僚誣陷而罷職自盡。沈善寶從此在母親教育下刻苦讀書，工詩文並精繪畫。年紀稍長，沈善寶即奔走四方鬻詩售畫，教授女弟子百餘人，憑藉弱女子的才力供養全家。母親吳浣素、弟善熙、妹蘭仙相繼去世，沈善寶依靠自己的力量積資安葬父母弟妹以及其他家族親屬。二十八歲時，沈善寶由義父陳克鈺做主，嫁給太原知府、來安武應暘（字凌雲）為繼室夫人，從此「勤於教授兒女，學皆有所成」。武應暘前妻章氏留下篋霞（字友愉）和紫薇兩個女兒，從小在沈善寶身邊長大的武篋霞，深得繼母喜愛，母女通力合作編輯寫作中國文學史上最為經典的閨秀詩專著《名媛詩話》。沈善寶婚後生育有三個女兒，其中武婉仙婚配來安光緒丙子舉人嚴玉鳴，成為嚴士瑜的母親。

沈善寶傳奇性的人生經歷，和她「不信紅顏都薄命」的女性人生觀，一直是家族女性的精神指南。

呂鳳岐去世時，嚴士瑜生育的四個女兒中，大女兒賢鐘（惠如）十五歲，二女兒賢鈖（美蓀）十三歲，三女兒賢錫（碧城）十二歲，小女兒賢滿（坤秀）剛剛六歲。族人為了搶奪財產繼承權，斥責嚴士瑜為克夫的「掃帚星」，把她們母女幽禁起來，以「滅門」相威脅。呂美蓀後來在《瀛州訪詩記》中回憶說，父親的病故，導致她「由豐厚之家一變而為孤寒之女」。

一八九二年與呂碧城訂親的汪家，不僅見死不救而且落井下石，退掉了與呂碧城的包辦婚約，從而給呂碧城幼小的靈魂造成嚴重傷害。據呂碧城寫於一九二九年前後的《予之宗教觀》回憶，母親嚴士瑜迷信灶神，曾經為她向灶神求卦問卜，得到的卦籤上寫著「兩地家居共一山，如何似隔鬼門關？」之類的卦辭。汪氏所在的孫村與呂家所在的廟首不過七八里路，正所謂「兩地家居共一山」。陳海量居士在《可許則許》一書中，也有關於呂碧城少年時代宗教信仰的一段記述：「我家從前住在安徽六安州。當我十三歲的時候，偶然得到一卷觀音白衣咒，說持誦百日，能消災得福；我就每日焚香虔誦……」

丈夫去世後，嚴士瑜為了保護四名幼女忍痛棄產，投奔來安娘家討生活。一八九六年，大女兒呂惠如嫁給遠在天津的表兄嚴象賢，嚴士瑜為了讓女兒得到良好教育，舉家北上天津塘沽，投奔時任鹽課司大使也就是鹽場總管的弟弟嚴朗軒。一九〇二年，嚴士瑜帶著幼女賢滿（坤秀）返回來安娘家，因為慘遭惡戚欺凌，母女二人曾經服毒自殺。呂惠如聞訊後，求助於與父親呂鳳歧同年考取進士的老年伯、時任江寧布政使的樊增祥，由樊增祥連夜飛檄鄰省遣兵營救，母女二人才在來安官吏的救治下轉危為安。關於母女之間骨肉分離的悲慘遭遇，呂美蓀在〈送昆秀四妹由天津南歸〉一詩中描述道：「覆巢毀卵去鄉裏，相攜痛哭長河濱。途窮日暮空踟躕，朔風誰憐吹葛巾？」

二、呂碧城的女權高唱

一九〇四年，北洋大臣兼直隸總督袁世凱，懇請辭官之後專心在天津舉辦教育事業的前貴州學政使、年輕自己一歲的嚴修，出任直省學校司（後改稱直隸學務處）督辦。嚴修當仁不讓，慨然應允，所提惟一條件是再去日本考察教育。同年四月，直隸總督袁世凱在致嚴修的信函中寫道：「古之開府，往往訪求耆俊，妙選英才。況時事方殷，探本窮源，首在國民教育。執事此邦領袖，惠然肯來，固大義所難辭，抑亦鄙人之榮幸。……法政速成科，議有就緒。東渡之期，計當不遠。此項官紳，須根柢素深，方收事半功倍之效。」

正是在政府當局的袁世凱、嚴修等人，大張旗鼓地興辦新式教育的大背景下，一九〇四年五月初的一天，呂碧城打算與塘沽鹽政署秘書方小洲及其夫人，一同前往天津市區探訪女學，臨行時遭到舅父嚴朗軒斥罵阻止。第二天，二十一歲的呂碧城乘坐火車負氣出走，沒有想到這一次驚世駭俗的鋌而走險，竟然讓她結識了天津政學兩界包括《大公報》總經理英斂之，直隸總督袁世凱的親信幕僚盧木齋、傅增湘、沈祖憲在內的諸多貴人，從而一舉扭轉改變了自己孤苦無依的人生困境。用她寫在〈予之宗教觀〉中的話說，「塘沽距津甚近。某日，舅署中秘書方君之夫人赴津，予約與同往探訪女學。瀕行被舅氏罵阻，予忿甚，決與脫離。翌日逃登火車，車中遇佛照樓主婦挈往津寓。予不唯無旅費，即行裝亦無之，年幼氣盛，鋌而走險。知方夫人寓大公報館，乃馳函暢訴。函為該報總理英君所見，大加歎賞，親謁邀與方夫人同居，同委襄編輯。由是京津間聞名來訪者踵相接，與督署諸幕僚詩詞唱和無虛日。舅聞之，方欲追究，適因事被劾去職，直督袁公委彼助予籌辦女學，舅忍氣權從，未幾辭去。然予之激成自立以迄今日者，皆舅氏一罵之功也。」

佛照樓建於一八八〇年，是廣東人在天津法租界開辦的一家二層客棧，位於今天的天津市和平區哈爾濱道四十八號，一八九五年孫中山北上天津晉見直隸總督李鴻章時，就是住在這裡。《大公報》由本名敷霖的天津紫竹林天主教總管、大鹽商柴天寵，聯合建築商王郅隆等人集股創辦於一九〇二年六月十七日的一份書頁小報，由隸屬滿族正黃旗、本名赫舍里•英華的英斂之擔任總經理，方守六、劉孟揚等人擔任主筆。方小洲是英斂之和妻子愛新覺羅•淑仲早年在上海認識的朋友，經英斂之介紹到天津任職。

英斂之在當年的日記中，記錄了與比自己年輕十七歲的呂碧城的最初接觸。光緒三十年三月二十二日即一九〇四年五月七日，英斂之在日記中寫道：「戢元亟來，方小洲偕夫人來，自同戢、方同春樓飯。」

五月八日，英斂之在日記中寫道：「晡，接得呂蘭清女史一東，予隨至同升棧邀其去戲園。候有時，同赴園，予遂回館。少秋來。晚，請呂女史移住館中與方夫人同住，予宿樓上。燈下閒談。十二點，少秋去。碧城女史曩作〈滿江紅〉詞一闋，極佳，附錄於後：『晦黯神州，欣曙光，一線遙射，問何人，女權高唱？若安達克。雪浪千尋悲業海，風潮世紀看東亞。聽青閨揮涕發狂言，君休訝。幽與閑，如長夜。羈與絆，無休歇。叩帝閽不見，憤懷難瀉，遍地離魂招未得，一腔熱血無從灑；歎蛙居井底願頻違，情空惹。』」

這裡的「若安」，是對於法國女革命家羅蘭夫人的另一種音譯；「達克」，指的是有聖女之稱的法國民族英雄貞德。五月十日，這首令英斂之為之讚歎的〈滿江紅•感懷〉，公開刊登在《大公報》「雜俎」欄目，成為呂碧城衝破家庭羈絆、張揚女權解放的第一聲吶喊。愛新覺羅・淑仲以「潔清女史」的署名，在跋語中鄭重推薦說：「昨蒙碧城女史辱臨，……女史悲中國學術之未興，女權之未振，亟思從事西學，力挽頹風，且思想極新，志趣頗壯，……裙釵伴中得未曾有。予何幸獲此良友，而啟予愚昧也？」

「碧城」二字原本是道教話語，《太平御覽》卷六七四引用《上清經》的話說，被傳統道教奉為元始天尊的老子李聃，「居紫雲之闕，碧霞為城」，後人因此用「碧城」形容神男仙女居住的處所。從碧城女史的署名中，可以見出呂碧城以仙人自居的心高氣傲、目空一切。

五月十一日，《大公報》刊載英斂之撰寫的〈讀碧城女史詩詞有感〉，認為呂碧城把若安、達克這兩位法國女革命黨人和民族英雄寫進詩詞，表達了她「嘗悲中國之衰弱，而思有以救之」的愛國理想；進而把話題引向兩個人共同關心的提倡女學方面：「並聞女史嘗對其女友云，吾中國古亦多才女，而惟以吟風弄月，消耗其歲月者，蓋上無提倡實學之舉，故皆以有用精神耗於無用之地。今國家如提倡女學，將來女界之人才，當必可觀，此所謂時勢造英雄也。」

繼這篇〈滿江紅・感懷〉之後，呂碧城在短短一個多月的時間內，接連發表一系列關於女權與女學的文章詩詞，包括〈書懷〉、〈舟過渤海口占〉、〈敬告中國女同胞〉、〈興女權貴有堅忍之志〉、〈教育為立國之本〉、〈論提倡女學之宗旨〉等，在社會上引起巨大反響。在〈書懷〉一詩中，呂碧城奮筆寫道：

眼看滄海竟成塵，寂鎖荒陬百感頻。
流俗待看除舊弊，深閨有願作新民。
江湖以外留餘興，脂粉叢中惜此身。
誰起平權倡獨立，普天尺蠖待同伸。

在五月二十四日發表的〈敬告中國女同胞〉一文，呂碧城進一步吶喊出對於中國幾千年來男尊女卑、三綱五常的強權專制文化的血淚控訴：「傳曰：惟女子與小人為難養也。乃竟儕女子於小人矣。孟子曰：必敬必戒，毋違夫子；以順為正者，妾婦之道也。詩曰：乃生女子，載寢之地。因而有夫綱之說，因而有三從之義。設種種之範圍，置層層之束縛，……遂使我二萬萬之女子永永沉淪，萬劫不復矣！」

清廷外務部駐直交涉特派員徐芷生（壽椿廬主），直隸總督袁世凱親信幕僚傅增湘（鐵花館主）、沈祖憲，慈禧太后的御用畫師、三官女官繆嘉蕙（字素筠），以及羅剎庵主等人，紛紛投詩酬和。他們不僅對呂碧城的文學才華表示傾倒，更對她女權高唱、銳意進而的精神風貌表示支持。六十三歲的前輩才女繆嘉蕙，在酬和詩中高調讚美道：

飛將詞壇冠眾英，天生宿慧啟文明。
絳帷獨擁人爭羨，到處感推呂碧城。
雄辯高談驚四座，峨眉崛起說平權。
會當屈蠖同伸日，我願遲生五十年。

在英斂之等名流雅士憐香惜玉、眾星捧月的吹捧烘托之下，呂碧城借助《大公報》的媒體平臺，很快成就了一鳴驚人的傳奇佳話。在一九〇四至一九〇五年的《大公報》中，呂碧城始終是一個令人追捧的焦點話題和熱門人物。

三、呂碧城與秋瑾的求同存異

正當呂碧城在《大公報》一鳴驚人、銳意進取的時候，她的舅舅嚴朗軒卻遭到免除職務的處分。在呂碧城回到塘沽看望舅舅期間，英斂之夫婦從北京來的客人那裡得知，北京城裡另有一位碧城女史，是工部主事王子芳的夫人秋閨瑾，這位秋女士正準備到天津拜訪呂碧城。淑仲為此專門寫信通知呂碧城，從而為呂碧城一鳴驚人的女權傳奇，增添了一段膾炙人口的傳奇佳話。

一九〇四年五月十九日（農曆四月初五日），呂碧城在寫給淑仲的回信中表示說：「所云秋碧城女史，同時而同字，事亦甚奇。……既屬同志，亦願仰瞻風範，但未識其性情能與我輩相合否？」

六月十日（農曆四月二十七日），二十九歲的秋瑾從北京慕名來到天津，專程拜訪小自己八歲的呂碧城。英斂之在日記中記錄道：「十點，秋閨瑾女史由京來，其夫王子芳及秦□□偕來，留午飯。予同王、秦單間房內。飯後，秋留館，王、秦等去。晚，傅潤沅來，談極久去。秋與碧同屋宿。」

六月十三日，英斂之又在日記中寫道：「秋言，同碧城赴新車站偕潤元進京，予以為未妥。碧城亦決意不去。午後，秋赴傅處，同進京。」

秋瑾原名秋閨瑾，字璿卿。「傅潤沅」，就是直隸總督袁世凱的親信幕僚傅增湘。大呂碧城十一歲的傅增湘是四川瀘州江安人，於一八九八年考中進士，一九〇三年以散館考試一等第一名的成績，授職翰林院編修。關於自己與秋瑾的這次會見，呂碧城在〈予之宗教觀〉中回憶說，「都中來訪者甚眾，秋瑾其一焉。據雲彼亦號碧城，都人士見予著作謂出彼手，彼故來津探訪。相見之下竟慨然取消其號，因予名已大著，故讓避也。猶憶其名刺為紅箋『秋閨瑾』三字，館役某高舉而報曰：『來了一位梳頭的爺們！』蓋其時秋作男裝而仍擁髻，長身玉立，雙目炯然，風度已異庸流。主人款留之，與予同榻寢。次晨，予睡眼朦朧，睹之大驚，因先瞥見其官式皂靴之雙足，認為男子也。彼方就床頭庋小奩敷粉於鼻。嗟呼！當時詎料同寢者他日竟喋血飲刃於市耶！彼密勸同渡扶桑為革命運動，予持世界主義，同情於政體改革而無滿漢之見。交談結果彼獨進行，予任文字之役。彼在東所辦《女報》，其發刊詞即予署名之作。後因此幾同遇難，竟獲倖免者，殆成仁入史亦有天數存焉。」

秋瑾回北京後不久，便於一九〇四年六月二十二日（農曆五月初九日）赴日本留學，七月二十二日，呂碧城在《大公報》「中外紀事」欄目介紹說：「浙江秋璿卿女士，自號鑒湖女俠，慷慨激昂，不減鬚眉。素悲中國教育之不興，國權不振，以振興女學為栽培人才之根本，乃於上月初九日，由京啟程，遊學日本。日前，寄書於其寓津之女友云：『二十日到東京，即進實踐女學校。一年後進師範學校。』並云『彼國婦人無不向學，我國女子教育需材甚急，我同胞能多一留學生，即他日多一師資』云云，志之以為中國女子之勸。」

同年八月二十六日，呂碧城又在「中外紀事」欄目中以《女界之光》為標題報導說，秋瑾由日本東京來信，說是她與陳擷芬一起，聯合在東京留學的三十多名中國女學生，重新恢復共愛會，並且專門安排一名女性招待員，負責幫助到日本留學的女學生接洽入學事項。

一九〇五年十二月二十五日，秋瑾與易本義、姚宏業等人乘坐長江號客輪從橫濱回國。一九〇六年二月，她從上海回到家鄉紹興開展地下活動。一九〇七年一月十四日，秋瑾在上海虹口北四川路厚德里九十一號創辦《中國女報》，自任社長兼發行人，陳伯平任編輯主任，姚勇忱、張劍崖任編輯，徐蘊華任校對，尹維峻負責發行，秋美章任總務。主要撰稿人有秋瑾、陳伯平、呂碧城、陳志群、鈍夫、黃公、燕斌等人。

在《中國女報》創刊號上，有署名「鑒湖女俠秋瑾」的〈中國女報發刊辭〉、〈敬告姐妹們〉，也有呂碧城撰寫的《女子宜急結團體論》。同樣是提倡女權，秋瑾的理想目標是女人男性化。用她寫在《敬告姊妹們》中的話說，「二萬萬的男子，是入了文明新世界，我的二萬萬女同胞，還依然黑暗沉淪在十八層地獄，一層也不想爬上來，……身兒是柔柔順順的媚著，氣兒是悶悶的受著，淚珠兒是常常的滴著，生活兒是巴巴結結的做著。一世的囚徒，半生的牛馬。」正是基於這樣的觀念，秋瑾喜歡女扮男裝，「我想首先把外形扮做男子，然後直到心靈變成男子」。

至少在這一點上，呂碧城的精神境界要高出於秋瑾。她在〈女界近況雜談〉一文中明確指出，「若言語必繫蒼生，思想不離廊廟，出於男子，且矯揉造作，詎轉於閨人，為得體乎？女人愛美而富情感，性秉坤靈，亦何羨乎陽德？若深自諱匿，是自卑而恥辱女性也。古今中外不乏棄笄而弁男裝自豪者，使此輩而為詩詞，必不能寫性情之真，可斷言矣。……必怨此而責彼，仍蹈尊男卑女之陋習。」

一九〇七年三月四日，《中國女報》出版第二號後再沒有續刊。同年七月十三日，與徐錫麟等人聯合策劃籌備浙江安徽兩省起義的秋瑾，在紹興大通學堂被捕。七月十五日凌晨，秋瑾在紹興城內古軒亭口被執行死刑。遠在天津的呂碧城，因為與秋瑾聯繫密切而受到牽連，據說是由於時任法部員外郎的袁克文，出面向直隸總督袁世凱求情，才免除一場牢獄之災。呂碧城得知袁世凱父子替自己開脫後，曾經專門到都督府表示感謝。

一九一六年秋天，三十四歲的呂碧城與袁克文、費樹蔚等人遊歷杭州，路過西泠橋畔秋女俠祠時賦詩一首，題為〈西泠過秋女俠祠次寒雲韻〉，其中寫道：

松篁交籟和鳴泉，合向仙源泛舸眠。
負郭有山皆見寺，繞堤無水不生蓮。
殘鐘斷鼓會何世，翠羽明璫又一天。
塵劫未銷慚後死，俊遊愁過墓門前。

詩中透露出的是一個信仰佛教的女居士，對於早逝女友的淡定哀悼，而不是革命黨人緬懷先烈時苦大仇深、愛恨分明的慷慨激昂。

四、女子公學第一女校長

早在光緒十八年即一八九二年，鄭觀應就在〈女教〉一文中批評朝野上下間，拘於「無才便是德」的俗諺，輕視女子教育，希望能夠廣籌經費，增設女塾，使婦女「童而習之，……不致虛縻坐食」。

光緒二十三年即一八九七年，梁啟超為經元善等人籌辦的中國女學堂所起草的《倡設女學堂啟》中指出，婦女受教育「上可相夫，下可教子，近可宜家，遠可善種」。譚嗣同的妻子李閏和、康廣仁的妻子黃謹娛等人，為了討論婦女教育、婦女權利等問題，在上海成立中國女學會，創辦《女學報》和女學會書塾，主筆和教職員工三十餘人全由婦女擔任。其中較為著名的有梁啟超夫人李惠仙，康有為長女康同薇等。

光緒二十四年即一八九八年五月三十一日，又名經正女塾的中國女學堂，在上海城南桂墅裡開辦。同年八月二十七日，上海知識女性王春林在《女學報》第五期發表〈男女平等論〉，控訴中國幾千年來男尊女卑，壓迫、歧視、殘害婦女的不平等現象。另一知識女性盧翠在《女子愛國說》中，列出立女塾、設女學報、植女公會、啟女觀書樓、勸女工、恤孤老、賞才藝、設女書會、立女醫院、賽美會、練女子軍等十二件有關婦女權利的具體事項。康同薇也在《女學報》發表〈女學利弊說〉，指出「扶陽抑陰」的古老傳統，違背「天賦人權」的普世公理。劉紉蘭在〈勸興女學啟〉中認為，天下興亡，女子也有責，願與男子共擔救國義務。

中國傳統的教育制度，幾千年來沿襲的都是主講四書五經的私塾及官學制度，隨著大清王朝於光緒二十八年即一九〇二年頒佈壬寅學制，中國的教育體制才開始啟動近代化改革。光緒二十九年即一九〇三年，金天翮編著的《女界鐘》一書在上海愛國女學發行，強烈批判束縛壓抑婦女的傳統道德，號召婦女爭取獲得接受教育、掌握財產、婚姻自由等六種權利。

光緒三十年即一九〇四年四月二十六、二十七日，陳擷芬在《中國日報》發表〈女界可危〉一文，提出婦女要先為祖國盡義務，後爭取自身的權利。利用來自西方的強國必須強種的進化論觀念，把興女學提升到關係國家興亡的絕對高度，是晚清女權運動中普遍採取的用一種新式天理來對抗抵制「女子無才便是德」之類舊式天理的「存天理，滅人欲」式的話語策略。

同年五月二十、二十一日，呂碧城在天津《大公報》連載《論提倡女學之宗旨》，委曲求全地表示「女學之倡，其宗旨總不外普助國家之公益、激發個人之權利二端。國家之公益者，合群也；個人之權力者，獨立也。……女權之興，歸宿愛國，非釋放於禮法之範圍。實欲釋放其幽囚束縛之虐權，且非欲其勢力勝過男子。實欲使平等自由，得與男子同趨於文明教化之途，同習有用之學，同具強毅之氣。使四百兆人合為一大群，合力以爭於列強，合力保全我二萬萬裏之疆土。」

正是在救國保種之類「存天理，滅人欲」式的絕對天理和絕對理由的強硬包裝之下，呂碧城巧妙地夾帶販賣了一些天賦人權、男女平等的現代文明常識：「乃中國之民同生於公眾之世界，同具個人之形體，忽嚴化為兩界，男子得享人類之權利，女子則否，只為男子附庸，抑之、制之，為玩弄之具、為奴隸之用。……造其馴伏之性，奪其自主之權。」進而得出「吾二萬萬同胞誠可謂身未亡而心已死亡之人」的女權結論，以及「自強之道，須以開女智、興女權為根本」的路徑選擇。

六月十三日，呂碧城在〈興女權貴有堅忍之志〉中進一步寫道：「夫以二萬萬之生靈，五千年之冤獄，雖必待彼蒼降一絕世偉人，大聲疾呼，特立獨行，為之倡率，終須我女子痛除舊習，各自維新，人人有獨立之思想，人人有自主之魄力，然後可以眾志成城，雖無尺寸之柄，自能奏奇功於無形，獲最後之戰勝。……自丁酉戊戌以來，女學始萌芽於上海，駸駸乎頗有進步。迨至今日，則女學會開矣，女報館設矣，女子遊學之風行矣。此不過草創伊始，為日未久，故尚待改良，徐圖精進。」

原本要到天津城區讀書求學的呂碧城，在一舉成名之後按照英斂之的策劃安排，開始嘗試興辦一所更加先進的女子學堂。關於此事，英斂之在日記中留下了最為原始的文字記錄。

一九〇四年六月十九日（農曆五月初六日）：午後出至藥雨處談學堂事。俟稍頭緒，必須擇地會議。

六月二十九日（農曆五月十六日）：傅潤沅以馬車接呂碧城，並函。有時，內人同惠如、碧城回。碧城獨去傅處，近暮歸。

六月三十日（農曆五月十七日）：午後一點，碧城去傅處，晚六點回。

七月一日（農曆五月十八日）：晚樓上與少秋、碧城商學堂事。

七月二日（農曆五月十九日）：碧城自赴潤沅處，商訂學堂一事。

七月三日（農曆五月二十日）：午，同內人及惠如、碧城至河東女學堂。林墨青、卞竹賢等在，予等略演說。午後，藥雨來談學堂事。

七月十四日（農曆六月初二日）：晚間潤沅來，言袁督允撥款千元為學堂開辦費，唐道允每月由籌款局提百金作經費。

這裡的「藥雨」，是天津另一重要報刊《日日新聞報》的總經理方藥雨。「少秋」指的是《大公報》主筆之一張連璧。「唐道」就是袁世凱的得力助手、時任天津海關道的唐紹儀。有了袁世凱、唐紹儀的鼎力支持，女子學堂的籌辦事項正式啟動，期間最為嚴重的分歧，是傅增湘主張設立一所官辦女子學堂；而唐紹儀主張設立民辦學堂，由英斂之、呂碧城負責主持。一九〇四年八月二十四日（農曆七月十四日），籌辦議事會召開會議，到會有王銘槐、林墨青、方藥雨、姚石泉、嚴朗軒、傅增湘、英斂之等人，英斂之在當天日記中寫道：

一、議改姚（石泉）擬章程數條，眾亦無甚可否。
二、議房舍，督署後過偏北，改隨賓實舊居，惟傅（增湘）不以為然。眾遂止。
三、議捐款存鍋店街正金銀行。賬薄交予收存，予不肯，他人亦無可代理者。予乃謂令碧城自存，予代理而已。
四、議務本女教習，予函托馬相伯代延。
餘各小節甚關緊要，可以隨時商辦。舉議事員八人，為范孫、石泉、銘槐、墨青、藥雨及予，尚欠一人，擬以張印之充之。

這次會議後，英斂之與呂碧城商量制訂女子學堂簡章，然後印製幾份交給各議事員以及被袁世凱任命為學堂監督的呂碧城舅舅嚴朗軒審定。一九〇四年十月四日（農曆八月二十五日），《大公報》刊登署名「倡辦人呂碧城」的《天津女學堂創辦簡章》，規定學堂以「開導女子普通知識，培植後來師範，普及教育為宗旨」，開學日期定於十月二十三日（農曆九月十五日）。同日報紙還刊登有「創始經理人」英斂之、方藥雨的啟事，稱「襄此善舉，誠為開通風氣，栽培國民之要圖」。這份簡章和啟事，起到很好的宣傳廣告作用，梁士詒、徐星叔、彭星伯、仲子風、薛瑞堂等社會名流，紛紛前來為女兒報名入學。

臨近開學，英斂之夫婦要帶兒子英千里南下上海主持三弟的婚禮，從而引發相關各方的意見分歧。呂碧城舅舅嚴朗軒辭去監督之職，呂碧城提出如果不承認她為開辦人與總教習，她也要退出此事。英斂之只好把具體事項委託給方藥雨、傅增湘負責處理。英斂之離開之後，議事會商定由傅增湘出任監督一職，呂碧城任總教習，開學日期被推遲到一九〇四年十一月十七日（農曆十月初一日）。

一九〇四年十一月十七日下午，天津公立女學堂在河北二馬路正式開學，這是中國近代教育史上第一所公立女子學校。據《大公報》十一月十八日報導，「昨日午後二點鐘，由總教習呂碧城女史率同學生三十人，行謁孔子禮。觀禮女賓日本駐津總領事官伊集院夫人，……男賓二十餘位。諸生即於是日上學。」

在開學典禮上，先由董事會董事凌女士代表她的丈夫、學堂監督傅增湘致辭，感謝直隸總督袁世凱、天津海關道唐紹儀的大力支持，感謝捐款諸公的熱心相助，宣佈女學堂的辦學宗旨是「開通女子，普及知識，培植師資，普及教育」，女學堂的校慶日是每年的農曆十月初一日。

接下來，由呂碧城介紹師資和教學計畫：延聘國文教習劉子和、算學教習沈正增、女教習呂惠如，以及德國籍和美國籍的英文教習各一人。課程以國學為主，輔以普通之學。規制科目為修身、國文、歷史、作文、地理、家政、算學、理科、英文、圖畫、手工、習字、音樂、體操等。學校開辦之初，尚多未備，隨著教學深入，生徒增加，將陸續備齊，再圖精進。

學校開辦不久，便陷入人事糾紛。代行監督即校長職務的凌女士，不願意與年輕氣盛、目空一切的呂碧城繼續合作，另找時任直隸工藝局總辦的周學熙等人籌備創辦新學校。凌女士「允辭董事」的「天津府批」送達女學堂之後，呂碧城當即把該府批送到英斂之手裡，英斂之與傅增湘經過協商，決定不再干預學校事務。英斂之又到方藥雨處，把該府批拿給方藥雨、張連璧、王銘槐等人過目。一九〇五年三月十三日，英斂之在《大公報》刊登〈創辦天津公立女學堂捐款者諸君姓名及自開學至年終開支賬略聲明廣告〉，公開聲明「學校事不再參與，一任呂碧城獨自署理」。隨著傅增湘、英斂之、方藥雨等人辭去董事職務，二十二歲的呂碧城正式出任由天津公立女學堂改名的北洋女子公學監督即校長。呂碧城因此成為中國近代教育史上第一所女子公學的女校長。

五、呂碧城與英斂之的絕情決裂

限於男女授受不親的大防古訓，天津公立女學堂及北洋女子公學的日常教學與管理工作，必須由女性教員出面承擔。在這種情況下，呂碧城已經出嫁的大姐賢鐘（字惠如、清揚），在籌辦初期便來到天津，協助英斂之、呂碧城從事各項教學管理工作，並且與呂碧城一起寄住在以報館為家的英斂之家中。英斂之在日記中記錄道：「碧城之姊惠如女史隻身由塘沽來，極端莊、渾厚、可敬之主。」

一九〇五年二月，英斂之已經失去對呂碧城的最初好感，在日記中多次斥之為「不通」、「虛驕刻薄，態極可鄙」。儘管如此，他依然堅持編輯《呂氏三姊妹集》，並且於三月一日天津《大公報》千號紀念日，隆重刊登《呂氏三姊妹集》的序跋各一篇。英斂之在序言中詳細敘述了自己與呂氏姊妹的交往經過：

> 呂碧城女史為前山西學政瑞田公之季女，甲辰暮春，為遊學計，至津，住予家。四月中，其長姊惠如複由塘沽任所來津，時相過從，與內子淑仲一見即針芥相投，苔岑契合，遂盟為姊妹，矢以永好，予因得讀兩君詩暨辭。惠如則典贍風

華，匠心獨運；碧城則清新俊逸，生面別開。乃摘其尤佳者，登之《大公報》中。一時，中外名流投詩詞、嗚欽佩者，紛紛不絕。誠以我中國女學廢絕已久，間有能披閱書史、從事吟哦者，即目為碩果晨星，群相驚訝。況碧城能辟新理想，思破歸錮蔽，欲拯二萬萬女同胞，出之幽閉羈絆黑暗地獄，複其完全獨立自由人格，與男子相競爭於天演界中。……梅生性豪爽，有古俠士風，言吐慷慨，氣度光昌。素不屑弄事詞翰，然落筆清靈，極揮灑之致，亦頗與乃姊乃妹並駕齊驅，各樹一幟，何天地靈淑之氣獨鐘於呂氏一門乎？

關於天津公立女學堂的創辦，英斂之介紹說：「予久蓄興女學之志，惟苦於師範無人。得此天假之便，乃奔走組織，獲諸君子力，為天津公立女學堂。」也就是說，天津公立女學堂的第一原動力是英斂之，而不是被英斂之推到前臺打造名人效應和代言符號的呂碧城。

同為歷史當事人的傅增湘，在寫於一九三一年的《藏園居士六十自述》中回憶說：「旅津遇旌德呂碧城女士，喜其才贍學博，高軼時輩，因約英斂之、盧木齋、姚石泉等，倡設女學。先室凌夫人力贊之，偕碧城上謁楊文敬、唐少川諸公，醵金築舍，定名為女子公學。令碧城主教席，而推余夫婦總其成。」

楊文敬，就是於一九〇七年繼袁世凱為直隸總督的楊士驤，字萍石，號蓮府。傅增湘辭去天津公立女學堂監督職務後，隨出任江北提督的劉延年前往江蘇清江浦，協助劉延年訓練十三團新軍。在隨後的八個月裡，由呂碧城擔任校長的北洋女子公學「異論滋紛」，由傅增湘的凌氏夫人聯合周學熙等人在天津河西窯窪另行創辦的北洋女子高等學堂，也找不到合適人選主持校務，袁世凱便接連發出四封書信和電報，敦促傅增湘返回天津擔任女學事務總理，兼管這兩所女子學校。傅增湘上任後，自己兼任北洋女子高等學堂監督即校長，聘請張相之擔任總教習。「乙巳春，部署略定，而項城以為欲大興女學，非廣儲師資不為功，更以籌立女子師範學校見屬。適餘大病匝月，強起治事。草訂規制，先開簡易班以蕲速成，嗣分文理科用資深造。學術主調和新舊，而訓育則力趨嚴格。由是近而畿輔，遠及江海嶺嶠，聞風負笈，不遠千里而至。閨英百輩，萃於一堂。餘屬吳君靄辰督外堂，汪潘夫人志明察內舍而監理內外，總挈綱領，則凌夫人主之。然余亦從此舍幕職而專營學事矣。」

這裡的「乙巳春」，指的是一九〇六年春天。同樣是在一九〇六年春天，呂碧城遵照袁世凱、盧木齋、傅增湘的意見，在北洋女子公學設立師範科，選拔資質優秀者潘連璧、彭清惠、黃盛頤、朱若華、陳克柔、朱麗明、張韞玉、張振權、彭清湘等女學生就讀，於一九〇九年暑期畢業。第一屆學生畢業之際，呂碧城專門在《北洋女子公學同學錄序》中介紹說：

> 北洋女子公學成立於光緒甲辰（一九〇四年）孟冬，其時京津一帶，雖有私立女學二三，皆家塾制度，若撥帑備案，就地區為公眾謀者，實以此校為嚆矢焉。溯創設之始，艱苦締造，將近一載，始克成立。予忝為創辦之人，承當事官紳推主講席，綜理教務；傅太史增湘任監督事，當時生徒無多，只分二級，以國學為主，略輔以普通之學。……己酉（一九〇九年）七月行卒業禮，計七學期間培植成材者，僅有十人。此其故，實緣北方女學未倡，肄業者率多隨宦閨秀，曾得南方風化之先者。……然以全體生徒計，已足百名之額，因相與謀制同學錄。問序於予，遂為述其崖略如此。

北洋女子公學四年間只培養出十名合格畢業生，除了呂碧城列舉的「顧宦遊者，去住無恒，中途輟學者實居多數」之類客觀原因之外，她自己暴得大名之後年輕氣盛、虛驕浮躁、鋒芒畢露、目空一切，處理不好方方面面的人事關係，也是一個重要原因。

一九〇六年八月，在呂碧城與英斂之夫婦之間已經出現情感裂痕的情況下，大姐呂惠如應父親呂鳳岐的同榜進士、東三省總督趙爾巽聘請，赴奉天（今瀋陽）女子師範學校擔任教務長。比呂碧城大一歲的二姐呂美蓀（又寫作梅生、眉生，譜名賢鈖），便由安徽來到天津，接任呂惠如遺留的北洋女子公學總教習一職。一九〇六年九月一日（農曆七月十三日）早晨，呂美蓀外出時被電車撞傷，左腕骨粉碎性骨折，英斂之及時趕到把她送進日本醫院診治。美蓀入院後昏迷七天，英斂之每天都去探視，有時甚至一日數次，或侍至深夜，或候達天明。已經對呂碧城產生曖昧情感的，在此期間又逐漸移情於呂美蓀。

比起暴得大名的三妹呂碧城，呂美蓀在為人處世方面表現得更加成熟通達。據英斂之日記介紹：「眉生自予夫婦相遇，性情投契，儼如骨肉，相處百餘日，不惟無厭意，而甚恨時日之短促。」英斂之當年出版《也是集》時，也請呂美蓀作序，並且聲稱「吾輩交誼，較庸俗超過萬萬」。

在與英斂之的男女情感不能自拔的情況下，呂美蓀採取的是背著英斂之迅速閃婚的方式脫身而去，從而避免了像呂碧城那樣絕情斷交的最壞結果，維護了男女雙方的正常情誼。一九〇七年四月二十一日，母親嚴士瑜帶著十九歲的小妹呂坤秀（譜名賢滿）從安徽來到天津，坤秀隨後也擔任了女子公學教習。四月二十九日，呂美蓀得知大姐呂惠如即將赴南京出任江寧女子師範教務長，便匆匆向呂碧城移交教務，趕赴奉天接任女子師範學堂教務長兼中日合辦女子美術學校名譽校長。呂美蓀在奉天期間，趙爾巽經常以長輩身份過問她的工作生活情況。

呂碧城身上最為矛盾糾結的表現，在於她作為一名通過女權高唱的文化批判及社會批判暴得大名的公共人物，卻偏偏容不得來自別人的公開批評。一九〇七年八月十日，呂碧城得到二姐美蓀的信函，專門拜訪英斂之探問外間謗毀事，為之痛苦良久。

一九〇八年十月一日，《大公報》「白話」欄目刊登署名「耐久」的一篇短文〈師表有虧〉，其中有這樣一段話：「女學雖要緊，那充當女學教習的人尤其要緊。不但學問要淵博，而且她品行尤其要端正。……我近來看著幾位當教習的，怎麼打扮得那麼妖豔呢？招搖過市，不東不西，不中不外，那一種妖豔的樣子，叫人看著不耐看。」

這篇文章所批評的對象，顯然是已經成為天津上流社會文化名媛的呂碧城以及她的姐妹們。容不得別人半點批評的呂碧城過度反應的結果，導致了她與自己最重要的支持者英斂之的絕情斷交；隨之而來的還有她與被她視為情敵的二姐呂美蓀的恩斷義絕。十月七日（農曆九月十三日）是英斂之現存日記的最後記錄，其中所涉及的恰好是他與一度關係曖昧的呂碧城的絕情斷交：「碧城因《大公報》白話，登有勸女教習不當妖豔招搖一段，疑為譏彼。旋有津報登有駁文，強詞奪理，極為可笑。數日後，彼來信，洋洋千言分辯，予乃答書，亦千餘言。此後遂不來館。」

六、民國第一女徽商

中國傳統的「勞心者治人」的男性讀書人，歷來選擇的最為正統的人生道路，就是人身依附性質的「學而優則仕」、「貨賣皇帝家」的入仕為官。在這一點上，曾經女權高唱的呂碧城，也沒有能夠完全免俗。隨著辛亥革命的成功以及南北統一的中華民國的成立，呂碧城一度產生參政議政的思想衝動。

一九一二年六月，北洋女子公學停辦，學生歸入由北洋女師範學堂改名的北洋女師範學校。功成名就的呂碧城與唐群英、沈佩貞等女界名流一道，出任袁世凱的總統府顧問，可以自由出入中南海的中華門（今新華門）。一九一四年春天，呂碧城在標題為〈民國建元喜賦一律和寒雲由青島見寄原韻〉的詩詞中寫道：

莫問他鄉與故鄉，逢春佳興總悠揚。
金甌永奠開元府，滄海橫飛破大荒。
雨足萬花爭蓓蕾，煙消一鶚自回翔。
新詩滿載東溟去，指點雲帆尚在望。

這裡的「寒雲」，就是袁世凱的二公子袁克文，是呂碧城當年詩文唱和的密友之一。呂碧城正是懷抱著「雨足萬花爭蓓蕾」的積極進取精神，走上政壇充當中央政府女性官員的。只是她在這一位置上並沒有表現出政治才幹，而是充當著總體上屬於掛名性質的政治花瓶。若干年之後，人到中年的呂碧城甚至在〈女界近況雜談〉中，公然站在她當初女權高唱的對立面，以中國傳統的男權標準全盤否定了女界人士的參政努力：「夫中國之大患在全體民智之不開，實業之不振，不患發號施令、玩弄政權之乏人。……女界且從而參加之，愈益光怪陸離之致。近年女子參政運動屢以相脅，予不敢附和者，職是故也。」

在參政議政方面無所作為的呂碧城，卻利用自己總統府顧問的政治地位和政商兩界的人脈資源，在十里洋場的上海成就了民國史上第一女徽商的商業傳奇。按照林杉著《香國奇才呂碧城》的說法，一九一二年，呂碧城與二姐呂美蓀、小妹呂坤秀一同南下，送母親嚴士瑜到上海定居。在此期間，她購買了數萬元大洋的「署券」，也就是現在所說的外國股票，與外國商人開展商業競爭，沒有想到這些投資幾年後為她帶來豐厚收益，使她從此有了足夠的財力獨立生活

呂碧城經商贏利的細節現在已經無法還原，在她的《遊廬瑣記》中，可以看到她陪同俄國茶商高力考甫流覽廬山的文字記錄。呂碧城在上海密切交往並且詩文唱和的張

謇、葉恭綽、費樹蔚、陸宗輿、龐竹卿、袁克文、楊雲史等人，大都是腰纏萬貫、一擲千金的政商巨頭或幫會大佬，她經商所需要的商業資本應該是不成問題的。她的財富獲得主要不是通過真正意義上經商營市辦企業的社會化擴大再生產，而是來自上流社會的變相饋贈。儘管如此，商業上的成功使她有足夠的經濟實力左右逢源地周旋於當時的上流社會。用她寫在《呂碧城集》附記中的話說：「先君故後，因析產而構家難。惟余錙銖未受，曾憑眾署券。余素習奢華，揮金甚鉅，皆所自儲，蓋略諳陶朱之術也。」

七、呂碧城的歸依佛教

一九一三年，母親嚴士瑜在上海病逝之後，三十一歲的呂碧城的婚戀歸宿，再一次成為朋友間的重要議題。據鄭逸梅在《藝林散葉續篇》中介紹，有一次，葉恭綽（字裕甫號遐庵）請呂碧城、楊千里、楊雲史、陸楓園等人在懿園家中喝茶聊天，無意中談到呂碧城的婚姻問題。呂碧城表白說，生平值得她稱許的男子不多。其中的梁啟超已有妻室，汪精衛年輕太輕，汪榮寶有了佳偶，張謇老先生曾經給她與著名詩畫家諸宗元（字貞壯）充當媒人，可惜諸宗元已經四十來歲鬚髮全白。「我之目的，不在資產及門第，而在於文學上之地位。因此難得相當伴侶，東不成，西不合，有失機緣。幸而手邊略有積蓄，不愁衣食，只有以文學自娛耳！」

一度女權高唱的呂碧城，在舊體詩詞的來往唱和中，被上流社會遺老遺少型的名人雅士架得太高，她自己更是表現得像文化遺少一樣心高氣傲、目空一切，從而註定了她再也不能放下名女人、女富婆的空架子，去與普通正常人那樣心平氣和地立身處世、談婚論嫁。

一九二〇年九月，三十八歲的呂碧城赴美留學，並且兼任上海《時報》特約記者。一九二一年初，她進入美國哥倫比亞大學學習美術和英語，於一九二二年四月回國。經過一年多的留學生活，呂碧城並沒像自己的安徽小同鄉胡適那樣，表現出對於西方工商契約文明社會的深刻理解和真知灼見；更沒有像當年提倡女權和女學那樣與時俱進、銳意進取，虛心採用更加通俗易懂並且已經為全社會所普遍接受的白話文，充當自己的話語工具。她在留學美國期間值得一提的，倒是對於西方社會社交生活中司空見慣的現代舞蹈的理解與喜愛。呂碧城在〈說舞〉一文中寫道：「人類無分文野，本天性發而為歌，舞則同也。為文明愈進則跳舞愈成為嶄新有統系之儀式。迂拘者目為惡俗，每禁戒其家屬勿事學習，此無異哀樂發於心而禁其啼笑。拂人之性，古聖不取。舞之功用為發揚美術，聯絡社交，愉快精神，運動體力。若舉行于大典盛會，尤足表示莊嚴……」

一九二四年，呂碧城由上海南京路二十號移居同孚路（今石門一路）八號，與著名外交家陸宗輿和絲綢大亨龐竹卿為鄰。室內陳設全部西化，鋼琴油畫點綴其間，極其富麗堂皇。據鄭逸梅《人物品藻錄》記載，「呂碧城放誕風流，有比諸《紅樓夢》中史湘雲者。且染西習，常御晚禮服，袒其背部，留影以貽朋友。擅舞蹈，於蠻樂璔中，翩翩作交際之舞，開上海摩登風氣之先。」

一九一四年十二月十三日，在廈門女子師範學校任教的四妹呂坤秀因病去世，年僅二十七歲。一九二五年七月，四十五歲的大姐呂惠如病逝於南京，部分遺稿與遺產有可能是被二姐呂美蓀無理掠奪。當呂碧城從美國匆匆趕回奔喪時，眾親友勸她念及骨肉親情與二姐和好，呂碧城卻當眾發下毒誓：「不到黃泉，毋相見也。」

一九二六年，呂碧城再度出國，漫遊英、法、意、瑞士等歐洲各國達七年之久，她寫作的大量遊記，刊登於北京的《順天時報》和上海的《半月雜誌》上，後來結集為《歐美漫遊錄》，又名《鴻雪因緣》。一九三〇年，滯留歐洲的呂碧城，在既失去骨肉親情也沒有辦法把自己嫁出去的情況下，乾脆選擇皈依佛教，取法名為曼智，並與太虛、常惺法師建立密切關係。

一九四三年一月二十四日，呂碧城在香港九龍孤獨辭世，享年六十一歲。臨死前她在遺囑中要求將自己在美國紐約、三藩市以及上海麥加利銀行的存款共二十餘萬港元悉數提取，在太虛大師指導下用於弘揚佛法護生之事；同時要求「遺體火化，把骨灰和麵粉為小丸，拋入海中，供魚吞食」。

值得特別加以說明的是，一九一二年由北洋女子公學和北洋女師範學堂合併而成的北洋女師範學校，一九一三年五月改名為直隸女子師範學校。一九一六年一月，再改名為直隸第一女子師範學校。該校先後教育培養出許多中國女權運動史上的風雲人物，其中包括先到袁世凱家中擔任家庭教師後來嫁給馮國璋的周砥；辛亥革命期間在上海發起組織女子尚武會和女子參政同盟會的女界偉人沈佩貞；辛亥革命期間到上海參與組織女子北伐隊後來嫁給黃郛的沈亦雲；與國民黨元老張繼結合的崔震華；與北京大學教授陳源結合的女作家凌叔華；與魯迅走到一起的許廣平；以及後來成為中共女黨員的劉清揚、鄧穎超、郭隆真……

沈佩貞

沈佩貞，男權社會的照妖鏡

沈佩貞是中國女權運動史上最具爭議的一名傳奇女性，同時也是中國男權社會的一面照妖鏡。圍繞著她的是是非非，既可以充分展現中國女權運動及女權人士的歷史侷限；更可以折射出包括男性革命黨人劉成禺在內的中國特色的特權男子，一直比弱勢女子更加卑鄙下流的陰暗心理，以及整個中國男權社會根深蒂固地摧殘敗壞女性權利的專制傳統。

沈佩貞是中國女權運動史上最具爭議的一名傳奇女性，同時也是中國男權社會的一面照妖鏡。圍繞著她的是是非非，既可以充分展現中國女權運動及女權人士的歷史侷限；更可以折射出包括男性革命黨人劉成禺在內的中國特色的特權男子，一直比弱勢女子更加卑鄙下流的陰暗心理，以及整個中國男權社會根深蒂固地摧殘敗壞女性權利的專制傳統。

一、辛亥革命時期的女界偉人

沈佩貞又寫作沈珮貞，作為中國女權運動史上被極端妖魔化的一名傳奇人物，她的完整履歷已經無從查考。據一九一五年六月十七日《醒華報》報導，「沈佩貞，號義新，原名慕貞，號少華，桂人，生於粵」。

一九一一年十二月二十四日，上海《時報》刊登〈創辦女子尚武會簡章〉，其中寫道：「本會特招集女生，教以科學，俾其有健全之能力，使之足以輔佐女子軍進行，而協助女子軍出發以後之後方勤務，如輸送槍械、協濟餉糧諸事務，令女子軍無後路援絕之慮，而得以通往直前，借收克敵逐虜之效。」

據該簡章介紹，女子尚武會的開辦費用及經常費用，概由發起人自行擔任，預計招收學生五百人，學生畢業後隨女子軍北伐。這裏所說的女子軍，指的是此前由本名張佚凡的林宗雪出任司令並且參與圍攻南京的女子國民軍；由陳婉衍出任管帶的女子北伐光復軍；由張昭漢出任團長的女子軍事團。一九一二年一月十一日，上海《申報》又以〈女界之偉人〉為標題高調宣傳說：

沈珮貞女士，去年曾要求滿政府速開國會不允，遂奔走兩粵，跋涉三江，提倡革命。此次武昌起義，女士適在天津謀集同志起事，被漢奸某泄其事於陳夔龍，陳派楊以德將女士逮捕，並將所有資財搜括無遺，轉輾誣妄，欲陷女士於死地。嗣陳恐激起絕大風潮，暗使楊釋放之。女士有母年七十餘，必欲女士離津。女士不得已，遂奉母來滬。惟一片熱忱，不能遏止，爰創辦女子尚武會，以辦理北伐軍後方勤務為目的。聞刻已稟准滬都督，不日開辦。其志願，要在推翻滿政府，掃除專制政體，建設共和民國。才識高卓，誠近今女界之偉人也。

陳夔龍是清朝末年最後一任直隸總督，楊以德時任警務道台，也就是直隸全省以及天津城區的員警首腦。同年一月二十四日，上海《民立報》刊登「發起人沈珮貞謹啟」的《女子尚武會招生廣告》，說是該會奉滬軍都督陳其美批准開始報名招生，第一期招生名額定為五百人。

隨著南北議和的成功，尤其是清帝遜位詔書於二月十二日正式頒佈，轟動一時的女子從軍運動，轉而演變成為一場女子參政運動。在此之前的一月五日，發起組織女子參政同志會的原同盟會會員、中國社會黨女性黨員林宗素，以代表身份面見臨時大總統孫中山，孫中山向她許諾「國會成立，女子有完全參政權」。消息見報後，女界同人深受鼓舞，紛紛成立女子參政團體。以章太炎為首的中華民國聯合會致函孫中山，對於他因「某女子以一語要求」便「片言許可」的做法不以為然。孫中山在回函中表示：「前日某女子來見，不過個人閒談，而即據以登報，謂如何贊成，此等處亦難於一一糾正。」林宗素為此專門發表談話，對於孫中山以「毅然許可並允登報宣佈當時問答之語」為「個人閒談」，表示「不禁駭詫」，責問「該會指宗素為一女子謁見，孫總統亦謂為他人閒談，將置全體會員公舉代表名義于何地乎？」

二月二十五日，上海《天鐸報》刊登男女平權維持會的發起公告，作為主要發起人的沈佩貞，在《男女平權維持會緣起》中表示說：「民權復矣，女權猶未也。女子亦國民之一分子，女子無權，不特為文明國之缺點，即揆諸民權二字，亦有不完全之處。」

三月十一日，經南京臨時參議院議決、由孫中山以臨時大總統名義公佈的具有憲法性質的《中華民國臨時約法》，在第二章第五條給出迴避男女性別問題的模糊規定：「中華民國人民一律平等，無種族、階級、宗教之區別。」這種話語表達嚴重激怒了充滿期待的女權人士，唐群英、張義英、張昭漢、王昌國、林宗素、沈佩貞、吳木蘭等人，以中華民國女子參政會名義上書孫中山，要求參議院修改《約法》。三月十八、十九兩日，臨時參議院討論否決女子參政權案，理由是「吾國女子參政亦應有之權利，惟茲事體重大，非可倉卒速定，應俟國會成立再行解決，以昭慎重。」

此舉嚴重激怒了女權人士，她們隨後發起了一場極具轟動效應的爭取女子參政權的請願活動。三月十九日上午，唐群英、張漢英等二十餘人，以「武裝的狀態」闖入參議院議事廳，「至提議女子參政案時，咆哮抗激，幾至不能開議」。下午，她們又試圖阻止議員出席會議，「竟堅執議員衣袂，禁不聽前」。二十日，又有二十餘人求見議長林森未果，遂將議院門窗玻璃擊碎，把議員未經發表之議案搜索一空，並將一稍有違言之警衛士兵踢倒在地。同一天，請願女子推舉唐群英、蔡惠向孫中山第三次請願。二十一日，請願女子增至六十餘人，她們帶著武器打算硬闖參議院，議長林森電請孫中山派遣近衛軍士兩百人前來阻止。受阻之後她們轉而到總統府謁見孫中山，孫中山答應代為斡旋，並且委派女兒孫瑗、孫琬陪同前往。參議院答應由女子同盟會再次遞交一份呈文。二十五、二十六日，又有請願女子多人到總統府求見國務總理唐紹儀，唐未予接見。三十日，唐群英等人再次闖入參議院，「強要改正臨時約法，大肆哮罵，勢將用武」。議長喚衛兵嚴加戒備，某女士聲言：「若不容再來，必訴以武力。」

一九一二年四月八日，上海女子參政同志會、女子後援會、女子尚武會、金陵女子同盟會、湖南女國民會，在南京召開聯合大會，正式成立女子參政同盟會。沈佩貞在成立大會上發表總結發言，「陳述此次參議院之約法條義，以壓制手段，妨害女界，我女界絕對不承認此條文。」女子參政同盟會的內部機構，分為總務部、交際部、政事部、教育部、實業部、財政部、審查部、文事部，沈佩貞被選舉為實業部職員。隨著南京臨時政府的解散和參議院的北遷，女子參政會也聯合北上，設會址於北京粉房琉璃街。

查閱當年的報刊資料，並沒有沈佩貞在南京臨時參議院動武打鬧的確鑿記錄。一九三三年十月二十一日，魯迅在〈關於婦女解放〉一文中，以他慣用的冷嘲熱諷的口吻回憶說：「辛亥革命後，為了參政權，有名的沈佩貞女士曾經一腳踢倒過議院門口的守衛。不過我很疑心那是他自己跌倒的，假使我們男人去踢罷，他一定會還踢你幾腳。這是做女子便宜的地方。」

到了一九四六年，已經七十歲的老革命黨人劉成禺，在錄入《世載堂雜憶》的〈英雌大鬧參議院的一幕〉中，以極其低級下流的筆觸回憶說，「一日開會，議長林森遙見女會員二十餘人成群而至，即宣告停會，議員將散。湖北議員張伯烈、時功玖及予同住院中，前江蘇省諮議局舊址也。功玖曰，諸君退避，我三人有法處之。」劉成禺引以自豪，包括他自己在內的三個湖北籍參議員，對付同一陣營的女權人士的辦法，竟然是把她們誘騙到自己的房間，然後鎖起門請她們就著鹹肫肝、鹹花生、鹹鴨片、大頭菜大喝龍井茶。直到她們被尿憋得一再求饒，才放她們到院外竹林子裏露天解決。

二、袁世凱時期的女權運動

袁世凱就任臨時大總統之後，對於女子參政運動採取了更加富於彈性的既壓制又安撫的雙重態度。當得知唐群英、沈佩貞等人準備隨參議院北上請願時，袁世凱致電國務總理唐紹儀，認為女子參政權「可否遽行于中華民國，自應聽候參議員全體核議，該女子等不得有強制行為」，希望唐紹儀能夠阻止她們進京請願，「准其舉定代表一二人來京，不得令其全體北上，以免種種窒礙。」

一九一二年七月二十日，北京參議院在第四十六次特別會議上討論蒙藏人民的選舉權問題，議員杜潛根據《臨時約法》有關國民權利平等的精神，以女子與蒙藏人民同是中華民國人民相比附，提出女子應有選舉權與被選舉權的問題，結果被劉崇佑用「此另一問題，不在今日討論範圍之內」為理由當場否決。八月十日，袁世凱北京臨時政府公佈《中華民國國會組織法》、《參議院議員選舉法》、《眾議院議員選舉法》，其中關於國會議員資格問題，仍然規定只有成年男子才擁有選舉權與被選舉權，基本上延續了南京參議院對於女子參政權的否定態度。

儘管如此，袁世凱對於女權運動的頭面人物，還是採取了柔性安撫的態度。呂碧城、唐群英、沈佩貞、王昌國等人，都被袁世凱聘請為總統府的女性顧問。一九一三年二月十二日，北京政府在先農壇為清帝下詔退位一周年舉辦為期七天的紀念會，沈佩貞在辛亥革命期間穿過的軍裝，與吳樾遺留的炸彈彈片和汪精衛受審時的鐵鏈，一起作為歷史文物在紀念展覽中隆重展出。

相比之下，革命黨內部反而表現出更加頑固僵化的男權專制傾向。一九一二年三月三日，同盟會由地下秘密組織改組成為公開政黨，其政綱第五條明確標榜「主張男女平權」。同年八月，同盟會在宋教仁、張繼等人主持下，聯合統一共和黨、國民公黨、國民共進會、共和實進會、全國聯合進行會組建作為現代議會政黨的國民黨，他們為了在重組整合過程中向其他黨派表示妥協，主協刪除了「主張男女平權」的政綱條款，此舉引起同盟會內部部分激進女會員的強烈抗議。

八月十四日，同盟會本部開會選舉籌辦國民黨事務所幹事，女會員唐群英、沈佩貞等人到會發難，她們大罵宋教仁受人愚騙甘心賣黨，表示要以武力對待。

八月二十五日，國民黨在北京湖廣會館召開成立大會，唐群英、沈佩貞、王昌國等人再到會場，嚴詞詰問何以將男女平權政綱刪除，認為此舉「辜負昔日女同盟會員之苦心」，強烈要求在國民黨政綱中重新加入男女平權一條。此議當場交付大會表決，因為只有極少數人表示贊成而沒有通過。孫中山在演說中，專門說明國民黨新政綱未列男女平權，係合併各黨有不盡贊同之故。他認為男女平權「當暫緩」，並進而奉勸女子當以國事為重，「男女平權深合真理，此時政綱雖未列入，若國家文明進步，必能達到平權之一境；如無進步，即男子尚恐失其平等之權利，況女子乎？」

但是，在得不到在場人士積極回應的情況下，「唐等猶不甘服，謂男子挾私把持，壓抑女子，更向孫（中山）質問，其言終不得要領。忽唐等行至宋教仁坐地，遽舉手抓其額，扭其鬍，而以纖手亂批宋頰，清脆之聲，震於屋瓦。眾大嘩，斥其無禮。」

九月一日，女子參政同盟會在北京爛漫胡同女工傳習所召開聯合大會，到會女子兩百餘人，公推唐群英為臨時主席。沈佩貞搶先發表演說，反對宋教仁、張繼不遺餘力，認為宋教仁遷就改組國民黨，是為了實現政黨內閣以達到自己做國務總理的目的：「宋實為一無恥小人，犧牲我二百兆女國民之權利為彼等結黨營私交換之媒介，是可忍，孰不可忍？試問女子若非國民，則昔日之列入政綱為非；女子既為國民，則今日之刪削政綱何故？既定名國民黨，首先廢棄二萬萬女國民，名尚符實乎？宋教仁一人專制，張繼同惡相濟，是直置我女同胞于死地！」她甚至公開表示要繼續革命，以曾經組織之暗殺團、先鋒隊與彼等相見，以手槍炸彈對待之，「必達到男女平權、女子參政而後已。」

九月十九日，女子參政同盟會開會歡迎「萬國女子參政同盟會」來華訪問的三位代表嘉德夫人、馬克維夫人、解古柏斯博士，沈佩貞在三位演說之後首先發表意見，認為欲得參政權，須具備三個條件：其一，教育完全；其二，發達女子之實業，其三，不借男子之保護。對於其三，她的解釋是：「我等今日如不能達參政之目的，急宜有一種手段，以對待男子。手段維何？即未結婚者，停止十年不與男子結婚；已結婚者，亦十年不與男子交言。」

沈佩貞的這段演說一經傳出，便成為笑談。由此所折射出的恰恰是中國社會根深蒂固的男權專制傳統，以及這種男權專制傳統在革命黨內部所引起的權利分化：辛亥革命過程中作為同盟者的男女兩性，轉眼之間就變成了民國政壇上尖銳對立的敵對雙方。

十月二十日，女子參政同盟會本部在北京成立，選舉副總統黎元洪之夫人吳敬君（漢傑）為名譽總理，唐群英為責任總理，繼識一、王國昌為協理，沙慕新為庶務，沈佩貞為交際，駱仲儒、莫寶珠為書記，李瓚元為會計，王雲樵為調查。唐群英在大會演說中指出，女子與男子同是國民，既承擔了國民的義務，就應該享受國民的權利。她坦誠地承認現在女子參政的程度確實不夠，可暫且不爭被選舉權，但不能不爭選舉權。

十二月九日，唐群英、沈佩貞邀集女同志數人，前往參議院謁見議長吳景濂，強行要求參政權。吳景濂勉強接談敷衍幾句之後，便逃入議場避而不見。被激怒的女士們「聲色俱厲」，斥責反對女子參政權的議員：「議員亦女子所生，當民軍起義時代，女子充任秘密偵探，組織炸彈隊，種種危險，女子等犧牲生命財產，與男子同功，何以革命成功，竟棄女子於不顧？女子亦組織中華民國之重要分子，二萬萬女同胞，當然與男子立於平等之地位。凡反對女子參政權者，將來必有最後之對待方法。即袁大總統不贊成女子有參政權，亦必不承認袁為大總統。三日後當再來參議院，為最後之解決。」

在這種情況下，袁世凱政府採取保護參議員的舉措，內務部特飭內外總廳及各區調查參議員寓所，慎密保護。到了一年後的一九一三年十一月四日，袁世凱下令解散國民黨。十一月十三日，內務部以「于國家政法大有影響，該因附設學校煽惑無知婦女，開堂演說，實屬大幹法紀」，並以「法律無允許明文」的「罪名」，正式取消女子參政同盟會，給女子參政權運動以最後一擊。此後，呂碧城、唐群英、王昌國等人急流勇退，先後辭去總統府顧問而離開北京，轉向辦實力、辦女報、興女學之類的實際活動，民初女子參政權運動漸趨沉寂。堅持留在北京的沈佩貞，卻打著「大總統門生」的旗號，上演了一出被告上法庭的女權鬧劇。

三、女權奇案中的男權狂歡

據許指嚴在小說筆記體的半真半假、真假難辨的《新華秘記》中介紹，《亞東新聞》是沈佩貞與唐群英、張漢英、王昌國等人在北京創辦的一份女權報紙。由於沈佩貞

「性卞急，囂張過甚」，該報主筆對她有所不滿。當時有所謂國民軍籌餉處，沒有經過財政部許可而非法籌餉，沒有經過陸軍部許可而非法練兵。發起人晏起、孫佐等人因此遭到步軍統領衙門的逮捕。他們的同黨考慮到沈佩貞經常出入總統府和國務院，便請求她出面保釋。《亞東新聞》為此刊登一則消息，說是沈佩貞被步軍統領衙門拘拿。沈佩貞聞訊後前往報館大哭大鬧，聲稱「我是革命元勳、女子參政同盟會長，誰不敬畏？我曾打參議院，擊國務院，鬧總統府，斥國民黨，誰不知名？今日入步軍統領衙門及總統府去，所有衛士，莫不舉槍立正敬禮，何曾有拿我之事？本報係我創辦，竟敢誣陷我，此事豈能干休！」

當時恰好主筆有事外出，報館職員多方勸慰，沈佩貞依然不依不饒，不僅揮杖亂打職員，而且指使隨從將報館招牌摘下抱去警廳告狀。上海《時報》著名駐京記者黃遠庸為此事專門登門採訪沈佩貞，沈佩貞介紹說，她作為創辦人，《亞東新聞》報社不僅不尊重她，而且還動武傷了她的手指。「我與袁總統本係師生，甚蒙優待，絕非打鬧事蹟，其他亦多誤傳……」

值得注意的是，黃遠庸在採訪記錄中特別提到沈佩貞的組織才能和辦事能力：「語時見旁坐有女記者數人為之記錄。室中尚有老夫及兒童數輩，約束井井一〔有〕方，辦理文牘，料量外務，電話錚錚不絕，肆應批答，灑如也，可謂奇才。」

這件事情剛剛平息，上海《神州日報》又於一九一五年六月一、二日，刊登《沈佩貞大鬧醒春居記》，以輕浮下流的小說筆調介紹沈佩貞、劉四奶奶、蔣淑婉、蔣良三等人，在醒春居宴席上的鬧酒醜聞。其中最令沈佩貞感到難堪的細節，是蔣良三威逼她遵行酒令，同意楊光甫嗅她的裸足。沈佩貞當場翻臉，掀席大罵而去。《神州日報》在該篇報導中對此津津樂道，認為「可作一篇豔情小說觀」。沈佩貞帶人到既是該報北京分館又是該報老闆汪彭年住家的南橫街鬧事，卻誤打了寄住在這裏的國會議員郭同。關於此事的前因後果，同盟會元老劉成禺，以歷史見證人的口吻敘述得最為生動形象也最為誇張離奇。

據劉成禺在同樣是半真半假、真假難辨的歷史隨筆《世載堂雜憶》中回憶，袁世凱時代的女權運動頗為活躍，大致可以分為三類。其一是以前北洋女子公學監督即校長呂碧城為代表的以清高自詡的高尚派。沈佩貞曾經就讀的北洋女子師範學堂，與北洋女子公學一樣，是在直隸總督袁世凱以及他的親信屬員嚴修、盧木齋、傅增湘等人主持之下創辦成立的，沈佩貞與袁世凱之間的師生關係就是由此而來的。其二是以安靜生為首領的積極參政的活動派。其三是以沈佩貞為首領的奔走權門的權貴派，主要成員包括劉四奶奶、王三太太、蔣淑婉等數十人。沈佩貞的名片中間寫著「大總統門生沈佩貞」，旁邊寫著「原籍黃陂，寄籍香山，現籍項城」，意思是她與湖北黃陂人黎元洪、廣東香山人孫中山、河南項城人袁世凱都是同鄉。她當時還拜九門提督江朝宗為乾爹，奉袁世凱親信段芝貴為叔父，凡總統府要人都深相結納。權貴又借她們勾引介紹「女志士」尋歡作樂，湖船朝車出入新華宮而警衛不禁。江朝宗為幹女兒設立總辦事處於中城，配有秘書、幹事，沈佩貞儼然為辦事處長。所辦之事據說是名曰贊助帝制、實則幽宴主家。段芝貴等下班則來沈處會客張筵，文武謀職位者群走其門。

當時北京東四七條胡同有一所壯麗寬宏的花園別墅，是曾任成都將軍、四川總督、內務府大臣奎俊的私人住宅。大清王朝垮臺之後，奎俊的家人把戲臺園林劃出一部分租給商人開設「醒春居」菜館。由於這裏具有園林之勝，官僚政客、名士黨棍便經常借此「雅集」。一九一五年春夏之交的一天，沈佩貞邀約一批膩友在「醒春居」飲宴。酒筵佈置在假山邊的曠地，男女主賓三十多人縱情吃喝，其中有人提議「諸位佳人跣足入座，圓膚光滑如洗凝脂。可用『聞臭腳』做酒令，順著行酒，即用此三字連貫成文，要全用成語。如令到不成的，罰依醒春居酒數（一茶杯紹興酒）聞臭腳一次」。是日男客中只有一人沒有罰聞臭腳，而第一個罰聞臭腳的男賓是清室貝子、慶親王奕劻的大兒子載振。有些男客以一親芳澤為無上豔福，故意被罰聞臭腳。此事在《神州日報》見報後，沈佩貞惱羞成怒，要求該報老闆汪彭年登報澄清並賠禮認罪。汪彭年不僅不予接受，還繼續在報紙上揭露隱私，內容涉及到江朝宗、段芝貴等人。於是沈佩貞率領劉四奶奶、蔣三小姐等娘子軍二三十人，會同乾爹江朝宗的士兵十多名，浩浩蕩蕩直奔南橫街汪彭年家中。汪彭年得到消息，帶領家人及時逃走。寄住在他家裏的國會議員郭同站出來與沈佩貞理論，被當作替罪羊痛打一頓，連腰帶都被人扯斷。同為國會議員的劉成禺正好夜宴路過，他見郭同滿身泥土，提著褲子與沈佩貞等人醜罵，便與郭同開起玩笑。沈佩貞看見劉成禺，趕緊呼叫眾人讓開道路請他近前。劉成禺在為雙方調解過程中，九門提督的少將領隊黃禎祥走過來說：「今夜汪彭年不露面，決不離開此地。」劉成禺說：「你穿軍服領隊打人，成何體統？大總統知道，江朝宗要受處分。」

第二天，相關各方都委託要人出面調解，江朝宗依然表示必須《神州日報》請酒登報賠禮。郭同在眾人慫恿下具狀控訴沈佩貞糾眾毆傷，起訴於首都地方審判庭，汪彭年與劉成禺均被列為證人。與劉成禺要好的濮一乘為此事寫作打油詩《新華竹枝詞》，刊登在上海《小時報》上：

最是頑皮汪壽臣，醒春嗅腳記來真。
何人敢打神州報？總統門生沈佩貞。
杯酒調停事不成，郭同起訴地方廳。
議場搗亂劉麻子，糊裏糊塗作證人。

這裏的汪壽臣即汪彭年，劉麻子指臉上長有麻斑的劉成禺。按照劉成禺的說法，這樁案子的結果是郭同勝訴，沈佩貞罰禁押半年。沈當庭大哭道：「他人叫我打神州，我卻受罪。」

查閱當年的文獻資料，北京地方審判廳長尹朝楨給出的判決，是沈佩貞被判處監禁三個月，送往京師第一監獄執行，並賠償財物損失四十元。

劉成禺筆下包括沈佩貞名片中間寫著「大總統門生沈佩貞」、旁邊寫著「原籍黃陂，寄籍香山，現籍項城」之類曲折生動的離奇描述，大多數是出於他心理黑暗和低級下流的虛構捏造。在這樁因男權狂歡而轟動一時的女權個案中，老革命黨人劉成禺所充當的，是煽動刺激男權專制社會最為低級下流的集體狂歡情緒的女權殺手角色。真正被當作「只許男人放火，不許女人點燈」的男權玩偶遭受瘋狂消費和集體傷害的，恰恰是既執著又盲目地追求正當女權的沈佩貞。據當時的多家報刊介紹，沈佩貞在法庭上痛哭流涕地向觀眾席中的上千名觀眾表白道：「若輩串同，有意陷害，致我身敗名裂。你們有意看些笑話，毫無天良。」觀眾席中雖然有人略表同情，立即遭到公然以摧殘玩弄女權人士為代價而享受動物性的集體狂歡的多數觀眾的圍攻批評：「若不如此，我們何處看此熱鬧。」

作為一名老革命黨人，劉成禺對於自己在整個案件中所扮演的女權殺手角色，是完全自覺的。關於這一點，他所引用的刊登在北京《順天時報》的〈打神州報案觀審記〉一文，就是最為確鑿的證據：「沈佩貞率男女打神州報，汪彭年逃，郭同起訴地方法院，傳集一干人證，開刑庭大審。京師各部次長以下官，及社會聞人數千人，均坐騎樓。尹朝楨蒞庭審判，先傳郭同，次傳沈佩貞等，次傳證人汪，次傳證人劉。尹示劉曰：『先宣誓，據實作證。』劉曰：『據實直述，當日男女相罵，狀態奇醜，不堪入耳，照話直說，犯法不犯法？』騎樓上人大嚷曰：『不犯法，不犯法。』尹乃令宣誓，劉即據事直陳。尹以所述過於醜惡，似不欲聞。劉曰：『庭長不願聽，不必再說下去，再說犯法。』騎樓上人又大嚷曰：『說下去，不犯法』……」

一九一五年是中國傳統舊曆的乙卯年，南社詩人胡寄塵在《乙卯雜詩》中專門吟誦沈佩貞道：

當時萬紫與千紅，畢竟春華過眼空。
底事東皇歸去後，孤花還不避狂風。

這首詩詞的意思是說，民國建設之初，正是女權發達之日。但是，沈佩貞等人所追求的人權事業只有春華而無秋實，只適合於在共度難關的辛亥革命高潮時期，萬紫千紅地湊熱鬧。辛亥革命一旦成功，充滿根深蒂固的男權專制思想的革命黨老同志，是不會願意與包括袁世凱在內的其他國人分享革命成果的，尤其是不願意與更加弱勢的女界人士按照憲政共和的現代法理分享政治權力的。堅持追求女權解放、女子參政的沈佩貞，就像是一朵春餘孤花，單獨與整個男權專制社會薄情寡義的暴風驟雨相抗衡，是註定要落花流水般歸於失敗的。

四、沈佩貞訴魏肇文婚戀案

經過三個月牢獄之災的沈佩貞，出獄之後離開正在籌畫洪憲帝制的袁世凱北京政府，而不是像劉成禺所抹黑醜化的那樣，充當過所謂的「洪憲女臣」。

一九一七年七月六日，五十一歲的孫中山離開上海南下廣州，於九月一日被廣州非常國會選舉為中華民國陸海軍大元帥。沈佩貞隨後來到廣州投奔孫中山的中華民國軍政府。在此期間，她結識了與劉成禺同為國會議員的魏肇文。

魏肇文，字芷畹，名武伯，號選廷，湖南邵陽金潭縣（今隆回縣）人。他是清朝末年歷任陝西、雲貴、兩江、閩浙總督的一品重臣魏光燾的第三子。一九〇二年留學日本東京成城陸軍學校，後加入同盟會。一九一二年底當選眾議院議員。一九一七年九月被孫中山聘任為大元帥府參議。在此期間，他以合影拍照作為婚約，與沈佩貞在廣州珠江北岸的東亞旅館自由結婚。幾個月後魏肇文離棄沈佩貞，沈佩貞為此訴諸法律控告他「賴婚」。這一案件一度成為轟動全國的新聞熱點，但是，公共輿論對於這件事的著眼點，卻集中在國會議員、官宦子弟魏肇文的男權魅力與男權消費方面：「聞魏為前清某總督之子，翩翩美少，且又國會議員，無怪沈佩貞不甘甘休。」

一九一八年十一月二十七日，廣州地方廳公開審理此案，引來百餘人圍觀，許多人沒有座位便站在法庭外聽審。原告沈佩貞身穿玄緞裙褲，戴托力克金鏡，儼然知識女性裝束，昂然立於庭中。與一九一五年發生在北京的郭同訴沈佩貞案一樣，這一次的沈佩貞訴魏肇文案，依然是一場男權專制者公然消費弱勢女權的集體狂歡式的法律鬧劇。沈佩貞當庭出示魏肇文贈給她的一副楹聯作為求婚證據。律師黃某為沈佩貞辯護說，對聯句中有「繞梁」等字樣，含梁孟舉案齊眉之意，確實可以作為求婚證據。魏肇文的代理律師黎某卻公然聲稱對聯上款稱沈為「先生」，是男性嫖客對於上海妓女的稱呼，並無丈夫對妻子稱先生的。沈佩貞抗議對方侮辱人格，黎姓律師卻勸告她說：「肉體關係與婚姻絕然兩事，男女有肉體關係而非夫妻者不知凡幾，決不能因有肉體關係即視為婚姻也。況肉體關係之有無誰能為之證明？」沈佩貞當庭大罵黎姓律師「肉體關係非婚姻何者？」並且表白自己本是處女，受魏肇文侮辱不能再嫁他人。如不成婚姻，就抬棺材到法庭上以死自白，接下來便開始放聲大哭，法官只好在一片哄鬧聲中宣佈退庭。

沈佩貞訴魏肇文婚戀案幾經周折，最後由法官做出判決：此案兩造全是姘居性質，既無合約文件，又沒有生男育女，雙方隨時可以分手，和正式夫妻的關係完全不同。本案撤銷，不予受理。訟費由原告沈佩貞負擔，此後不得滋生事端，否則依法懲處。

沈佩貞聽到判決後掩面痛哭走出法庭，連日又到國會議員招待所，坐在號房等候魏肇文出入，直接向魏肇文糾纏。魏肇文得同事相告，只好另搬住所暫避騷擾。有一天，兩個人在路上碰到，沈佩貞扭住魏肇文理論，互相糾纏著到了警署。警長細問情由後訓斥沈佩貞，限其三日內出境，否則拘案送辦。婚戀失敗的沈佩貞，不得不離開並不保障她的基本女權的國民革命大本營。

五、《沈佩貞宴請贛男女》

離開廣州的沈佩貞依然在從事她的女權事業。一九一九年十月四日，天津《大公報》在〈沈佩貞宴請贛男女〉一文中報導說，鼎鼎大名的沈佩貞，因組織江西婦女生計分會已有頭緒，並徵得彭文徽女士擔任籌備幹事長，特於二十五日約請南昌報界及籌備分會各女士假座西園便餐，男女賓客到者三十餘人，計分兩大席。宴會開始後，沈佩貞先到男賓宴席陪座，她所宣講的女權道理，基本上依據的是孫中山的三民主義：「大凡共和國家以三民為素，現在民主民權均已完全達到目的，惟民生尚未講究，婦女生計會本於民國一年立案開辦，嗣因世局糾紛，女權薄弱，未免稍受影響。」

接下來，是余醒愁作為來賓代表致答謝辭：「同人承沈先生招飲，以婦女生計分會責為提倡，此同人天職所在，自應仰承惠意，以答高情。但先生此次來贛，得以躬瞻風采，親聞偉論，欽佩無既。且又先承招飲，感愧何似！……」

眾人一通掌聲之後，沈佩貞繼續宣講自己已經具備明顯的中國特色的女權理念：「美國女子有參政權，實因能謀自立，有納稅種種義務故有利權。鄙人極不以權利為然，但求各女同胞能自立足矣。鄙意本欲以男女合桌，此地風氣尚未開通，有所不便。然吾國所以衰弱之故，實為女子無才便是德一語所誤。若長此墨守，何能生存？於今之世界與各文明國競爭於環球，此不待智者而後知也。」

從一九一二年民國建立初期的拼命追求女子參政權，到一九一九年的主動放棄參政權而自我侷限於所謂的生計權和自立權，中國社會的女權事業沒有表現出在明顯進步，反而是在明顯倒退。這一點在沈佩貞就讀北洋女子師範學校時期的師長呂碧城的〈女界近況雜談〉中，另有表述：「夫中國之大患在全體民智之不開，實業之不振，不患發號施令、玩弄政權之乏人。……女界且從而參加之，愈益光怪陸離之致。近年女子參政運動輒以相脅，予不敢附和者，職是故也。」

限於資料匱乏，民國時期最具傳奇色彩的女權人士沈佩貞的人生結局，已經無從考證。僥倖的是，張恨水在他的章回小說《春明外史》第十七回中，留下了相關的影射性敘述：國會眾議院議員、北京《鏡報》社社長文兆微，與以袁世凱為後臺的女流氓政客甄佩紳糾纏在一起，為「婚約」問題鬧了一場官司。甄佩紳不時帶著一「野孩子」到文府糾纏。文兆微的夫人去世時，甄佩紳還備了輓聯祭禮到靈前哭奠說：「我的有情有義賢德的老姐姐呀，你就捨得丟了妹子去嗎？」見文兆微不理會她，她又說道：「我們老夫老妻，還能反一輩子的臉嗎？」文兆微無可奈何，只好委託《鏡報》編輯楊杏園出面進行調解。

這裏的「文兆微」是「魏肇文」的倒置諧音，「甄佩紳」是「沈佩貞」的倒置諧音。《鏡報》是魏肇文於一九二四年在北京創辦的《今報》的諧音，編輯楊杏園是張恨水自己的化名。從辛亥革命時期便要為全國二萬萬女性爭取女權的傳奇女性沈佩貞，最終卻落魄成為連自己的婚戀歸宿都無法安頓的男權棄婦。她所追求的女權，歸根到底依然是對於男權主子的人身依附權，或者說是她自由選擇的一種甘受奴役權，而不是現代西方社會已經成為普遍常識的以人為本、自由自主、意志自治、契約平等的主體人權。反過來說，作為中國女權運動史上最具爭議的一名傳奇女性，沈佩貞的存在本身，就是中國男權社會的一面照妖鏡。無論沈佩貞身上存在著多少缺點和盲區，她對於中國女權事業的執著追求還是十分真誠的；她所遭遇的女權奇案，並不是她一個人的悲劇性恥辱，而是男權專制思維根深蒂固的整個中國社會，極端摧殘敗壞女性成員基本權利的一種悲劇性恥辱。

賽金花魏斯炅結婚照

賽金花，「護國」名妓的真假是非

伴隨著劉曉慶主演的話劇《風華絕代》的商業動作，賽金花既風華絕代又真假難辨的人生傳奇，再一次成為人們炒作關注的熱點話題，同時也為人們進一步澄清還原賽金花清末民初的名妓生涯與真假是非，提供了一個新的契機。

伴隨著劉曉慶主演的話劇《風華絕代》的商業動作，賽金花既風華絕代又真假難辨的人生傳奇，再一次成為人們炒作關注的熱點話題，同時也為人們進一步澄清還原賽金花清末民初的名妓生涯與真假是非，提供了一個新的契機。

一、賽金花的名妓生涯

一九三六年十二月五日，天津《大公報》刊登〈賽金花在平逝世〉一文，其中報導說，「蟄居故都之名妓賽金花（即魏趙靈飛），於昨晨二時半逝世。平中各界人士聞訊，集不惋惜。因賽氏雖為妓女，但庚子變亂時，向德元帥瓦德西請制止外兵騷擾民宅，有功地方也。」

這裡的「集不惋惜」應該是「莫不惋惜」的誤寫。據該報介紹，賽金花原名趙靈飛，江蘇人，終年六十三歲。十三歲為妓，後嫁蘇州狀元洪鈞，洪鈞死後再度為妓。民國初年，嫁給國會議員魏斯靈，同居於北京李鐵拐斜街，魏因病去世後家人散走四方，賽金花蟄居於天橋居仁里十六號，在兩名姐弟僕人照顧下趺坐誦經。五十六歲的姐姐顧蔣氏是江蘇海門人，二十七歲失去丈夫，生有大興、二興兩個兒子。她跟隨賽金花已經二十多年，二興還被賽金花認作義子。弟弟蔣乾方，四十一歲，一九二五年來到賽金花身邊。姐弟二人多年沒有領取工錢，賽金花的親友們年節時送給他們的賞錢，也大都充當了賽金花吸食鴉片煙的費用。賽金花臨死前留給姐弟二人的最後一句話是：「我今去矣，阿彌陀佛，觀音菩薩，教主，洪狀元，已來迎我。」

關於賽金花的名妓生涯，曾樸署名「東亞病夫」的長篇小說《孽海花》中，曾經有過半真半假的傳奇敘述——小說中金汮字雯青的原型是洪鈞字文卿，傅彩雲的原型是原名趙靈飛又名彩雲的賽金花。金汮考中狀元之前曾經得到妓女小青的資助，中狀元後覺得娶妓為妻有損體面，致使小青一怒之下上吊自殺，死後轉世為脖子上有一圈紅絲印痕的傅彩雲。金汮奉命出使俄、德、奧、荷等國期間，偕傅彩雲同往。傅彩雲「浪漫放蕩，天天交際，夜夜跳舞」，與德國將領瓦德西有過姦情。金汮與傅彩雲回國後，傅彩雲私通男僕、玩弄戲子，最終將金汮活活氣死，從而為小青報復了前世冤仇。金汮病死北京，傅彩雲赴上海重操舊業，改名曹夢蘭；後到天津為妓，號稱賽金花。一九〇〇年瓦德西率軍攻佔北京，公務之餘四處查找賽金花下落，兩個人得以重續前緣。

曾樸的父親曾之撰是和洪鈞換過蘭譜的結拜兄弟，因洪鈞居長，曾樸稱洪鈞為「太老爺」，稱賽金花為「小太師母」。《孽海花》於一九〇五年出版發行，其中以金汮（字雯青）和傅彩雲的男女關係為線索，描述了清末三十年間的社會風貌。在《新青年》三卷四號中，刊登有胡適一九一七年五月十日從美國寫給陳獨秀的來信，其中談到錢玄同刊登於《新青年》三卷一號的致陳獨秀信，對於錢玄同把《水滸傳》、《紅樓夢》、《儒林外史》、《官場現形記》、《孽海花》、《二十年目睹之怪現狀》認定為「小說之有價值者」表示異議：

「《孽海花》一書適以為但可居第二流、不當與錢先生所舉他五書同列。……其中記彩雲為某妓後身，生年恰當某妓死時，又頸有紅絲為前身縊死之證云云，皆屬迷信無稽之談。錢先生所謂『老新黨頭腦不甚清晰之見解』者是也。」

魯迅後來在《中國小說史略》中，採納了胡適和錢玄同的部分意見，把「結構工巧，文才斐然」的《孽海花》，與《官場現形記》、《二十年目睹之怪現狀》、《老殘遊記》並列為晚清四大譴責小說。

二、賽金花的口述記錄

陳恒慶在《諫書稀庵筆記》仲介紹說：「庚子歲，拳匪起，洋兵入都。德國元戎瓦達西者，為八國統領，原與金花相識，一旦相逢，重續舊好。凡都人大戶被洋兵騷擾者，求金花一言，可立解，以此得賄巨萬。」

周頤的《眉廬叢話》也記錄說：「庚子聯軍入京，瓦竟為統帥，賽適在京，循歐俗通鄭重，舊雨重逢，同深今昔之感。自後輕裝細馬，晨夕往還，於外人蹂躪地方，多所挽救。」琉璃廠的一位書畫商人曾經帶著五千大洋給賽金花祝壽，說是琉璃廠的書畫店鋪為國粹所關，亟應保全，懇求賽金花出面保護。賽金花慨然表示說：「茲細事，何足道。矧義所當為，阿堵物胡為者。」大義凜然拒收金錢的賽金花，當天就去懇切地勸說瓦德西。第二天，瓦德西就下達了禁止擾亂商戶的命令。「百城縹帙，萬軸牙籤，賴以無恙，皆賽之力也。」

一九三四年十月十四日，天津《大公報》曾有一篇〈賽金花訪問記〉，其中記錄有賽金花關於自己身世的介紹：「原籍安徽休甯，生於蘇州蕭家巷中。」談到《孽海花》的真實性，賽金花回答說：「不甚可信，因曾氏與洪氏另有一種原因，故曾氏如此說法。」意思是曾樸與賽金花的第一任丈夫洪鈞之間存在私人恩怨，所以小說中存在挾私報復的成份。

記者問道「外界對女士與德國瓦德西將軍之關係，傳說不一，有謂在德先見過，有謂瓦氏來華後始認識，二說究以何項為可信？」賽金花回答說：「先曾在德認識，後拳亂髮生，我於七月十七日到京，德將軍二十四日始來。」

查閱相關文獻資料，八國聯軍是一九〇〇年八月十四日即農曆庚子年七月二十日攻陷北京的。另據王光祈翻譯《瓦德西拳亂筆記》記錄，瓦德西遲至一九〇〇年十月十七日即農曆閏八月二十四日，才從德國抵達北京。賽金花所說的「德將軍二十四日始來」，所印證的應該是一九〇〇年十月十七日即農曆閏八月二十四日。關於八國聯軍進入北京後自己的表現，賽金花與記者之間有如下對話：

問：北京當時情形，真是「四十萬人齊俯首，北京無一是男兒」之時，女士何以願出來苦幹？

答：我想他們無法，只有我來，還有說話餘地。

問：外人初到時，有否越禮行動？

答：先到五天，秩序不好，以後頗守紀律。

問：當時外軍預備如何？

答：要生擒慈禧太后，殺之成肉漿，因德國公使被匪所害，開世界各國未有之惡例，外人心頗不甘也。

問：女士向瓦將軍如何解釋？

答：我向聯帥說，此乃匪徒之不慎，非由西太后所唆使，太后深居宮中，外事無由深悉，此是皇家實情，初非有意設計。

問：庚子之役，瓦帥在宮盤桓多日，臨行時攜去何物？

答：無一物取去（言時態度嚴正），瓦帥向我說：「您要何物，隨便可取。」將取一極美麗之果盤匣子送我。我堅謝之，決不取一物，俾得保全宮中物件，瓦帥又說：「不要緊，將來有事，只推託說我（瓦帥）送給您做紀念品者。」我說：「將來我的生命能得保全，已算幸事，他非所欲。」因為我媽再三囑咐不得取宮中一物，他日得留生命足矣。蓋我雖一女子，亦知國家大難已臨，不能偷生人世，故挺然而出，捨身為國，否則其時我手頭尚寬裕，京中男女走完，我何必進京去受危險耶？

問：其後瓦帥如何？

答：回國未及兩年，即故。近來彼之孫兒來過中國看我。

三、「瓦賽情史」的傳奇演義

關於賽金花與瓦德西之間的男女情事，尤其是豔俗詩人樊增祥（號樊山）在《後彩雲曲》中描繪的傳奇情景——「言和言戰紛紜久，亂殺平人及雞狗。彩雲一點菩提心，操縱夷獠在纖手。……誰知九廟神靈怒，夜半瑤台生紫霧。火馬飛馳過鳳樓，金蛇𣚴䴔燔雞樹。此時錦帳雙鴛鴦，皓軀驚起無襦袴」——賽金花在劉半農、商鴻逵記錄整理的《賽金花本事》中否認道：「說起宮中失火的那回事，便想到了一班無聊的人，揑造蜚語作賤我的可狠了，他們說我天天夜裡和瓦德西同睡在西太后的龍床上，有一天睡到半夜裡著起火來，我倆都赤裸著身子由殿裡跑出來，這簡直是污辱我，罵我。」

賽金花在北京石頭胡同開妓院時的老主顧丁士源，在一九四二年由滿鐵大連圖書館出版的《梅楞章京筆記》中回憶說，賽金花的嫖客中有一個為德軍做翻譯的葛麟德，賽金花不僅與德國軍隊之間有生意往來，而且時常請葛麟德幫忙處理胡同鄰居與外國軍人之間的各種糾紛。她也曾經女扮男裝，跟隨丁士源等人混入故宮、中南海獵奇遊玩。住在丁士源家中的鐘廣生和沈蓋二人，為此各寫一篇短文，虛構編造賽金花被召入紫光閣與瓦德西發生男女情愛的傳奇故事，分別寄給上海《遊戲報》和《新聞報》公開發表。這種虛構編造的「瓦賽情史」，後來成為曾樸《孽海花》和樊樊山《後彩雲曲》等文學作品的故事來源。經過諸多文人騷客大事渲染，「瓦賽情史」成為當時報刊的熱門話題。賽金花本人為抬高身價而將錯就錯、順水推舟，捏造誇張所謂口述自傳，就這樣演繹出一段令局外人信以為真的文史懸案。京劇專家齊如山在晚年回憶錄中也介紹說，他在一九〇〇、一九〇一年間與賽金花交往密切，只能說幾句日常德語的賽金花，不過是一個和德軍中下級軍官鬼混的妓女，偶爾會賣點東西給外國人，但是她絕對不可能認識瓦德西並且談論國家大事。

綜合各種相關資訊，賽金花於清同治元年即一八六二年生於蘇州，十三歲時被遠房親戚引薦到花船上充當妓女。光緒十三年即一八八七年，四十八歲的蘇州狀元洪鈞迎娶十五歲的賽金花為第三房夫人，改名洪夢鸞。婚後不久，清政府派遣洪鈞為出使俄、德、奧、荷四國大臣，賽金花以大使夫人身份周旋於歐洲上流社會。一八九二年洪鈞奉召回國，一八九四年因病去世。家眷從北京通州出發，沿運河雇用船隻護靈南返，二十二歲的賽金花中途離船逃往上海，以狀元夫人名號重操舊業。蘇州士紳認為賽金花的行為有傷風化，要求上海道台出面干涉。賽金花只好於一八九八年夏天北上天津，在江岔胡同組織南方韻味的「金花班」，「賽金花」的名號從此叫響。一九〇〇年八國聯軍攻佔北京，二十八歲的賽金花把妓院遷到北京八大胡同之一的石頭胡同。據傳說她一度輾轉見到六十八歲的老相識、擔任聯軍統帥的德國上將瓦德西，為保護北京市民的人身財產安全以及大清王朝的國家政權，做出了自己的一份貢獻，而且還女扮男裝與瓦德西騎馬招搖過市，人稱「賽二爺」。

一九〇一年一月，李鴻章和慶親王奕劻代表清政府與列強簽訂《辛丑合約》。《辛丑合約》共十二款，除清朝向列強賠償白銀四億五千萬兩、拆除由大沽口至北京沿途國防設施等苛刻條款外，第一款就規定清朝要派遣親王赴德國，就克林德被殺一事，向德國皇帝道歉，還要求在克林德被殺地點建一座紀念碑。

一九〇一年六月二十五日，克林德紀念碑開工建造。這座按德國人要求建造的紀念碑，實際上是一座中國式的白色石頭牌坊，橫跨在東單北大街上，位於西總布胡同西口的克林德斃命處。形制是四柱三間七樓（樓，是指牌坊上屋頂式的建築，七樓，即是有七座屋頂），並在三塊坊心石上鐫刻著用德文、拉丁文、漢文三種文字書寫的以光緒皇帝名義為克林德之死表示惋惜道歉的諭旨。克林德紀念碑於一九〇三年一月八日竣工，在落成典禮上，醇親王載灃代表清朝前往碑下致祭。牌坊之所以叫「碑」，是因為牌坊上掛有一額，上書「克林德碑」。

八國聯軍退出北京後，賽金花風光不再。一九〇三年四月，戶部尚書鹿傳霖的公子在妓院裡宴請客人，賽金花指派花六百兩銀子買來的雛妓鳳憐出臺接客，遭到鳳憐堅決拒絕。賽金花惱羞成怒，用雞毛撣子抽打鳳鈴，鳳鈴乘人不備吞食大量鴉片致死。賽金花因此事被捕，一個月後被押解回蘇州原籍，不久從蘇州逃往上海再一次掛牌接客。一九〇五年，賽金花嫁給滬甯鐵路稽查曹瑞忠為妾，曹瑞忠不久暴病身亡。一九一三年六月，賽金花在上海接客時認識江西都督李烈鈞的重要助手、國民黨籍參議院議員兼江西省民政廳長魏斯靈，因為「二次革命」爆發而中斷聯繫。一九一八年六月二十日，已經恢復參議院議員身份的四十五歲的魏斯靈，與四十六歲的賽金花在上海結婚。兩人婚後定居於北京李鐵拐斜街，從良後的賽金花終於過上了一段安逸平靜的生活。只可惜賽金花的第三次婚姻也好景不長，一九二一年七月，魏斯靈在北京住所患風寒急病去世。如此算來，一九三六年十二月四日在北京去世的賽金花，應該是終年七十四歲左右而不是六十三歲。為了出賣肉體時換取更高的價碼，妓女捏造虛報自己的年齡是一種常見的行業慣例。

一九一八年十一月十一日，第一次世界大戰結束，德國淪為戰敗國。中國因北洋政府於一九一七年參加英、法方面的「協約國」對德宣戰，此時也獲得「戰勝國」資格。十一月十三日，部分北京市民和青年學生自發拆毀了克林德紀念碑。一九一九年，駐在北京的法國外交代表會同中國方面，以「戰勝國」資格命令德國人將堆放在東單北大街的克林德紀念碑散件運至中央公園（一九二八年改稱中山公園），重新組裝豎立，並將原有文字全部除掉，另外鐫刻了「公理戰勝」四字，以作為第一次世界大戰勝利的紀念。從此這座牌坊被稱作「公理戰勝牌坊」。由於在拆毀牌坊的過程中，有些構件已經損壞遺失，所以重建後的牌坊只有四柱三間三樓，比原牌坊少了四個「樓」。「公理戰勝牌坊」落成典禮上，北洋政府曾經專門邀請魏斯靈、賽金花夫婦出席。據說是一九〇一年外交談判陷入僵局時，李鴻章曾經邀請賽金花充當說客，遊說克林德夫人答應清朝政府用中國的傳統方式賠禮道歉——在東單克林德遇刺處建牌坊。當年包括京劇、平劇在內的各劇種以及「文明戲」，都曾經把此事搬上戲劇舞臺演出過，賽金花接受報刊記者採訪時總要指出這些戲的不合史實之處：一是對她和瓦德西的情事「描寫太過」；二是誇大她在庚子國難中的作用，「雖十分誇獎我，但于我之良心上，誠為不安」。

四、賽金花的真假是非

在賽金花遠離紅塵守寡誦經的最後歲月裡，圍繞著她的名妓生涯和真假是非的文壇紛爭不僅沒有平息終結，反而表現得層出不窮、愈演愈烈。隨著一九三三年上海「一・二八事變」的爆發，賽金花的傳奇故事又成為借古喻今影射攻擊國民黨政府「不抵抗」政策的絕佳題材。其中以中共地下黨員、左翼文藝界領袖人物夏衍創作的七幕話劇《賽金花》最具代表性。該劇最初刊登在傅東華主編的《文學》雜誌一九三六年四月號，剛一發表就被譽為「國防文學之力作」。劇本還沒有排演，就在上海業餘劇人協會內部兩個爭強好勝的女星王瑩與藍蘋之間引起激烈紛爭。

當時的王瑩正在與既是中共地下黨員又是上海青幫大佬杜月笙親信弟子的金山戀愛同居。當時的藍蘋正在與著名影評人唐納戀愛同居。據夏衍晚年在《懶尋舊夢錄》中回憶說：「雙方各有人支持，也各有人反對。……出於無奈，我出了一個糊稀泥的主意，認為可以分為A、B兩組，趙丹和藍蘋，金山和王瑩，讓他們在舞臺上各顯神通。這個設想章泯同意了，而于伶面有難色。因為他知道藍蘋不論做戲還是做人，都有一絲一毫也不肯屈居人下的『性格』，而要她擔任B角，她肯定是要大吵大鬧的。」

在夏衍心目中，藍蘋是不甘心充當B角的，於是便安排趙丹和藍蘋充當A角，金山和王瑩充當B角。這樣一來，作為A組導演的章泯表示「同意」，B組導演于伶卻「面有難色」。金山、王瑩因此退出業餘劇人協會而另建四十年代劇社，依仗雄厚的金錢實力與人脈資源，從業餘劇人協會拿到《賽金花》的首演權，由王瑩出演賽金花，金山出演李鴻章。一九三六年十一月，《賽金花》在上海金城大戲院隆重公演，連續演出二十二場。競爭失敗的藍蘋一怒之下離開上海前往延安，後來改名江青成為新中國第一夫人。等待王瑩、金山、夏衍等人的，是文化大革命中被一網打盡的政治命運。

僅就當時來說，給予夏衍等人最為沉重打擊的並不是藍蘋，而是被奉為左聯盟主卻與地下黨組織負責人周揚、夏衍、田漢、陽翰笙等人尖銳對立的魯迅。一九三六年八月二十三日，魯迅在病中寫下〈「這也是生活……」〉，其中有這樣一句經典話語：「作文已經有了『最中心之主題』：連義和拳時代和德國統帥瓦德西睡了一些時候的賽金花，也早已封為九天護國娘娘了。」

這裡所說的「最中心之主題」，指的是被魯迅斥為「四條漢子」之一的周揚，在《關於國防文學》一文中提倡的「國防的主題應當成為漢奸以外的一切作家的作品之最中心的主題」。而在事實上，賽金花並沒有當真與「德國統帥瓦德西睡了一些時候」，夏衍在被譽為「國防文學之力作」的《賽金花》中，也沒有當真把賽金花「封為九天護國娘娘」之類的大救星。用夏衍的話說，「我不想掩飾對於這女主人公的同情。我同情她，因為在當時形形色色的奴隸裡面，將她同那些能在廟堂上講話的人們比較起來，她多少還保留著一些人性。」

換句話說，夏衍通過賽金花的妓女救國，所要表現的是對於國民黨政府的全盤否定，而不是號召所有國民像「封為九天護國娘娘」的賽金花那樣去勵志救國。相比之下，劉曉慶所謂賽金花「很有現代精神，很勵志」，反而喪失了魯迅提倡的「戰士的日常生活，是並不全部可歌可泣的，然而又無不和可歌可泣之部相關聯，這才是實際上的戰士」的務實心態，以及文藝創作第一位的為藝術而藝術的獨立追求和藝術價值。

廖仲愷何香凝全家福（1909）

何香凝，革命女性的參政議政

辛亥前後參加各種革命活動的女性，有姓名可查的約有三百八十多人，其中有較大影響力的一百八十多人，實際參加同盟會的有五十四人。在這五十四人當中，能夠把革命與參政貫穿始終，並且跨越國民黨與共產黨兩個時代的，只有何香凝一個人。在革命與參政之餘，何香凝還是著名國畫家。美中不足的是，何香凝的外孫女李湄認為，外婆「不是一個成功的母親」。

辛亥前後參加各種革命活動的女性，有姓名可查的約有三百八十多人，其中有較大影響力的一百八十多人，實際參加同盟會的有五十四人。在這五十四人當中，能夠把革命與參政貫穿始終，並且跨越國民黨與共產黨兩個時代的，只有何香凝一個人。在革命與參政之餘，何香凝還是著名國畫家。美中不足的是，何香凝的外孫女李湄認為，外婆「不是一個成功的母親」。

一、與廖仲愷的天足情緣

何香凝，原名瑞諫，又名諫，祖籍廣東南海縣棉村（今廣州荔灣區海南村），一八七八年六月二十七日生於香港摩羅上街。父親何炳恒是一八四一年英國租借香港初期，前往香港淘金的鄉下人。何炳恒在荷李活道的祥發藥鋪當夥計期間，與附近一戶人家的大腳女傭陳二產生感情。由於鄉下父母不同意何炳恒娶大腳女子為妻，陳二只好委曲求全給他當妾。香港當初地價便宜，何炳恒通過買地賣地成為一名地產商和茶葉出口商，供養著擁有一妻五妾十二名子女的大家庭。何香凝是陳二生育的七名子女中的第四個女兒，在何炳恒的十二名子女中排行老九。

陳二汲取自己的慘痛教訓，給她生育的幾個女兒強行纏腳，其中只有何香凝堅決反抗，一次次用剪刀剪開裹腳布。擁有一雙天足的何香凝，虛歲二十還沒有找到婆家。

正在家人為此事犯愁的時候，招商局總辦廖維傑按照客家人的風俗，要為自己的歸僑侄子、香港皇仁書院學生廖仲愷尋找大腳女。即使陳二認為眉心有一顆大痣的廖仲愷，有著將來會死於非命的壞命相；即使何香凝並不滿意于廖仲愷的身材矮小、貌不驚人；兩家人還是一拍即合確定了婚約。

廖仲愷，原名恩煦，又名夷白，字仲愷。一八七七年四月二十三日出生於美國三藩市，一八九三年父親病故後隨母回國，一八九七年與何香凝結為夫妻。兩個人婚後寄居在廖仲愷哥哥廖恩燾的閣樓上，隨廖仲愷讀書吟詩的何香凝，曾經寫下「願年年此夜，人月雙清」的詩詞，吟誦夫妻二人的新婚情愛，並且把他們並不寬敞舒適的愛巢，命名為「雙清樓」。廖仲愷去世後，何香凝自號「雙清樓主」、「雙清館主」，終其一生都在追憶著這段清貧而美好的新婚歲月。

一八九六年，清政府派出首批十三名赴日留學生，從而揭開近代中國人赴日本留學的序幕。在時代潮流驅動下，從香港皇仁書院畢業的廖仲愷產生去日本留學的願望。何香凝拿出私房錢並且變賣嫁妝首飾，湊足三千大洋供丈夫自費留學。一九〇二年秋天，廖仲愷進入日本早稻田大學預科學習。兩個月後，何香凝與途經日本赴古巴出任外交領事的廖恩燾漂洋過海，進入東京目白女子大學預科學習，後轉入女子師範學院預科，當時在日本留學的中國女性不足十人。一九〇三年六月，何香凝發表在《江蘇》雜誌第四期的〈敬告我同胞姊妹〉，是中國婦女運動史上較早提倡婦女解放的一篇歷史文獻，其中大聲疾呼道：「籲！我同胞，其勿以玩物自待，急宜破女子數千年之黑暗地獄，共謀社會之幸福，以光復我古國聲名。……湔除舊習，灌輸新知，遊學外國，成己成人，勿放棄責任，坐以待斃。」

二、同盟會的「奧巴桑」

一九〇三年九月的一個晚上，何香凝隨廖仲愷到神田中國留學生會館參加集會，意外遇到廣東同鄉、革命黨領袖孫中山，從此開始追隨孫中山參加革命活動。一九〇四年二月四日，何香凝返回香港娘家生下女兒廖夢醒，女兒滿月後回到日本繼續留學。一九〇五年七月十九日，周遊世界各國的孫中山再度來到日本，七月三十日，孫中山在程家檉、黃興、宋教仁、陳天華、張繼等人協助下，組織全國性革命組織中國同盟會，何香凝成為第一批七十多名會員中的一員。

同年九月一日，回香港籌集留學費用的廖仲愷，帶著女兒廖夢醒與胡漢民夫婦同船抵達日本東京。廖仲愷經何香凝、黎仲實介紹加入同盟會，並且把胡漢民夫婦引見給孫中山。從此以後，何香凝夫婦在東京神田租住的獨門獨戶的寓所，便成為革命黨人的一個通信聯絡站和秘密聚會場所。經常到這裡集會的，有朱執信、胡漢民、黃興、章太炎、汪精衛、黎仲實、馬君武、馮自由、蘇曼殊等人。出於保密需要，出身富裕之家的何香凝，不得不辭退女傭親自下廚。用她自己的話說：「為了革命，夫人學婢子也算不了什麼。……孫先生不喜歡吃米飯，我就給他準備麵包、牛油，煎一個荷包蛋，沖一碗湯。後來胡漢民來到，他的夫人吃不慣我做的飯菜。開始她還客氣，不說，捱了幾頓，實在熬不住了，便自己出錢去買燒鴨吃。」

大概是生育孩子之後過於憔悴的緣故，同盟會的革命同志當面稱呼不滿三十歲的何香凝為「奧巴桑」，意思是中老年的家庭婦女，背後更是叫她何大腳。孫中山手頭沒有錢時，就會對她說：「奧巴桑，給我幾十塊錢。」何香凝娘家補貼的錢財，大部分用在了革命事業中。

一九〇八年九月二十五日，何香凝在東京大久保寓所生下兒子廖承志。一九〇九年四月十日，何香凝轉學東京本鄉女子美術學校日本畫高等科。同一年，廖仲愷帶著廖夢醒回到香港，在廣州考取法政科舉人，然後投奔時任吉林巡撫的廣東同鄉陳昭常充當幕僚翻譯，秘密從事地下革命活動。據廖承志回憶，何香凝當年之所以改攻繪畫專業，一個重要原因是「孫中山要在國內組織武裝起義，需要起義的軍旗和安民佈告告示的花樣、軍用票的圖案等等，因而需要人設計圖案，把它畫出來。」

三、何香凝的救夫傳奇

一九一一年廣州黃花崗起義之前，何香凝帶著廖承志回到香港。辛亥革命後，廖仲愷輾轉回到廣州，先後擔任廣東都督府總參議和財政廳廳長。一九一三年「二次革命」失敗後，廖仲愷一家追隨孫中山流亡日本。一九一四年中華革命黨成立後，廖仲愷被任命為該黨財政部副部長。一九二一年孫中山到廣州就任非常大總統，任命廖仲愷為財政部次長。

一九二二年六月十四日，廖仲愷應陳炯明電邀前往惠州，抵達石龍時遭到扣押，被送往廣州石井兵工廠加以囚禁。陳炯明統帥的粵軍軍官，從廖仲愷辦公室搜走孫中山與蘇俄方面秘密聯絡的相關證據。六月十六日凌晨，粵軍包圍位於越秀山下的孫中山總統府，避往永豐艦的孫中山下令向廣州城內開炮。從粵秀樓官邸化裝逃跑的宋慶齡，因驚嚇過度不幸流產。危急時刻，一向剛強的何香凝發揮出她的超常潛能，先是設法從陳炯明部將手中弄到一張通行證，前往永豐艦會見孫中山。十天後，她終於在石井兵工廠找到被囚禁中的廖仲愷。平時有潔癖的廖仲愷，被三道鐵鍊鎖在鐵床上，手上一道，腳上一道，腰部還有一道，衣服髒得黏在身上無法脫下。何香凝第二次探望時隨身帶有剪刀，她把廖仲愷的髒衣服從背後剪下來，再給他換上乾淨衣服。

由於過度緊張和操勞，何香凝患上嚴重痢疾，不得不住進醫院。住院期間，她聽說陳炯明的族弟陳達生在香港被人暗殺，刺客揚言是因為陳炯明囚押廖仲愷，陳炯明因此要槍斃廖仲愷為陳達生報仇。她顧不得住院治病，像嬰兒一樣每天帶著尿布四處奔走。等她第三次見到廖仲愷時，廖仲愷已經給她和兒女分別寫好訣別詩。廖仲愷在寫給何香凝的訣別詩中表白說：

後事憑君獨任勞，莫教辜負女中豪。
我身雖去靈明在，勝似屠門握殺刀。
生無足羨死奚悲，宇宙迴圈活殺機。
四十五年劫塵苦，好從解脫悟前非。

八月九日，孫中山得到陳炯明將要襲擊永豐艦的情報，率領蔣介石、陳策、黃惠龍等人，搭乘英國摩漢號炮艦至香港轉赴上海。八月十五日，陳炯明從惠州回到廣州，自任粵軍總司令。何香凝央求老朋友龍榮軒帶她到白雲山司令部會見陳炯明，途中遭遇暴雨，何香凝滾了一身泥水闖進陳炯明會議室，當面痛斥道：「仲愷有什麼地方對你不起，你要把他關起來？仲愷為孫先生籌款，你就要把他鎖起來；可是民國九年仲愷也為你們籌過款啊。孫先生幾次把上海莫里哀路的房子抵押出去為你們集資，不都是仲愷經手的嗎？幫你就對，幫孫先生就不對嗎？」

經過當面爭取，陳炯明答應釋放廖仲愷。何香凝立即趕往石井兵工廠，把已經被囚禁六十二天的廖仲愷接回家裡，然後連夜陪同廖仲愷乘船逃往香港。三年後的一九二五年八月二十日，廖仲愷遇刺身亡，何香凝曾感慨說：「我只給他搶回了三年的命。」

四、廖仲愷與國共合作

一九二二年八月十四日，孫中山一行抵達上海之後，很快與李大釗等人建立聯繫，雙方開始籌畫國共兩黨的第一次合作。同年九月二十五日，廖仲愷、何香凝夫婦受孫中山委派，以陪護許崇清與廖恩燾六女兒廖承麓舉辦婚禮為藉口，從上海前往日本東京與蘇俄代表秘密洽談合作事宜。時任北洋政府駐日本代理公使的廖恩燾，不知不覺地充當了秘密會談的保護傘。

經過四十多天的秘密談判，蘇俄駐華特命全權大使越飛於一九二三年一月十六日來到上海，與孫中山進行直接會談，並且於一月二十六日簽訂《孫文越飛聯合宣言》。一月二十七日，孫中山委派廖仲愷帶著女兒夢醒，隨越飛及其隨員乘坐亞細亞皇后號輪船前往日本，繼續商談有關「聯俄、聯共、扶助工農」的具體事宜，為國共兩黨第一次合作進行實質性準備。這次秘密會議的主要成果，是確定了由蘇俄方面援建黃埔軍校，並且每年給廣東方面提供兩百萬元秘密援助的合作意向。廖仲愷一生之中最為重要的事件，就是直接促成孫中山與蘇俄方面的軍政合作。對於廖仲愷的該項貢獻，蘇聯方面直到一九七八年還以紀念廖仲愷誕辰一百周年的方式，予以高度肯定。國民黨內部給予廖仲愷的，卻是兩年後的殘酷暗殺。

一九二四年一月二十日至三十日，孫中山在廣州召開國民黨第一次全國代表大會，大會討論通過蘇聯顧問鮑羅廷主稿的以反帝反封建為主要內容的政治宣言，確定了「聯俄、聯共、扶助農工」的三大政策，國共兩黨第一次實現合作。

一九二五年三月十二日上午九時三十分，孫中山在北京鐵獅子胡同行轅去世。圍繞著國民黨內部最高權力的第一輪角逐，在胡漢民、汪精衛、廖仲愷、許崇智、孫科、蔣介石等人之間迅速展開。同年七月，經過驅逐滇軍楊希閔、桂軍劉震寰的軍事行動，以及臺上、台下的反覆較量，廣州國民政府宣告成立，由汪精衛出任政府主席兼軍事委員會主席，成為廣州政壇第一號人物。此前一直代行孫中山大元帥職權的胡漢民，屈居第二。鼎力支持汪精衛的廖仲愷，位列第三。粵軍總司令許崇智，位列第四。在汪精衛等人之上，還有像太上皇一般操縱一切的蘇聯首席顧問鮑羅廷。

八月二十日上午九時左右，中國國民黨中央執行委員、國民政府委員兼財政部長、軍事委員會委員兼黃埔軍校黨代表廖仲愷，與何香凝以及監察院委員陳秋霖同車來到中央黨部門口。廖仲愷下車後剛剛邁上臺階，就遭到埋伏旁邊的四名兇手的狙擊。他的衛士當場將兇手之一陳順擊傷，其他兇手紛紛逃走。廖仲愷中槍後在送往醫院途中離開人世，陳秋霖也因傷重去世。

關於廖仲愷之死，廖夢醒的女兒李湄在《夢醒：母親廖夢醒百年祭》中寫道：「有人說，刺廖是朱卓文一手佈置的；有人說，朱卓文沒有政治頭腦，他的幕後指使人是胡漢民；又有人說，是胡毅生；還有人說，是魏邦平。我從小聽媽媽說，殺害外公的主使人是胡漢民。可是抗戰期間，在香港婦女兵災會的活動中，媽媽又與胡漢民的女兒胡木蘭和平相處。奇怪的是，直到一九八〇年，宋慶齡寫給愛潑斯坦的信中，還稱朱卓文是『一位受信任的革命者，經常在海外陪同孫博士』，好像她根本不知道朱卓文是暗殺我外公的疑凶之一。」

五、何香凝的參政議政

廖仲愷去世之後，時任國民黨代理婦女部長的何香凝，正式走到參政議政的第一線。一九二六年一月十六日，國民黨代表大會選舉宋慶齡、何香凝進入三十六人的第二屆中央執行委員。五月二十八日，何香凝正式擔任婦女部長。孫中山、廖仲愷等人於一九二四年一月在國民黨第一次全國代表大會上主持制定的「聯俄、聯共、扶助工農」的三大政策，從此成為宋慶齡、何香凝志同道合的政治生命線。用何香凝的話說，她是「民國十三年的國民黨黨員」。

一九二八年底，何香凝為反對國民黨清共發表聲明，「辭去國民黨內的一切職務」。在國民黨元老經亨頤邀請下，她參加「寒之友社」，與聚集在上海周邊的藝術家寄情山水、書畫唱和，以排遣心中鬱結。一九二九年秋，她漂泊歐洲潛心畫藝，在此期間，她的兒子廖承志和女兒廖夢醒，先後加入中共地下黨組織。一九四九年之後，何香凝的參政議政進入最高層級，她先後擔任過全國人大常委會副委員長、全國政協副主席、中華全國婦聯名譽主席、民革中央主席、華僑事務委員會主任、中國美術家協會主席等重要職務。一九七二年九月一日，九十四歲的何香凝因病逝世。

關於宋慶齡、何香凝的精神面貌，鄧家彥夫人謝蘭馨回憶說：「在廣州時期，余與孫夫人宋慶齡女士日夕相處，甚為熟稔。當時黨政負責同志之夫人組織一軍人慰勞團體，孫夫人任副會長，余與何香凝均任秘書。……當時廣州諸同志之服飾多簡樸，何香凝年歲較長，但穿玻璃紗花裙衣，領袖加以花邊，而滿面雀斑，儼然一老太婆，彼忌吾與張坤儀年輕美貌，嘗對孫夫人曰彼兩人太妖冶，夫人舉以告我，一日我回桂，曰：『與我丈夫同行，將不至為人以妖冶加之也。』香凝聞之淚下，後夫人責我不應說出，我歉然而已。……孫夫人初未嘗同情共產黨，余夫婦奉派赴德國以後，孫夫人常與鮑羅廷夫人往還，兩人均能操流利英語，鮑妻對彼之影響自不待言，唯世人每謂孫夫人之與左派接近，乃鮑妻促成者，余則以為未必盡然，而何香凝之影響實更重要。」

關於父母之間陰盛陽衰的特殊關係，廖夢醒在〈地震〉一文中回憶說，「母親和父親感情甚好，惟一的一次齟齬發生在我們住在東京九段的時候。」當時廖仲愷一家人，與胡漢民、汪精衛、朱執信、朱秩如等人一道去神奈川縣海濱的江之島遊玩，廖仲愷玩得高興，不願意隨何香凝回家。等到他第二天回家時，夫妻二人大鬧一場。「原來母親懷疑父親不跟她回家是與江之島旅館的侍女有關。父親一向有懼內之名，從未聽說過他有尋花問柳之事。這次……母親不知聽到什麼風聲，疑及父親了。」

與此相印證，廣東籍外交家傅秉常在口述實錄中回憶說：「中山先生與慶齡在日本結婚之先，部屬反對甚烈。推陳其美、許崇智兩人往勸中山先生，為中山先生所拒斥，謂：『吾須正式結婚，不能如汝等之嫖娼宿妓，不檢細行。』許等退而復請潔身自好之胡展堂、廖仲愷兩人往謁，復為中山先生所拒，謂：『吾無二位之好福氣，得賢慧夫人到處相隨。』兩人又詞窮而退。」

同盟會元老劉成禺也在《留東外史續編材料》中介紹說，李烈鈞、居正、唐繼堯、戴季陶等數十人，「高談革命，無所事事，月費二三十日元，包下女住宿。……朱執信、汪精衛當年努力工作，潔身自愛，絕不拈花惹草。……而攜眷東渡，除廖仲愷及予等三數人外，可謂寥寥無幾。」

在女兒廖夢醒的印象裡，她的家庭從來都是「嚴母慈父」，母親何香凝「不是一個家庭型的女子，她一生忙忙碌碌，沒有時間這樣細心地照顧子女」。關於何香凝陽剛有餘而陰柔不足甚至於重男輕女的男權表現，她的外孫女李湄在《夢醒：母親廖夢醒百年祭》一書中評論說：「外婆無疑是中國一個很傑出的女性，但卻不是一個成功的母親。……媽媽……覺得在母親眼裡，她只值弟弟的十分之一！」

陶希聖夫婦（1934）

萬冰如，可歌可泣的賢妻良母

一九四〇年一月三日，「高陶事件」的主要當事人高宗武、陶希聖，在杜月笙及其大弟子萬墨林秘密協助下逃離上海，抵達香港後遵照蔣介石指令公開揭露日汪密約《日支新關係調整要綱》及其附件，從而以第一手鐵證擦亮了中國軍民的眼睛，激勵了中國軍民抗戰到底的決心。在這一歷史事件中，表現得最為可歌可泣的，並不是高宗武、陶希聖，而是成長於湖北鄉下的普普通通的家庭婦女、陶希聖的妻子萬冰如。

「高陶事件」是發生在抗日戰爭時期的一個重要歷史事件。其主要人物高宗武、陶希聖，在抗日戰爭初期鼓吹「和平」運動，並且追隨一九三八年十二月十九日出逃越南河內的汪精衛，參與汪偽政權與日本侵略者之間的「和平」談判。在談判過程中，高、陶二人逐漸認識到日本方面的最終目的，是全面征服佔領中國領土；汪精衛所謂的「和平」運動，其實是完全徹底地屈服投降。一九四〇年一月三日，他們在杜月笙及其大弟子萬墨林秘密協助下逃離上海，抵達香港後遵照蔣介石指令公開揭露日汪密約《日支新關係調整要綱》及其附件，從而以第一手鐵證擦亮了中國軍民的眼睛，激勵了中國軍民抗戰到底的決心。在這一歷史事件中，表現得最為可歌可泣的，並不是高宗武、陶希聖，而是成長於湖北鄉下的普普通通的家庭婦女、陶希聖的妻子萬冰如。

一、「家中的人把她看賤了」

萬冰如，一九〇二年出生於湖北黃岡鄉下的耕讀世家。萬家從明代起就人才輩出、累世為官，民國名將萬耀煌，是她眾多族兄中最為著名的一個。萬冰如雖然從小沒有進過學堂，父親萬信民卻一直鼓勵她與姐妹們，在操持家務之餘在家裏熟讀詩書。她因此得以擅長詩詞，每遇大事往往出口成章。十六歲時，萬冰如嫁給世代聯姻的陶家十九歲的讀書種子陶希聖。

陶希聖，名彙曾，字希聖，後以字行世，一八九九年出生於湖北黃岡孔家埠陶勝六灣。三歲時跟隨先後任河南夏邑、新野知縣的父親來到河南。一九一五年，十七歲的陶希聖投考北大預科。一九一七年，北在預科畢業的陶希聖，返回家鄉與萬冰如完婚，婚後到北京大學法科繼續深造。

據陶希聖晚年在《潮流與點滴》中回憶，萬冰如嫁入陶家後三年連生二女，引起家人嫌惡。「家中的人把她看賤了，並且估量她不再生男兒。這年暑假，我回到家鄉，就是她生第二女琴薰的時候。又適值我患瘧疾，每次發高熱，便神經錯亂。家中的人冷視產婦，並虐待她的長女驪珠。」一九二二年，長女驪珠染病後因為得不到及時救治而夭亡。同一年，陶希聖自北大法科畢業任安徽省立法政專門學校教員。在此後的歲月裏，萬冰如依次為陶家生育了泰來、福來、恒生、晉生、范生、龍生共六個兒子。

一九二七年一月，陶希聖被國民黨中央軍事學校武漢分校聘為政治教官，與第一次合作的國共兩黨有了實質性接觸。在他擔任中央獨立師軍法處長、咸甯縣政府委員會常務委員兼司法科長期間，由於禁止農會書記隨便槍斃當地農民被指控為「反動軍閥」，在陳獨秀救助下才僥倖保全性命。一九二八年春天，陶希聖脫離國民黨武漢政府到上海賣文教書，萬冰如帶著兒女來到上海與他患難與共，陪伴他度過一生中最為窮困潦倒的一段時光。

一九三七年七月十七日，時任北京大學法學院政治系主任的陶希聖，與胡適、張伯苓、蔣夢麟、梅貽琦等名流學者一同出席「牯嶺茶話會」，蔣介石在會上正式宣佈「戰端一開，只有打到底」的抗戰決心。這年八月，陶希聖加入軍事委員會委員長侍從室第五組，主要從事國際宣傳工作。同年九月，他被聘任為國民參政會議員。一九三八年十二月十九日，陶希聖等人跟隨汪精衛、陳璧君夫婦前往越南河內。一九三九年八月二十八日至二十九日，日本扶持汪精衛在上海召開所謂的「中國國民黨第六次全國代表大會」，會後指定周佛海為汪偽「中央」的秘書長、梅思平為組織部長、陶希聖為宣傳部長。國民政府為此發佈通緝令，中央監察委員會決定開除這些人的黨籍。由於陶希聖的名字被蔣介石從通緝令中親自勾掉，致使汪精衛及日本人大為猜疑。在中日雙方所謂的「和平」談判過程中，高宗武、陶希聖的抵制態度，更把他們自己置於危險境地。危難關頭，萬冰如毅然帶領五個子女從香港來到上海，不惜一切代價解救陷身火坑的陶希聖。

二、萬冰如解救陶希聖

一九三九年十月二十日，陶希聖在寫給女兒琴薰的家信中表示：「我自投到山窮水盡的境地，又不肯作山窮水盡的想頭。譬如污泥中的一粒黃沙，自己不想做污泥，卻已是污泥中的一份子了。有時一兩個好友在一起，談起我們所處的環境，總覺得只有研究如何的死法：投水呢？觸電呢？自戕呢？然而這一粒黃沙還有留戀著不能死的必要。我的名譽地位，是我自己從千辛萬苦中奮鬥出來的，為什麼我要讓它們埋沒在污泥中，自尋毀滅？」

十一月十二日，陶希聖又在家信中寫道：「你們欲來滬，極為安慰歡忻。我月底以後，個人生活恐有大變動，然此變動全合乎你們之心意，故你們之來，不但可堅定我心，且可從中幫忙。」

萬冰如從信中判斷，陶希聖已有脫離上海的打算。十一月二十五日，陶希聖委派親信學生鞠清遠到香港告知自己困難狀況。萬冰如斷然決定帶領五個兒女前往解救。琴薰、泰來、恒生專門辦理休學手續，晉生、範生因年幼尚未入學。用陶琴薰在《我家脫險的前後》一文中的話說：「我們便決定將全家大小六口性命搬到上海換父親出來了。十二月十三日那天，我們便出人意外的全家到了上海。」

萬冰如抵達上海後，立即在法租界環龍路租下一幢房子。住在愚園路一一三六弄六十號汪公館裏形同監禁的陶希聖，因此獲得了搬出汪公館與家人同住的合理藉口。為了進一步打消汪精衛和日本人的懷疑，琴薰、泰來、恒生都到附近學校去報名上學。

一九三九年十二月二十六日，汪偽政權與日本侵略者之間的「和平」談判基本結束，雙方決定於三十日正式簽字。陶希聖當晚回到家裏，萬冰如警告說：「我把全家的生命帶來住在上海替你，你走。如果走不出去，我夫婦一同死在這裏。如果你簽字，我就打死你。」已經接近精神崩潰的陶希聖稱病不起，打電話給愚園路汪公館告假，從而躲過了簽字儀式。

一九四〇年一月三日，高宗武、陶希聖在杜月笙、萬墨林的周密安排下逃離上海，於一月五日抵達香港。他們乘坐的輪船離開吳淞口後，陶希聖從船上發一電報向萬冰如報告平安。萬冰如隨即按照事先約定，把陶希聖留給汪精衛、周佛海等人的信件分發出去。一月十二日，購買十三日船票準備帶領五名子女冒險離開的萬冰如，得知自己和家人已經失去行動自由，只好請求與汪精衛夫婦見面。關於這次會見，萬冰如在晚年自述中是這樣介紹的：

汪問：你自己去，能勸希聖回上海麼？

我答：他可以回來，但有幾件事要說明白。

汪問：什麼條件，我都可以答應。只要他回來。

我答：他不簽字，他與他們爭執得太厲害，不願住愚園路。

汪說：我都答應，只要他回上海，就住在你公館裏，或者另外找一所住宅都可以。

我答：聽說七十六號要殺他，再開追悼會。

汪說：你們如果不信，我派我自己的護衛保護他。

我說道：事不宜遲，我自已去勸他回上海。若是遲一兩天，他在香港說一句話出來，就收不回，我去也無用。

汪說：「我派你去香港。」他返身上樓，拿二千元送給我。

汪夫人問：「你怎樣去法？」

我答：「帶兩個小孩一同去。三個大孩子，還在這裏上學。另外帶一個學生去。」

陳璧君說道：「你的大孩子，我照應他們，你放心去，趕快同希聖一道回上海。」

我起身告辭，汪夫婦送我到大門口，叫人招呼陶太太上車。

三、萬冰如的忍苦決斷

萬冰如離開上海日租界的愚園路汪公館回到法租界環龍路之後，發電報通知陶希聖自己即刻前往香港，面商一切。一九四〇年一月十三日，她帶著晉生、范生由高宗武的學生曾資生陪同，到十六鋪碼頭搭船，留下來充當人質的三個大孩子琴薰、泰來、恒生到碼頭相送。十八歲的琴薰站在碼頭大哭，萬冰如在船上扶著欄杆對哭。一家人再一次走到生離死別的危急關頭。

萬冰如抵達香港後，陶希聖立刻發電報給汪精衛，告以「希聖即可偕返上海」。正要前往青島與侵華日軍總參謀長板垣征四郎，以及華北偽臨時政府王克敏、南京偽維新政府梁鴻志舉行會談的汪精衛、周佛海、梅思平等人，因此吃下了一顆兵不厭詐的定心丸。在這種情況下，迫在眉睫的是如何救出依然滯留上海的兩家親屬，以及追隨高宗武的幾名親信學生。陶希聖與杜月笙商議，派曾資生潛回上海與萬墨林秘密聯絡，協助留在環龍路陶宅的三個子女離開上海。

經過萬墨林周密安排，加上陶琴薰和兩個弟弟的機智應對，陶家三兄妹與曾資生於一月二十日分別登上停靠十六鋪碼頭的義大利郵輪，於一月二十二日上午十時安全抵達香港。

就在陶家兄妹登上輪船的一月二十日，遠在重慶的蔣介石在日記中寫道：「汪逆已飛青島開會，其密約即速發表不可。」中央通訊社社長蕭同茲奉蔣介石命令，專程由重慶飛抵香港，準備公開揭露由高宗武妻子沈惟瑜秘密拍照的《日支新關係調整要綱》原稿及其附件。由高宗武、陶希聖聯名的《致大公報函》，於一月二十日當天由專人送達香港《大公報》及國內各大報刊，在陶家兄妹抵達香港的一月二十二日公開見報。同樣是在一月二十二日，陶希聖、高宗武聯名致電汪精衛等人，希望他們懸崖勒馬，「放棄此于己無益于國有害之運動」。

日本方面與汪精衛之間被稱為「日汪密約」的上述文件的公開揭露，在中國國內以及國際社會引起巨大轟動，對於汪精衛一方賣國求榮的當事人，更是造成沉重打擊。該項事件在歷史上被稱為「高陶事件」。全程參與「日汪密約」的日方代表之一今井武夫，事後在回憶錄中寫道：「他們內心所受的打擊是難以掩飾的，這為和平運動的前途，投下了陰影是無可爭辯的。我與板垣總參謀長一起從一月二十二日至二十七日在青島的東洋飯店，聽到這個消息後，立刻見汪、周、梅等。當時最傷心的是周佛海……」

在汪精衛的親隨團隊中，周佛海是立場堅定、孤注一擲地從事該項政治賭博的第一人，他在一月二十二日的日記中寫道：「晚與思平談高、陶之事，憤極之餘，徹夜未睡。擬回滬發表長篇聲明，說明內容及吾輩態度，以正國人之視聽。高陶兩動物，今後誓必殺之也。」

「高陶事件」結束後，陶希聖奉命留在香港創辦國際通訊社。一九四一年十二月八日，太平洋戰爭爆發，十二月二十五日香港淪陷，陶希聖一家再一次避難逃亡。一九四二年一月二十八日，陶希聖為逃避日軍緝捕，撇下萬冰如和六個兒子隨惠陽還鄉隊逃離香港。他們的六個兒子中，二兒子福來生來弱智，小兒子龍生還不滿一歲。一月三十一日，萬冰如在不久前認識的高彤階等人幫助下，帶領六個兒子從尖沙咀碼頭搭船返回大陸；然後在杜月笙手下幹員范瑞甫的保護下歷盡艱險，於二月十九日到達桂林。二月二十日，陶希聖從韶關乘坐火車趕到桂林與家人團聚。二月二十五日，陶希聖隨熊式輝乘坐飛機孤身抵達陪都重慶，被蔣介石任命為委員長侍從室第五組少將組長。萬冰如和六個兒子在桂林盤桓五個月後，才抵達重慶。

一九四二年四月七日，正患腦病的陶希聖給遠在昆明西南聯大外文系讀書的大女兒陶琴薰寫信，其中談到妻子萬冰如的相關表現：「歷年來為我之大波折，汝母迄無一時不在苦境。余病幾死，險幾死，而全仗其支持。世間有如此之婦人，真非尋常者也。其刻苦、忍耐、克己，汝等能得其一點，即可以成人。」

四月十九日，陶希聖在寫給陶琴薰另一書信中，進一步介紹萬冰如比作為男人的他自己更加能夠忍苦決斷的美好品質：「汝母雖未受學校教育，然二十年與我共患難，一切苦頭均一身當之，所歷既久，所見亦深，彼決非如汝等所想像之鄉下舊式女人。蓋學識之來源在社會而不在於課本，汝母於社會，身經目睹，蓋亦甚為豐富，故其見解多非青年所能及也。我一向優柔寡斷，汝母則堅決矯捷，說做就做，說走就走。每當困難之大關大節臨頭，汝母常能立即決斷。近來雖挫折刺激，腦力較差，然其決斷仍為我所不及。我在九龍之居與行，皆由其決斷所致，故能脫險。汝知決斷出於意志，而富於感情者常缺意志，常不堅定，此我之所短而汝母所長也。汝若能兼有父母之所長則善矣。汝必以此鍛鍊自身，使成為健全之人。泰來平時不說話，此次遇難，其吃苦出力，警悟老成，非我等所能預料。經此一番磨煉，必能成人。我無憂矣。我只慮汝之感情激動而理智與意志不足耳。故近來嘗為汝言汝母，蓋其長處在能忍苦能決斷能實踐，其所見非我所及也。人徒有學識而缺決斷乃自誤耳，我為覆車之鑒。而汝母常能從絕境中助我以出路，此汝所知也。」

一九七五年九月二日，萬冰如在臺北中心診所去世，享年七十三歲。一九八八年六月二十七日，陶希聖在臺北病逝，享年九十歲。

陶琴薰母子（沈寧供圖）

陶琴薰，名門之媛的生離死別

作為西南聯大外文系的高材生，陶琴薰之所以堅持與丈夫沈蘇儒留在大陸，與她的同窗摯友、陳佈雷之女陳璉有很大關係。作為新聞記者的沈蘇儒，一邊是擔任國民黨要員的岳父陶希聖，一邊是被周恩來稱為「民主人士左派旗幟」的老堂兄沈鈞儒。在對於中共代表團的採訪中，他接觸過周恩來、范長江（沈鈞儒女婿）、梅益等人，感到這些人「可親可敬」，並非「青面獠牙」。

范泓是筆者的文友，通讀他的《隔代的聲音——歷史勁流中的知識人》，印象最為深刻的是對於前北大教授陶希聖與女兒陶琴薰生離死別的人生悲劇的歷史重現。陶琴薰女士的長子沈寧，恰好也是筆者的文友，筆者此前也從沈寧筆下讀到過陶希聖與陶琴薰父女的人生傳奇。因此覺得有必要綜合相關資料，對於名門之媛陶琴薰一家三代的生離死別，進行一次較為完整的歷史敘述。

一、父親陶希聖的政學傳奇

一八九九年，陶希聖出生在湖北省黃岡縣孔家埠陶勝六灣，十六歲投考北大預科，師從章太炎弟子沈尹默、錢玄同、朱希祖、朱蓬仙等人攻讀傳統國學，尤其醉心于自修宋儒學案與明儒學案。一九一九年「五四運動」爆發時，已經是北大法科（後改稱法學院）二年級學生的陶希聖，只是愛國運動的追隨者。五月五日，北大法科學生照常到譯學館上課，第一堂是刑法課，兼任總檢察廳首席檢察官的刑法學教授張孝簃，被學生團團圍住，他們最關心的是這場運動的法律問題，以及被捕同學的罪錯責任。張孝簃面對學生出言謹慎而又斬釘截鐵：「我是現任法官，對於現實的案件，不應標記法律見解。我只說八個字：法無可恕，情有可原。」第二堂是憲法課，憲法學教授鐘庚言神情淒然步入課堂，「聲隨淚下，全堂學生亦聲淚並下」。

比起當年的刑法學教授張孝簃和憲法學教授鐘庚言，真正表現出現代文明社會的憲政法理和許可權邊界的，是曾任司法部總長張耀曾秘書的北大講師梁漱溟。他在《論學生事件》一文中寫道：「我的意思很平常，我願意學生事件付法庭辦理，願意檢廳去提起公訴，審廳去審理判罪，學生去遵判服罪。……在道理上講，打傷人是現行犯，是無可諱的。縱然曹、章罪大惡極，在罪名未成立時，他仍有他的自由。我們縱然是愛國急公的行為，也不能侵犯他，加暴行於他。縱是國民公眾的舉動，也不能橫行，不管不顧。絕不能說我們所作的都對，就犯法也可以使得。」

迷醉於中國傳統文化的陶希聖，對於《新青年》雜誌所開啟的白話文運動及新文化運動幾乎是毫無興趣，而且從來沒有旁聽過新文化運動精神領袖胡適的授課。一九二七年二月，陶希聖被蔣介石任校長、周佛海任政治部主任的國民黨中央軍事學校武漢政治分校聘任為政治教官，與第一次合作的國共兩黨有了實質性接觸。在他擔任中央獨立師軍法處長、咸甯縣政府司法科長期間，由於禁止農會書記隨便槍斃農民而被指控為「反動軍閥」，在前北大文科學長陳獨秀的救助之下，僥倖保全了性命。陶希聖從此成為文化教育界的著名反共鬥士。一九二八年春天，他在上海賣文教書期間，加入顧孟餘、陳公博、王法勤、朱霽青等人奉汪精衛為精神領袖的國民黨改組派。

一九三〇年底，南京中央大學校長朱家驊聘請陶希聖擔任法學教授。一學期後，陶希聖又被母校北京大學法學院聘為教授。在隨後六年裡，他陸續出版四卷本七十餘萬字的《中國政治思想史》，初步形成了「中國社會發展分為五階段」的歷史觀。他所辦的《食貨》半月刊，開創了中國社會經濟史學的新領域和新學派。一九三七年七月十七日，陶希聖與胡適、張伯苓、蔣夢麟、梅貽琦等人一同出席牯嶺茶話會，蔣介石在會上正式宣佈「戰端一開，只有打到底」的抗戰決心。同年八月，陶希聖加入軍事委員會委員長蔣介石的侍從室第五組，在組長周佛海指導下專門從事國際宣傳。同年九月被聘為國民參政會議員。

一九三八年初，時任侍從室第二處副主任（主任為陳佈雷）、國民黨中央宣傳部代理部長的周佛海，在蔣介石的資助和汪精衛的指導下，在漢口秘密組織用來引導全國輿論的「藝文研究會」，由陶希聖負責主持日常工作。隨著戰爭形勢的發展，「藝文研究會」及其香港分會的配套機構，逐漸蛻變為汪精衛對日和談的秘密管道。同年十二月十八日，在抗日戰爭最為慘烈的危急時刻，汪精衛離開重慶前往昆明，夢想得到雲南省主席龍雲的軍政支持。十二月十九日，沒有從龍雲那裡得到明確支援的汪精衛，與陳璧君、陳公博、周佛海、梅思平、陶希聖、陳春圃、曾仲鳴、陳昌祖等人乘包機前往河內。十二月二十九日，汪精衛親筆簽署主張中止抗戰對日求和的《致蔣總裁暨國民黨中央執監委》的聲明稿，交給陳公博、周佛海、陶希聖帶往香港，於十二月三十一日公開發表。這就是汪精衛以和平救國名義公開叛國的所謂「豔電」，「豔」在中文電報中指的是二十九日。

同樣是在十二月三十一日，已經在事實上背叛蔣介石及重慶國民政府的陶希聖，在致學界前輩、駐美大使胡適的信中寫道：「自武漢、廣州陷落以後，中國沒有一個完全的師，說打是打不下去了。……到了這樣一個外交情勢，當然應考慮存亡絕續的辦法。」他所謂的「存亡絕續的辦法」，就是撇開由蔣介石主導的重慶國民政府，去與發動侵略戰爭的敵對國日本進行秘密談判。

三月二十一日凌晨，重慶方面的藍衣社特務在暗殺汪精衛的行動中，誤殺了他的親信秘書曾仲鳴。第二天，香港汪系報紙《南華日報》發表據說是陶希聖執筆的社論《為河內暴亂事件質問重慶之執政者》，其中寫道：「縱令認定汪先生與現政府為國民黨之兩派，兩派之政見不同，可決於民意。」

稍稍有一點法理常識的人都不難發現，此種論調所傳承的恰恰是五四愛國學生強詞奪理的愛國有理，也就是梁漱溟明確批評過的「絕不能說我們所作的都對，就犯法也可以使得」的違法愛國。已經被永遠開除黨籍、撤除一切職務而只能依賴日本侵略者的授意扶持開展賣國外交的汪精衛，是完全沒有資格以「國民黨之兩派」中的一派自居的，也是完全沒有資格代表本國「民意」。像這樣自欺欺人、強詞奪理的違法愛國，比藍衣社擁有合法授權的暴力暗殺走得更遠。

二、「高陶事件」中的陶琴薰

一九三九年八月二十八日至二十九日，汪精衛在上海召開「中國國民黨第六次全國代表大會」，會後指定周佛海為「中央」秘書長、梅思平為組織部長、陶希聖為宣傳部長。國民政府發佈通緝令，中央監察委員會決定開除這些人的黨籍。由於陶希聖的名字被蔣介石從通緝令中親自勾掉，致使汪精衛及日本人大為猜疑。危難關頭，陶希聖的妻子萬冰如帶領五個子女從香港來到上海，打算拯救陷身火坑的丈夫。

一九四〇年一月三日，陶希聖和高宗武在杜月笙及其大弟子萬墨林的秘密協助下逃離上海，萬冰如留下十八歲的大女兒陶琴薰與泰來、恒生兩個兒子充當人質應付汪精衛。陶琴薰和兩個弟弟脫險之後，在香港《國民日報》發表《我家脫險的前後》，其中介紹了萬冰如子女六人舉家救援的大義凜然：「那時我和母親便知道他想回港而不能，所以我們便計畫著到上海去將他換回來，不過具體辦法當時尚未想到。直至十一月廿五日，……我們便決定將全家大小六口性命搬到上海換父親出來了。十二月十三日那天，我們便出人意外的全家到了上海。」

這篇文章寫得真切動人，重慶、昆明的報紙立即轉載，在大後方引起很大轟動。到了一九七三年，直接參與營救的萬墨林，也在《滬上往事》中回憶說：「陶小姐跟她的兩個弟弟密議一番，事畢，泰來和恒生兩公子聲聲說外面壓路機太吵，無法做功課，也睡不著覺。陶小姐被他們吵得『沒法』，便跟監視人員講明瞭，把她兩個弟弟送到滬西姑母家住一天，明日由姑丈姑母派人送他們上學。……陶氏三姊弟，真是有其父必有其子，一個個都那麼沉著鎮靜。」

一月二十一日，高宗武、陶希聖在香港《大公報》披露日汪密約《日支新關係調整要綱》及其附件，此舉在國內及國際社會引起巨大轟動，在堅定中國軍民抗戰決心的同時，也給賣國求榮的汪精衛等人造成沉重打擊，史稱「高陶事件」。年僅十八歲的中學生陶琴薰，與她的父母陶希聖、萬冰如一樣，是「高陶事件」中的功勳人物。

三、陶琴薰與父母兄弟的生離死別

一九四一年十二月八日，太平洋戰爭爆發，香港淪陷。陶希聖隨惠陽還鄉隊逃離香港，輾轉來到陪都重慶，被蔣介石任命為委員長侍從室第五組少將組長。一九四二年十月，陶希聖替蔣介石執筆撰寫了《中國之命運》（原名《中國之前途》）。跟隨蔣介石到臺灣之後，他出任中央改造委員會設計委員會主任委員，兼中國國民黨總裁辦公室第五組組長，後改任第四組組長，主管輿論宣傳工作。蔣介石的另一本書《蘇俄在中國》，也是由他捉刀代筆的。前外交部亞州司司長高宗武卻沒有如此幸運，只好遠走美國投靠駐美大使胡適，終其一生流落異國他鄉。

一九四八年十二月，在中國共產黨宣佈的四十三名頭等戰犯中，陶希聖名列四十一號。一九四九年五月，陶希聖跟隨蔣介石乘坐「太康」艦航行到上海吳淞口復興島一帶，為了挽救女兒及其家人，他請求蔣介石稍停兵艦，再次給陶琴薰發出電報，並派出一隻小汽艇接陶琴薰至吳淞口會合。但是，他所鍾愛的女兒還是選擇了分道揚鑣。陶希聖在五月二十四日的日記中寫道：「蘇儒、琴薰決心不離滬。彼等前途悲慘而不自覺，可哀也。」第二天，他又在日記中寫道：「為琴薰及甯寧悲傷。彼等之悲慘命運乃自取耳……」

若干年後，陶琴薰對自己的長子沈甯回憶說：「外公身居要職數十年，罕見為私謀便利。吳淞口這一次是大大的破例。而蔣先生竟然准許了外公的請求，十萬火急之中，停下兵艦，專門等候一個普通少婦的媽媽。無論怎樣愁腸寸斷，媽媽還是決意留在上海。外公不得不忍痛遠行了……」

按照范泓的訪談與考證，作為西南聯大外文系的高材生，陶琴薰之所以堅持與丈夫沈蘇儒留在大陸，與她的同窗摯友、陳佈雷之女陳璉有很大關係。作為新聞記者的沈蘇儒，一邊是擔任國民黨要員的岳父陶希聖，一邊是被周恩來稱為「民主人士左派旗幟」的老堂兄沈鈞儒。在對於中共代表團的採訪中，他接觸過周恩來、范長江（沈鈞儒女婿）、梅益等人，感到這些人「可親可敬」，並非「青面獠牙」。

一九四九年之後的新社會給予沈蘇儒、陶琴薰夫婦的第一個教訓，就是雙雙失業。是陶希聖托人輾轉送來的一根金條，幫助已經懷上第二個兒子沈熙的陶琴薰度過新社會的第一道難關。

陶琴薰懷女兒沈燕時已經是一九五二年秋天。在此之前，沈蘇儒在大自己四十多歲的老堂兄沈鈞儒出面疏通下，終於「走上革命工作崗位」，被分配到北京外文出版社《人民中國》編輯部。陶琴薰隨後也在沈鈞儒的民盟好友馮亦代之妻鄭安娜介紹下，進入中華全國總工會國際部編譯處工作。「為革命立過功」、先後擔任湖北省交通廳長、水利廳長、副省長的嫡親伯父陶述曾，以及從美國學成歸來的陶述曾之子、農機專家、農業部黨組成員陶鼎來，也為困境中的陶琴薰提供了一些經濟資助和精神安慰。儘管如此，身負「頭等戰犯之女」的政治包袱的陶琴薰，再也沒有了十八歲那年臨危不懼的從容鎮定。

一九五四年，周恩來發表關於和平解放臺灣的文告，陶琴薰抓住機會上書周恩來，表示願意做父親陶希聖的統戰工作，為和平解放臺灣貢獻自己的一份力量。周恩來辦公室派出化名「海瀾」的工作人員，與陶琴薰保持「單線聯繫」。陶琴薰寫給父母的家信，經海瀾審查後由香港親友轉寄臺灣。母親萬冰如及弟弟們先後寄來回信和照片，父親陶希聖卻沒有給她寫過一個字。

一九五七年「大鳴大放」時，沈蘇儒響應號召，貼出了一張《請把知識份子當作自己人看》的小字報。「不平則鳴」的陶琴薰，也在總工會國際部張貼大字報公開訴苦：「我和祥林嫂一樣，領導上看見我不愉快，這也不許我摸，那也不許我動。我的父親是『戰犯』，因此領導上對我的懷疑和不信任比任何非黨同志都深。……我只能感恩地、無聲無息地在這兒幹下去，什麼要求都不必提。」

「和祥林嫂一樣」的陶琴薰，因此被扣上「右派」帽子。只是由於最高層的統戰授意，她才得到從輕處理的特殊待遇——不降級、不減工資、不下放勞動，繼續在原單位工作。到了一九六二年，被打成「右派分子」的沈蘇儒下放農村，陶琴薰也被調出全國總工會國際部，到北京教師進修學院外語教研室任教研員。

一九六六年春天，陶琴薰患上急性類風濕關節炎。這年秋天，所在單位的「革委會」強令部分教職員工到西郊門頭溝的潭柘寺地區勞動改造，陶琴薰在懲罰性勞動中彎不下腰，只好跪在水田裡幹活，最後一頭栽倒在水田裡……

一九七一年初春，沈蘇儒被莫明其妙地捲入一起「謀殺案」，陷入絕望的陶琴薰一度想到過自殺。「那年月，自殺也是大罪」，她不得不放棄自殺念頭，與女兒沈燕抱頭痛哭。

一九七五年初，陶琴薰收到五弟陶范生的美國來信，說是要給姐姐寄藥。陶琴薰只收到一次從美國寄來的特效藥品，之後的藥品全被查扣。

一九七八年三月十二日，陶琴薰在小說《望眼欲穿》中回想起當年在上海吳淞口的生離死別：「碧綠的海連著天，蔚藍的天連著海，看到鑲著金邊的白色、粉紅色和淡紫色的雲光映在海波上起起伏伏，形成了瞬息間千變萬化的霞光異彩，多麼遼闊絢麗的景色呵！媽媽又是驚訝，又是讚歎，她高興極了。……到了北京，我們看不到江和海，也看不到輪船了……」

這一年的八月十四日，陶琴薰在病痛中去世，終年五十七歲。對於這位名門之媛，范泓以詩化筆觸表達了自己的大同情懷：「她就像在風雨中走失的一隻孤雁，誤入藕花深處，幾聲哀鳴，濺起幾多離愁……」

在海峽彼岸，母親萬冰如已經於三年前去世。八十高齡的父親陶希聖，深夜提筆寫下古詩一首：「生離三十年，死別復茫然；北地哀鴻在，何當到海邊。」詩後附有注解：「琴薰兒病逝北平，近始得確息。所遺男兒二，女兒一。小女燕兒既失學，又喪母，何以為生？憐念之餘，口占如右。」

一九八六年，先後赴美留學的沈寧、沈熙、沈燕兄妹，打算到臺北探望外公，陶希聖闖進「總統府」向蔣經國索取特許令。一切手續辦理妥當，三兄妹又開始猶疑起來：「一九八六年夏天，還沒有聽說過哪個大陸人，進入過臺灣。……我們的老父親，則還留在北京，就住在皇城根下，不能不是我們深切的後顧之憂，中國歷來有一人落罪，誅連九族的傳統。」

於是，望九之年的陶希聖不得不親赴美國。一九八七年七月的一天，坐在輪椅上的陶希聖抵達三藩市機場，三兄妹在見到外公的剎那間，「不知不覺地跪了下去……」

十個月後，陶希聖於一九八八年六月二十七日在臺北逝世。臨終前，他在寫給兒子陶恒生的信中感歎道：「九十歲……連感慨都沒有了。」

張幼儀徐積鍇母子

張幼儀，男權棄婦的依附與自強

張幼儀既是最為親近的男權主子徐志摩的男權棄婦，同時又是徐志摩的父親、徐氏家族更高層級的男權主子徐申如的族權養女。她通過對於徐氏家族的有限依附，在工商業界逐漸創造了一曲自力更生、發奮自強的女權傳奇，從而以上海女子儲蓄銀行副總裁、雲裳公司總經理的社會地位贏得尊重，並且當仁不讓地充當著徐氏家族集傳統型大管家與現代型經理人於一身的代理掌門人。

張幼儀既是最為親近的男權主子徐志摩的男權棄婦，同時又是徐志摩的父親、徐氏家族更高層級的男權主子徐申如的族權養女。她通過對於徐氏家族的有限依附，在工商業界逐漸創造了一曲自力更生、發奮自強的女權傳奇，從而以上海女子儲蓄銀行副總裁、雲裳公司總經理的社會地位贏得尊重，並且當仁不讓地充當著徐氏家族集傳統型大管家與現代型經理人於一身的代理掌門人。

一、書香門第的包辦婚姻

一九九六年，張幼儀八弟張禹九的孫女張邦梅，在美國出版張幼儀的英文版口述自傳Bound Feet and Western Dress，該書的中文版被譚家瑜翻譯為《小腳與西服——張幼儀與徐志摩的家變》，在臺灣與大陸先後出版。書中圍繞著張幼儀與徐志摩之間持續七年的包辦婚姻，翔實敘述了半新半舊的男權棄婦張幼儀，既三從四德又自立自強的人生傳奇。

張幼儀譜名嘉鈖，一九〇〇年出生於江蘇寶山縣（今屬上海市寶山區）的一個儒醫世家。她的祖父做過清朝知縣，父親張潤之行醫為業，家境還算殷實。後來因為長子張嘉保被懷疑偷竊堂兄家珠寶，張潤之憤然放棄祖產到南翔縣行醫，一家人因此陷入拮据困頓之中。隨著八男四女逐漸長大成人並且進入上層社會，張家才開始度過難關，走向新一輪的鼎盛輝煌。

張幼儀是家中的第二個女孩，在兄弟姊妹中排行第八。她的二哥張君勱譜名嘉森，字士林，號立齋，出生於一八八七年一月十八日。一九〇六年留學日本，考入早稻田大學學習法律與政治學。留學期間結識流亡日本的梁啟超，與梁啟超等人一起參與發起政聞社。一九一〇年回國應試於學部，次年經殿試被授予翰林院庶起士，成為清朝的一名末代翰林。辛亥革命爆發後，張君勱出任寶山縣議會議長，與湯化龍、林長民等人發起組織共和建設討論會，後與共和統一黨聯合改組為現代議會政黨民主黨。一九一三年，在梁啟超支持下經俄國前往德國，入柏林大學攻讀政治學博士學位。一九一五年回國後，歷任浙江交涉署長、《時事新報》總編，段祺瑞內閣國際政務評議會書記長、馮國璋總統府秘書等職。

張幼儀的四哥張公權，譜名嘉璈，出生於一八八九年，一九〇四年考取秀才。一九〇五年考入北京高等工業學堂，受教於著名教育家唐文治，一九〇六年在唐文治資助下赴日本留學，入慶應大學攻讀貨幣銀行及政治經濟。一九〇九年初回國，任郵傳部路政司司員，負責編輯《郵傳公報》。一九一一年八月赴滬，與友人諸青來等發起籌組政治團體「國民協進會」。一九一二年七月任浙江都督朱瑞的秘書。一九一三年十二月，經中國銀行總裁湯覺頓舉薦，任中國銀行上海分行副經理。此後他從事銀行業二十二年，歷任中國銀行總經理、中央銀行副總裁、中央信託局長等職。

一九一三年，時任浙江都督府秘書的張公權，在杭州府中學堂視察時被一篇學生作文所吸引。這篇《論小說與社會之關係》的作文，將梁啟超「文字間那種優雅的文白夾雜風格」模仿得惟妙惟肖，而且書法功底也在常人之上。詢問之下，他得知文章的作者是海甯縣硤石鎮富商徐申如的獨子徐章垿，也就後來蜚聲中外的徐志摩。愛才心切的張公權給徐申如寫信，提議將自己的二妹張幼儀許配給徐家公子。徐申如雖然是江浙豪富，開辦有電燈廠、蠶絲廠、布廠、徐裕豐醬園、裕通錢莊等工商企業，在重文抑商的「萬般皆下品，唯有讀書高」的中國傳統社會裏，卻苦於幾代人沒有取得功名，能夠與張家結親自然是求之不得。他在回信中表示「有幸以張嘉璈之妹為媳」。

據張幼儀晚年回憶，「我婚姻中的不幸，是我這一生的一大秘密」。張家搬離祖宅後經濟上一度比較拮据，從日本學成回國的四哥張公權便和母親商量，要儘早將女兒們嫁出去。張母請來相命婆給十四歲的大女兒算命，得到的結論是大女兒要等到二十五歲方能出閣，否則丈夫會早死，於是家人的期望就落在二女兒張幼儀身上。張幼儀生於一九〇〇年，肖鼠。徐志摩生於舊曆一八九六年，肖猴。按照算命婆的說法，屬鼠與屬猴不能般配，屬狗與屬猴才能般配。母親為了把張幼儀儘早嫁出去，便讓算命婆把張幼儀的生年改為屬相肖狗的一八九八年，然後向徐家宣佈這門親事是天作之合。

剛剛十三歲的張幼儀，當時正在江蘇都督程德全一九一二年七月創辦於蘇州的江蘇省立第二女子師範學校讀二年級。大他三歲的徐志摩也只有十六歲。這是一樁典型的由成年家長替未成年男女決定一切的包辦婚姻。

一九一五年十二月五日，雙方家長在硤石商會為十六歲的張幼儀和已經年滿十八周歲的徐志摩，操辦了一場極其隆重的半新半舊的婚禮。新婚當天，張幼儀身著紅白混合的粉紅色禮服，因為徐志摩在之前明確表示過他要一個新式新娘。洞房花燭夜，張幼儀想要告訴徐志摩，她感謝命運的安排，現在她是徐家的人了，她願意好好地侍奉他們。但是，她所受的傳統教育，不允許女子在這個時候搶先開口；徐志摩也只是緊張又不無期待地望著她，一句話都沒有說。那是他們之間沈默的開始。晚年張幼儀告訴張邦梅說：「在中國，女人家是一文不值的。她出生以後，得聽父親的話；結婚以後，得服從丈夫；守寡以後，又得順著兒子。你瞧，女人就是不值錢。這是我要給你上的第一課，這樣你才能瞭解一切。」

二、西服與小腳的夫妻婚變

張幼儀三歲那年，母親給她纏足，到了第四天早晨，二哥張君勱再也忍受不了妹妹的尖叫聲，便出面加以阻止。就這樣，她成了張家第一個天足女子。但是，在徐志摩眼裏，僅僅擁有天足並不等同於新女性，用張幼儀的話說：「對於我丈夫來說，我兩隻腳可以說是纏過的，因為他認為我思想守舊，又沒有讀過什麼書。」

從小接受書香世家嚴謹家教的張幼儀，在很多方面習慣於三從四德的循規蹈矩：「我就是這樣被教養成人的，要光耀門楣和尊敬長輩。」她的父親是個脾氣暴躁、非常挑剔的人，生氣的時候就會提高嗓門、亂摔東西。「除非爸爸要求，我從不在他面前出現，而且從不在沒得到他許可以前離開。除非他先開口對我講話，否則我不會在他面前啟齒。他數落我的時候，我就鞠個躬，謝謝他糾正。我也從不用『你』來稱呼我父親，譬如我從不說：『你要不要再來杯茶？』而必得說：『爸爸要不要再來杯茶？』不過，大半時候，我甚至從來不問爸爸要不要再添茶，我乾脆把茶倒好。能事先料到他的心意，才更孝順。」

在第一次看過徐志摩的照片後，父母曾經問她對照片裏的人的看法。張幼儀便依著家人的期待表態說自己沒有意見，她明白，根據當時的中國傳統，情況就是如此：「我要嫁給家人為我相中的男人。」

在嫁入徐家幾年之後，張幼儀從僕人口中得知，徐志摩第一次看到她的照片就嘴角向下一撇，充滿鄙夷地說了一句：「鄉下土包子！」

對於婚姻的看法，張幼儀和生性浪漫、渴求愛情的徐志摩迥然不同。「我對婚姻所求為何？我不求愛情，也不求浪漫，可是我所求的肯定比我現在擁有的——缺乏容忍和漠不關心——要來得多。徐志摩從沒正眼瞧過我，他的眼光只是從我身上掠過，好像我不存在似的。」

張幼儀儘管知道自己天生不僅「具備女性的氣質，也擁有男性的氣概」，而且深受二哥、四哥的鼓舞，渴望接受新式教育；她卻依然謹記臨出嫁時母親的教導：「第一，一旦進了徐家的門，絕對不可以說『不』，只能說『是』。第二，不管我丈夫和我之間發生什麼事，我都得以同樣的態度對待公婆。」按照她的說法，「公婆不准我跟他一起去，也不准我跟他在一起。在中國，媳婦當著公婆的面對丈夫表露情意，也是很沒規矩的。」她想回到母校蘇州女子師範學校完成學業的想法，也沒能如願。

初到硤石，張幼儀十分渴望出去四處逛逛看看，但徐家人不允許她單獨上街，她便終日守在深宅大院裏。給婆婆做鞋，她一定精心刺繡，針腳細密，做得漂亮考究，但到自己身上，則馬馬虎虎，能穿就行。她的賢慧知禮、寡言端莊，雖然深得老一輩的徐志摩父母的歡心，卻沒有叩響拴牢徐志摩的心弦。

徐志摩一八九七年一月十五日出生於歷史悠久、人文薈萃的浙江省海甯縣硤石鎮，按族譜排列取名徐章垿，字槱森，志摩是一九一八年去美國留學時，由父親另取的名字。據說小時候有一個名叫志恢的和尚替他摩過頭，並預言「此人將來必成大器」。出生於蘇州的晚清進士沈鈞儒，是徐志摩表叔。徐志摩的兩個姑姑，一個嫁給硤石蔣家的蔣謹旃，成為著名軍事家蔣百里的堂嫂；一個嫁給海寧查家，養育了原名查良鏞的著名作家金庸。金庸的堂兄中，另有著名學者查良釗和著名詩人穆旦即查良錚。

與張幼儀不同，作為工商業界暴發戶徐申如的獨生子，徐志摩是在無憂無慮、無拘無束甚至於意氣風發、驕縱頑皮中茁壯成長的。據他在杭州府中學堂的同學郁達夫回憶，在課堂上或宿舍裏，徐志摩總是和另一個同學交頭接耳地密談著、高笑著，跳來跳去，和這個那個鬧鬧，喜歡出其不意地做出一些很可笑很奇特的事情，來吸引大家的注意。平時讀書不用功，癡迷於小說，每次考起作文來他都是分數最高。

結婚後沒過幾個星期，徐志摩就離開家鄉外出求學。一九一六年秋天，他考入天津北洋大學（天津大學前身）攻讀法科預科。一九一七年，北洋大學法科併入北京大學。經過蔣百里、張君勱等人引薦，徐申如以一千大洋的代價，讓兒子拜倒在前輩大師梁啟超門下，成為一名入室弟子。

一九一八年，小名阿歡的長孫徐積鍇誕生，標誌著徐志摩已經替家族初步完成傳宗接代的任務。在恩師梁啟超敦促支援下，徐志摩懷抱著「善用其所學，以利導我國家」的政治抱負，於一九一八年八月十四日從上海十六浦碼頭乘南京號輪船前往美國，同行者中有汪兆銘（精衛）、朱家驊（騮先）、李濟（濟之）、查良釗（勉促）、董時（任堅）、劉叔和等人。在出國留學前的四年婚姻生活裏，他和張幼儀相處的時間，加起來只有四個月左右。用張幼儀的話說：「除了履行最基本的婚姻義務之外，對我不理不睬。就連履行婚姻義務這種事，他也只是遵從父母抱孫子的願望罷了。」

一九二〇年九月二十四日，二十三歲的徐志摩顧不得撰寫哥倫比亞大學的碩士論文，便與劉叔和同船前往英國，追隨極具煽動力的費邊社會主義理論家拉斯基（Harold Joseph Laski），攻讀倫敦大學政治經濟學院的博士學位。十一月二十六日，他在寫給父母的家書中彙報說：「更有一事為大人所樂聞者，即兒自到倫敦以來，頓覺性靈益發開展，求學興味益深，庶幾有成，其在此乎？兒尤喜與英國名士交接，得益倍蓰，真所謂學不完的聰明。」

接下來，徐志摩談到個人私情：「從前鈖媳尚不時有短簡為慰，比自發心游歐以來，竟亦不復作書。兒實可憐，大人知否？即今鈖媳出來事，雖蒙大人慨諾，猶不知何日能來？張奚若言猶在耳，以彼血性，奈何以風波生怯，況冬渡重洋，又極安便哉。如此信到家時，猶未有解決，望大人更以兒意小助奚若，兒切盼其來，非徒為兒媳計也。」

比徐志摩小兩歲的張奚若，與同在哥倫比亞大學留學的劉叔和、金嶽霖等人，都是拉斯基的崇拜者。按照此前的約定，回國探親的張奚若，應該在徐申如資助下陪伴張幼儀到倫敦會合。當時恰好有從西班牙領事館回國休假的劉子鍇假期已滿，要攜太太和兩個小孩返回任所，張幼儀便隨同劉子鍇一家從上海啟程。當她滿懷希望乘船來到法國馬賽港時，一眼從人群中認出穿著黑色大衣、脖子上圍著白絲巾的徐志摩。「我曉得那是他。他的態度我一眼就看得出來，不會搞錯，因為他是那堆接船人當中唯一露出不想到那兒的表情的人。」張幼儀的心立刻涼了一大截。

徐志摩剛入倫敦大學政治經濟學院時，一口氣註冊了六門課程，而且隨拉斯基夫人去伍利奇碼頭觀摩過民主選舉，還給梁啟超等人在國內創辦的《改造》雜誌寫過幾篇長文章。但是，這一切隨著他與風華絕代的林徽因的浪漫戀愛而發生根本性轉變。在拉斯基的學問與林徽因的美色之間，徐志摩更加迷戀的是後者而不是前者。

由於心不在焉的徐志摩經常蹺課，校方便找拉斯基要人，師生二人為了學業產生分歧，徐志摩只好在英國著名作家、社會活動家高斯華綏•狄更生（今譯狄金森）的幫助下，從倫敦大學經濟學院轉到康橋（又譯劍橋）皇家學院，徐志摩、張幼儀夫妻二人因此從倫敦搬到離康橋六英里的小城鎮沙士頓居住。張幼儀本以為自己出國後可以夫唱婦隨，重新開始自己因為結婚生子而中斷的學業，沒想到卻變成一名家庭主婦，每天忙於買東西、洗衣服、打掃房間、準備一日三餐。揮霍無度的徐志摩，只從徐申如寄來的支票中拿出很少一部分，交給她維持家用。

張幼儀在倫敦期間，就以女性的直覺察覺到徐志摩另有所愛。一九二一年五月，她把自己懷孕的消息告訴徐志摩，徐志摩毫不猶豫地說：「把孩子打掉。」她說：「我聽說有人因為打胎死掉的耶。」徐志摩冷冰冰地說：「還有人因為火車肇事死掉的呢，難道你看到人家不坐火車了嗎？」張幼儀第一次對徐志摩的人品產生懷疑。

一九二一年八月的一天早晨，徐志摩告訴張幼儀，他的一位女朋友要來登門拜訪。張幼儀誤以為是徐志摩準備迎娶的第二位太太，事實上卻是從蘇格蘭愛丁堡大學畢業即將回國的袁昌英。在張幼儀的記憶裏，袁昌英頭髮剪得短短的，擦著暗紅色的口紅，穿著一套毛料海軍裙裝，在穿著絲襪的兩條腿下，竟是一雙穿著繡花鞋的小腳。徐志摩把袁昌英送走後，張幼儀評價說：「呃，她看起來很好，可是小腳和西服不搭調。」徐志摩腳跟一轉，失態地尖叫道：「我就知道，所以我才想離婚。」

一周後，徐志摩突然從家中消失，兩個人西服與小腳的婚姻生活走到盡頭。張幼儀覺得，自己像是一把被遺棄的「秋天的扇子」。

過了一段時間，與徐志摩父親徐申如有業務合作的銀行家黃子美，以說客身份登門拜訪。張幼儀請他進屋，兩人隔桌而坐。黃子美問道：「你願不願意做徐家的媳婦，而不做徐志摩的太太？」

黃子美離開後，張幼儀向正在巴黎訪學的二哥張君勱求助。張君勱在回信中劈頭第一句是：「張家失徐志摩之痛，如喪考妣。」然後告訴妹妹：「萬勿打胎，兄願收養。拋卻諸事，前來巴黎。」

三、男權棄婦的依附與自強

與原配妻子結婚後一直沒有養育過孩子的張君勱，只好把張幼儀安排到正在巴黎大學深造的劉文島夫婦位於鄉下的家裏。那一段時間，張幼儀反躬自省，發覺自己的很多行為的確表現得和纏過腳的舊式女子沒有兩樣。「經過沙士頓那段可怕的日子，我領悟到自己可以自力更生，而不能回去徐家，像個姑娘一樣住在硤石。我下定決心：不管發生什麼事情，我都不要依靠任何人，而要靠自己的兩隻腳站起來。」

懷孕八個月的時候，張幼儀隨同七弟景秋從巴黎前往德國柏林。一九二二年二月二十四日，她在醫院生下二兒子彼得。當她回到和七弟同住的房子時，徐志摩托吳經熊送來的書信已經擺在桌子上。在張幼儀堅持下，她第二天和分別半年的徐志摩見了面，當時在場的還有金岳霖、吳經熊等人。徐志摩拒絕張幼儀先徵求父母意見再談離婚的請求：「不行，不行，你曉得，我沒時間等了，你一定要現在簽字。……林徽因要回國了，我非現在離婚不可。」直到這一刻，張幼儀才知道徐志摩熱戀的女子是林徽因。

由徐志摩單方面草擬的離婚協議一式四份，其中寫明男女雙方已經一致決定終止婚姻，女方將獲得五千元贍養費。徐志摩和四名證人都已經簽名，張幼儀在吳經熊、金嶽霖等人見證下簽署離婚協議，然後以新婚之夜沒有用上的坦蕩目光正視著徐志摩：「你去給自己找個更好的太太吧！」

徐志摩歡天喜地地向張幼儀道謝，並提出要去看看剛出生的孩子。他在醫院育嬰房的玻璃窗外看得神魂顛倒。張幼儀說，他「始終沒問我要怎麼養這個孩子，他要怎麼活下去」。而在事實上，徐志摩已經為她謀劃了人身依附於徐氏家族的人生道路，用黃子美的話說是「做徐家的媳婦，而不做徐志摩的太太」；換句話說就是充當徐志摩的男權棄婦和徐申如的族權媳婦和寄生養女。

在巴黎投靠二哥張君勱期間，張幼儀給徐家二老寫信，告知自己已經懷孕並且想讀書求學，徐申如按月寄給她三百大洋（相當於兩百美元）的支票。在德國，張幼儀用這筆錢支付房租學費，連同養育孩子、雇傭保姆的生活費用。四十多歲的保姆朵拉，是一位親切溫柔的維也納女子，在她的幫助下，張幼儀申請進入裴斯塔洛齊學院，攻讀幼稚教育。

就在張幼儀含辛茹苦、忍辱負重養育彼得的同時，徐志摩於一九二二年八月離開歐洲返回國內。十一月八日，他在《新浙江・新朋友》上刊登《徐志摩、張幼儀離婚通告》：「我們已經自動，掙脫了黑暗的地獄，已經解散煩惱的繩結，……歡歡喜喜的同時解除婚約，……現在含笑來報告你們這可喜的消息，……解除辱沒人格的婚姻，是逃靈魂的命。」據說這是中華民國歷史上依據《民法》條款文明離婚的較早案例。

一九二五年二月十日晚上，繼追求林徽因失敗後又陷入新一輪情愛糾葛的徐志摩，在陸小曼等人目送下登上火車，取道西伯利亞前往歐洲。他這次歐洲之行的第一目的地是德國柏林，二兒子彼得因腹膜炎正在住院搶救中。三月十九日，離三歲生日不到一個月的彼得去世，從來沒有承擔過父親職責的徐志摩，一周後才趕到柏林。三月二十六日，連一名合格丈夫和合格父親都不願也不能做到的徐志摩，在寫給陸小曼的情書中，倒是難能可貴地表揚了被他絕情背叛的張幼儀：

「C可是一個有志氣有膽量的女子，她這兩年來進步不少，獨立的步子已經站得穩，思想確有通道……她現在真是『什麼都不怕』，將來準備丟幾個炸彈，驚驚中國鼠膽的社會，你們看著吧！」

一九二六年二月二十一日是農曆正月初九，回到浙江海甯硤石鎮陪同父母過春節的徐志摩，向陸小曼報喜說：「我們的家產差不多已經算分了，我們與大伯一家一半。但為家產都係營業，管理仍需統一。所謂分者即每年進出各歸各就是了，來源大都還是共同的。例如醬業、銀號、以及別種行業。然後在爸爸名下再作為三份開：老輩（爸媽）

自己留開一份，幼儀及歡兒立開一份，我們得一份。這是產業的暫時支配法。」

徐蓉初、徐申如兄弟此前一直沒有分家，這次分家與其說是為了準備徐志摩與陸小曼的婚事，不如說是為了給已經被徐志摩背叛拋棄的張幼儀安頓一個人身依附性質的合法地位：「幼儀仍居乾女兒名，在未出嫁前擔負歡兒教養責任，如終身不嫁，歡的一分家產即歸她管。」

在此之前，張幼儀應徐申如要求，與七弟景秋、八弟禹九一起經西伯利亞回國。她先是回到北京，在二哥張君勱家裏住下。一九二六年二月二十七日從天津乘船南下上海，拜見公婆以及被公婆專門召回的徐志摩。她為了按照自己的方式教育兒子，說服徐家父母讓她帶阿歡到北京讀書，在她的內心深處，一直懷抱著與徐志摩重婚的個人夢想。

一九二七年初，張母去世，張幼儀帶著阿歡回上海奔喪，從此定居在徐申如送給她的上海海格路一二五號（今華山路範圍）的豪宅中。一度在東吳大學任德語教師的張幼儀，隨後在靜安寺路開辦以雲裳命名的上海第一家時裝公司。公司的第一大股東，顯然是她的公爹加養父徐申如。正是由於這個原因，徐志摩在一九二七年八月三日寫給周作人的書信中介紹說：「我新辦兩家店鋪；新月書店想老兄有得聽到，還有一家雲裳時裝公司，專為小姐、娘兒們出主意的，老兄不笑話嗎？」

雲裳公司開辦不久，張幼儀接受坐鎮上海的中國銀行總行副總裁張公權的提議，出任上海女子商業銀行副總裁。一九三一年四月二十三日，徐志摩的母親錢慕英病故，陸小曼急忙趕到海寧硤石，徐申如堅決不讓她走進家門。被徐志摩背叛拋棄的張幼儀，此時已經通過對於徐氏家族的有限依附，在工商業界逐漸創造了一曲自力更生、發奮自強的女權傳奇，從而贏得徐申如夫婦的充分尊重。在徐志摩不願意也不能夠承擔家庭責任充當合格丈夫，陸小曼不願意也不能夠承擔家庭責任充當合格妻子的情況下，張幼儀當仁不讓地充當著徐氏家族集傳統型大管家與現代型經理人於一身的代理掌門人的角色。婆婆錢慕英的葬禮，就是張幼儀以乾女兒名義全權處理的。

一九三一年十一月十九日，徐志摩搭乘的郵政飛機在濟南黨家莊附近觸山爆炸，在合法妻子陸小曼無力操持的情況下，依然是代理掌門人張幼儀以她的冷靜果斷處理一切：讓八弟禹九帶領十三歲的阿歡前往濟南認領遺體。在公祭儀式上，陸小曼想把徐志摩的衣服和棺材都換成西式的，被張幼儀堅決拒絕。

抗日戰爭期間，張幼儀囤積軍服染料，等到價錢漲到一百倍而且再也沒法從德國進貨的時候，才高價出售。之後，她用賺來的鉅款投資棉花和黃金，依舊是財星高照、一帆風順……

四、張幼儀的老年再婚

一九三九年，小名阿歡的徐積鍇滿二十一歲，張幼儀問他想要個什麼樣的妻子，阿歡回答說：「我只對漂亮姑娘感興趣。」張幼儀從阿歡的神情中敏感地捕捉了徐志摩的影子：「他為什麼這麼回答，我不明白。他說這話的時候，我很傷心，因為那讓我想起他父親，我一直覺得他父親要的，是個比我女性化、又有魅力的女人。」但是，張幼儀還是遵從兒子的心願，為他選擇了名叫張粹文的漂亮女孩。為了不讓張粹文重蹈自己當年的覆轍，張幼儀專門請來老師，給她上英、法、德、中的文學課程，以便使她不僅能愉悅兒子的感官需求，還能滿足他的心靈訴求。徐積鍇畢業于國立交通大學（上海）土木工程系，獲學士學位，後留學美國，在哥倫比亞大學研究院獲得碩士學位。一九四七年，徐積鍇、張粹文夫婦移居美國。

一九四九年四月，張幼儀離開大陸移居香港。她的樓下鄰居蘇紀之醫生與妻子離婚，帶著一個女兒和三個兒子討生活。經過一段時間的交往，蘇紀之向張幼儀求婚，張幼儀分別向二哥、四哥徵求意見。四哥張公權始終沒有答覆。二哥張君勱一會兒發來電報說「好」，一會兒又改變主意說「不好」。在反覆躊躇之後，這位新儒學代表人物來信表態：「兄不才，三十多年來，對妹孀居守節，課子青燈，未克稍竭綿薄。今老矣，幸未先填溝壑，此名教事，兄安敢妄贊一詞？妹慧人，希自決。」

在這種情況下，張幼儀只好給遠在美國的兒子阿歡寫信：「爾在美國，我在香港，相隔萬里，展昏誰奉，母擬出嫁，兒意云何。」相對於困守「餓死事小失節事大」之類儒學名教的張君勱，年輕一代的阿歡表現出的是以人為本的現代文明價值觀。他在回信中寫道：「母孀居守節，逾三十年，生我撫我，鞠我育我，劬勞之恩，昊天罔極。今幸粗有樹立，且能自贍。諸孫長成，全出母訓。……去日苦多，來日苦少，綜母生平，殊少歡愉，母職已盡，母心宜慰，誰慰母氏？誰伴母氏？母如得人，兒請父事。」

一九五三年，五十三歲的張幼儀與蘇紀之在日本東京一家大酒店舉行婚禮。婚後兩人共同生活了二十年。一九七二年，蘇紀之因為腸癌去世。安葬完丈夫後，張幼儀搬到美國紐約住在兒子附近，過著簡單而有規律的生活。

張幼儀的八弟張禹九是新月社成員，他非常欣賞徐志摩，當年甚至盛裝參加過徐志摩和陸小曼的婚禮。多年後，他的孫女張邦梅在圖書館查閱資料時，偶然得知自己的姑奶奶張幼儀竟是徐志摩的前妻，於是有了兩個人之間持續多年的訪談記錄。張禹九知道孫女在寫一部有關張幼儀和徐志摩的傳記，臨終前叮囑她下筆時對徐志摩「要仁慈一點」，並要求在自己的葬禮上朗誦一首徐志摩的新詩。

面對張邦梅的反覆追問，張幼儀關於徐志摩的最後結論是：「你總是問我，我愛不愛徐志摩。你曉得，我沒辦法回答這個問題。我對這問題很迷惑，因為每個人總是告訴我，我為徐志摩做了這麼多事，我一定是愛他的。可是，我沒辦法說什麼叫愛，我這輩子從沒跟什麼人說過『我愛你』。如果照顧徐志摩和他家人叫做愛的話，那我大概愛他吧。在他一生當中遇到的幾個女人裏面，說不定我最愛他。」

一九八八年，張幼儀以八十八歲的高齡去世，安葬在紐約市郊風景優美的Fernoeiff墓園裏，墓碑上刻著「蘇張幼儀」四字。關於張幼儀通過對於男權家族的有限依附在工商企業界創造的自力更生、發奮自強的女權傳奇，梁實秋在《談徐志摩》一文中表述得最為中肯：「她沈默地堅強地過她的歲月，她盡了她的責任，對丈夫的責任，對夫家的責任，對兒子的責任——凡是盡了責任的人，都值得令人尊重。」

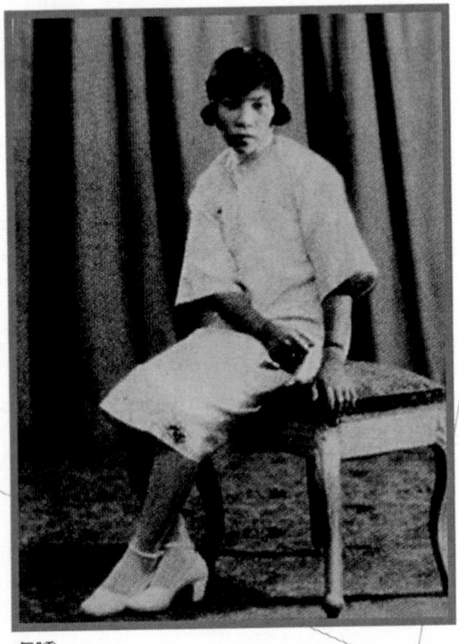

盧隱

廬隱，文壇情場的「興風作浪」

廬隱是國立北京女子高等師範學校國文部第一期的女性大學生，也是中國現代文學史上第一位女性婚戀作家。她創作的一系列婚戀小說，大部分是自己遭遇的三段逆反對抗、興風作浪的自由婚戀的真實記錄。她對於男女婚戀任性而為、縱情縱欲的病態逆反，在傷害最為親近的家庭成員的同時，也直接導致自己在貧病交加中難產而死的悲慘結局。廬隱三十六歲的短暫人生，可以用病態逆反、任性而為、興風作浪、害人害己、家破人亡來加以概括。

盧隱是國立北京女子高等師範學校國文部第一期的女性大學生，也是中國現代文學史上第一位女性婚戀作家。她創作的一系列婚戀小說，大部分是自己遭遇的三段逆反對抗、興風作浪的自由婚戀的真實記錄。她對於男女婚戀任性而為、縱情縱欲的病態逆反，在傷害最為親近的家庭成員的同時，也直接導致自己在貧病交加中難產而死的悲慘結局。盧隱三十六歲的短暫人生，可以用病態逆反、任性而為、興風作浪、害人害己、家破人亡來加以概括。

一、與林鴻俊的逆反婚約

盧隱，原名黃淑儀，又名黃英，一八九八年五月四日出生於福建省閩侯縣縣城（今福州市）。她的父親黃寶瑛，是一八八八年戊子科的一名舉人，性格古板而暴躁。母親是沒有讀過書的舊式女性，之前已經生育三個男孩子。盧隱降生的當天外祖母去世，迷信的母親認定她是一顆災星，便把這個被詛咒的問題女孩，交給來自鄉下的奶媽餵養。盧隱從小愛哭愛鬧、桀驁不馴，兩歲時生了一身疥瘡，滿三歲還不會走路說話，惹得全家人都討厭她。一九〇二年，父親謀到湖南長沙知縣的官職，四歲的盧隱隨家人乘海船前往長沙。由於她終日哭鬧，有一天差點被父親扔進滔滔海浪之中。盧隱七歲的時候，父親因心臟病死在任所。母親只好帶著五個未成年孩子，投奔在北京擔任農商部員外郎兼太醫院禦醫的弟弟，也就是廬隱的舅舅。舅舅位於西斜街的大宅院由幾個四合院組成，住在大宅院的舅舅姨媽家的表姊妹有二十來個，這個大家庭給予廬隱的，依然是被詛咒、被歧視的另類待遇。九歲那年，廬隱被送到美國人開辦的教會學校女子慕貞學院寄宿就讀。她家裡雖然有錢，卻只能和窮苦人家的孩子一起吃粗劣飯菜。

一九一二年中華民國成立後，十四歲的廬隱在大哥黃勉幫助下，考取北京女子師範學校附設高等小學五年級。她的母親和親戚從此才開始刮目相看。一九一三年她又考取享受官費待遇的女子師範，更令家人驚奇不已。在五年制女子師範裡，廬隱是班上最小的一個，處處受到大家優待。一九一五年，情竇初開又多愁善感的廬隱迷上了言情小說，每天除應付功課之外，她所有的時間全用在看小說上，從而得到「小說迷」的綽號。就在這一年，廬隱在舅舅家裡認識了父母雙亡的表親林鴻俊。這位二十歲的男青年身材魁梧，體魄壯健，談吐文雅，此前曾經留學日本，因父親病逝而中止學業。廬隱從他手裡借閱過徐枕亞言情小說《玉梨魂》，為多情而薄命的女主人公流淌了許多眼淚。林鴻俊發現廬隱是多情之人，便給她寫信述說自己的人生痛苦。廬隱看後十分同情，兩個人漸漸親密起來。當林鴻俊托人向廬隱母親說媒提親時，廬隱的母親和舅舅不滿意林鴻俊家境貧寒、沒有職業，斷然予以拒絕。廬隱出於從小養成的逆反對抗心理，挺身而出與母親、舅舅唱對臺戲。她在寫給母親的書信中嚴正表示：「我情願嫁給他，將來命運如何，我都願承受。」

母親深知盧隱的倔強性格和逆反心理，只好委曲求全答應了這樁婚事。作為交換，盧隱接受母親的條件，必須在林鴻俊大學畢業後才能舉辦婚禮。林鴻俊經過發奮努力，於這年暑期考取北京工業專科學校。開學前，母親辦了幾桌筵席，為盧隱和林鴻俊舉辦訂婚儀式，請西斜街所有親戚參加。席間，有一位親戚站起來敬酒致賀，自告奮勇地表示說：「林君很有志氣，努力自學，居然考取了大學，但你雙親去世，我願意拿出兩千大洋，作為你四年的學費和膳費。」他說著從身上掏出兩千元大洋的票據擺在桌上，笑嘻嘻地望著林鴻俊說：「自己親戚，別客氣，請收下吧！」林鴻俊感激涕零，當場鞠躬致謝說：「我一定好好讀書。畢業以後，一定報您的大恩。」

事實上，這兩千元大洋的鉅款，是盧隱的母親辛苦積攢的私房錢，她默默資助林鴻俊的目的，自然是為了成全桀驁不馴、逆反對抗、任性而為的問題女兒。

一九一七年夏天，十九歲的盧隱師範畢業。母親希望她參加工作以幫助家庭，便為她謀到北京女子中學的體操和家事園藝教員的職位。盧隱覺得這所學校的現狀與自己的理想差距太遠，自己對於家事園藝也實在隔膜。敷衍到學期結束，她便在學生們的抵制反對下悄然辭職，結束了自己的第一份職業。

一九一八年初，在安徽省女子師範學校附屬實驗小學當校長的原北京慕貞學院同學舒畹蓀，邀請廬隱前往安慶任教。這是廬隱第一次遠離家庭實現獨立生活的理想。「我雖是一個女孩兒，但在這時節，我的心腸沒有溫柔的情感，我羨慕飛劍俠，有時也希望作高人隱士，所以這一次離家，我是充滿了驕傲，好像一隻羽毛已經長成的鳥兒，從此天涯海角任我飛翔。」

廬隱在安慶實驗小學擔任體操、國文、習字、史地等課程，得到多數學生的歡迎。但是，她依然不肯腳踏實地地通過自食其力、自力更生、自我壯大、自我健全來回饋家庭，半年之後她再次辭職。一九三四年廬隱去世後，《廬隱自傳》由上海第一出版社出版，其中回憶說：「我的心是浮動的，無論到了什麼地方，我都不能平靜的久住下去，看命的人說我正在走驛馬運，所以要東奔西走。我自己雖然不信命相，不過喜歡跑，我是不否認的。」

回到北京，恰好遇到河南開封女子師範學校招聘教師，廬隱與一位楊姓同學結伴前往。當地的守舊教員並不歡迎她們的到來，「正在走驛馬運」的精神浮躁的廬隱，在開封熬到暑假又第三次辭職。母親罵她沒有長性，表姊妹們稱呼她為「學期先生」。

一九一九年，北京女子師範學校升格為國立女子高等師範，開始招收中國公辦教育史上第一屆女性大學生。廬隱在自傳中回憶說：「在這時期，我有點想著嫁了罷，免得受許多苦，但是某君大學還不曾畢業，所以只得罷了，只好再另找出路，當然母親還是要我去教書。我呢，受了這一年多的折磨，我深切的瞭解我的學問不夠，我只能再讀書，不能再教書了。……而天下事，沒有錢是最沒辦法的。」

在母親不願意提供學費的情況下，廬隱為了賺錢交納學費，不得不再次南下安慶擔任教職。半年後她帶著二百元大洋的薪水回到北京，已經錯過招考期限。好在她是女子高等師範學校的初級師範畢業生，在母校教師通融下，她以插班旁聽生資格回校就讀，一學期後她與同學蘇雪林一起，轉為國文部第一期的正式生。

廬隱雖然沒有親歷一九一九年五月發生在北京的五四運動，但是，在五四運動激蕩下，她很快成為校內校外的活躍分子。同年十一月十五日，日本駐福州領事館為破壞抵制日貨運動，派出便衣員警和浪人，毆打表演愛國新劇的學生。十六日又打死打傷多名學生，製造了震驚中外的「福州慘案」，簡稱「閩案」。作為一名福建籍大學生，廬隱表現得尤其踴躍：「我雖是一個插班生，但進去了不久，便被舉為學生會的幹事，這個時候正是國家多事之秋，……當然這是學生會的買賣到了，我整天為奔走國事忙亂著，——天安門開民眾大會呀，總統府請願呀，十字路口演講呀，這些事我是頭一遭經歷，所以更覺得有興趣，竟熱心到飯都不吃，覺也不睡的幹著。」

十一月底的一天下午，廬隱與女高師的福建籍同學王世瑛、程俊英、陳璧如、劉婉姿、錢丞等人，一起走出校門到福州會館參加同鄉會。王世瑛在會上認識了初戀情人鄭振鐸，廬隱認識了她的第二位婚戀對象、北京大學法科政治學門的已婚大學生郭夢良。廬隱與未婚夫林鴻俊的第一段婚戀，也因此走到盡頭。

二、與郭夢良的病態婚戀

郭夢良，譜名涵中，又名弼藩，一八九八年出生于福建閩侯縣郭宅村（今福州市倉山區蓋山鎮郭宅村），一九一七年離開家鄉到北大就讀之前，在父母包辦下與林瑞貞結婚。一九一九年閩案發生後，郭夢良與劉慶平、鄭振鐸、許地山、鄭天挺等人，在福州會館發起成立福建同鄉會，並且創辦油印刊物《閩潮》，廬隱與郭夢良都是編輯部成員。按照廬隱的說法，「我又被舉為女師大福建同鄉會的代表，到師大北大去開會，在那裡我認識許多男學生，也可以說是我第一次同男人們合作，在開過幾次會的結果，我又被舉為大會的副主席，和一個刊物的編輯。」

一九二〇年十二月十四日，《北京大學日刊》刊登《北京大學社會主義研究會通告》，公開宣佈「集合信仰和有能力研究社會主義的同志，互助的來研究並傳佈社會主義思想」。該會的主要發起人為李大釗（守常）、何恩樞（北衡）、徐其湘（六幾）、陳學池（儒康）、郭弼藩（夢良）、陳顧遠（晴皋）、費秉鐸（覺天）、梅祖芬（思平）、鄢祥禔（公複）等人，通信處設在本校第一宿舍郭夢良處。由於該會參加者主張差異、意見不一，郭夢良、徐六幾等人隨後追隨梁啟超、張君勱、張東蓀，另行組織基爾特社會主義研究會。李大釗、梅思平等人參與組織中國共產黨。

當年被通稱為「過激主義」的社會主義各派別，大都是以地下活動方式秘密傳播其思想主張的。基爾特是英文guild的譯音，意思是行會。基爾特社會主義又叫行會社會主義，是源自英國的一種主張在工會基礎上成立生產聯合會，以取代階級鬥爭的社會改良主義理論體系。據廬隱在自傳中回憶，她和十五個志趣相投的青年人，組織過一個叫做社會改良派的秘密團體，英文名稱為Social Reform簡稱ＳＲ，每星期聚會一次。她時常收到這些人寄來的關於社會主義的書籍，在這個相互通信討論的秘密團體中，「我的思想真有一日千里的進步了。我瞭解一個人在社會上所負的責任是那麼大，從此我才決心做一個社會的人。在ＳＲ團體中，有兩個青年和我特別親密，其中的一個郭君，比較一切的人都深沉，舊文學很有根柢，他作了很多論文登在雜誌上，時常寄給我看，因此我倆的感情認識也與日俱增了。」

這裡的「郭君」，自然就是郭夢良。有一個星期六，家裡專門寫信把一直不願意回家的廬隱叫了回去，等候在家裡的林鴻俊，要求即將畢業的廬隱兌現婚約。「我當時哪裡有心腸結婚，便告訴他我也要等大學畢業了才結婚呢，當時他雖沒有反對，不過他卻勸了我許多話，覺得我一天到晚在外面奔走是可笑的，一個女人何必管那些事呢！這一次的談話，他使我發現他思想的平庸，我心裡很不高興，當晚仍回學校來。……他是個忠厚老實人，始終對我極溫和，誠摯，偏偏那時候的我，有一點古怪脾氣，總覺得一個脾氣太好的男人，不是我所需要的，我羨慕英雄，我服膺思想家，我感覺得和他結婚，我心裡一定不快樂，解除婚約的一念，在我心裡漸漸的滋長起來，……」

已經接受郭夢良的基爾特社會主義觀念的廬隱，不再滿足於腳踏實地地充當自食其力、自力更生、自我壯大、自我健全的職業女性和家庭主婦，也不再需要像林鴻俊這樣腳踏實地的合格丈夫。而在事實上，像廬隱和郭夢良這樣連最低限度的自由自主、意思自治、自食其力、自力更生都做不到的人，或者說是連以人為本的自我壯大、自我健全都做不到的人，是完全沒有資格改良社會的。所有沒有經過「權為民所賦」的合法授權的革命與改良，都是打著改良社會、解放別人之類的神聖旗號禍國殃民地放縱自己、敗壞別人的犯罪行為。從北京工業專科學校畢業的林鴻俊，到山東糖廠當上一名工程師，因為工作出色，被廬隱退婚之後很快被糖廠老闆所賞識，不久便與老闆家女兒締結姻緣。不甘庸俗的廬隱，卻從此踏上一條病態逆反、任性而為、興風作浪、害人害己、家破人亡的不歸之路。

三、《海濱故人》的婚戀故事

廬隱在認識郭夢良之前，曾經把自己與林鴻俊的戀愛故事寫成文言小說《隱娘小傳》，後來她覺得「隱娘」欠雅，便襲取古典詩詞「廬山真面目，隱約未可睹」的寓意，把筆名改為廬隱。隨著與林鴻俊的退婚以及白話文的盛行，她撕毀了這篇練習之作。

一九二一年一月四日，鄭振鐸、沈雁冰（茅盾）、葉紹鈞（葉聖陶）、許地山、王統照、耿濟之、郭紹虞、周作人、孫伏園、朱希祖、瞿世英、蔣百里等十二人，共同發起成立中國新文學運動史上第一個文學社團文學研究會。廬隱在該會的登記序號是第十三名，也就是繼十二位發起人之後的第一位會員，同時也是首批二十一名會員中的唯一女性。同年一月二十五日，《時事新報》刊登廬隱的短篇小說處女作《海洋裡底一出慘劇》。二月十日，由茅盾主編的《小說月報》，刊登廬隱控訴包辦婚姻的短篇小說《一個著作家》。

一九二二年十二月十日，《小說月報》刊登廬隱的短篇小說《或人的悲哀》，其中主要由亞俠寫給友人的十封書信組成。所謂亞俠，就是自稱「亞洲俠少」的廬隱本人，這十封書信所濃縮預演的，恰好是廬隱一生中將要經歷的婚戀傳奇。她「被知識苦纏著，要探求人生的究竟，花費了不知多少心血，也求不到答案」；於是，便接二連三地陷入感情漩渦而不能自拔，由北京到東京，由東京到杭州，看到的是「世界上種種罪惡的痕跡」。於是，她在失望中選擇了「遊戲人間」的人生態度。「遊戲人間」的結果又讓自己產生了沉湖而亡的厭世之心：「我何嘗遊戲人間，只被人間遊戲了我！……自身的究竟，既不可得，茫茫前途，如何不生悲淒之感！」

一九二三年十月、十二月，上海《小說月報》分兩期刊登廬隱的中篇小說《海濱故人》，這是中國現代文學史上最早表現女大學生婚戀生活的一部作品，也是廬隱的成名作和代表作。其中的故事情節，主要是女高師第一期國文班中幾位女生的情感實錄。小說從女大學生露沙、玲玉、蓮裳、雲青、宗瑩五個人的海邊避暑寫起。露沙即廬隱本人，玲玉是蘇州籍同班好友陳定秀，雲青是福建同鄉王世瑛，宗瑩是福建同鄉程俊英。她們四個人模仿戰國時代的四公子，在女高師第一期國文班四十多名同學中，形成一個相對封閉的小團體。「蓮裳」是與她們不同級的一名音樂部校友，「她和露沙她們不能常常在一處，只有假期中，她們偶然聚會幾次罷了」。雲青的戀愛對象趙蔚然，是與王世瑛、廬隱、程俊英同為福建人的北京鐵路管理學校學生鄭振鐸。露沙的戀愛對象梓青，就是同為福建人的北京大學法科政治學門已婚大學生郭夢良。

關於自傳性人物露沙，廬隱在小說中描述說：「當她幼年時飽受冷刻環境的薰染，養成孤僻倔強的脾氣，而她天性又極富於感情，所以她竟是個智情不調和的人。」關於露沙與梓青也就是廬隱與郭夢良之間「智情不調和」的病態婚戀，小說中寫道：「梓青是個沈默孤高的青年，他的議論最徹底，在會議的席上，他不大喜歡說話，但他的論文極多，露沙最喜歡讀他的作品，在心流的溝裡，她和他不知不覺已打通了，因此不斷地通信，從泛泛的交誼，變為同道的深契。……在這個時期裡，她的思想最有進步，並且她又開拓研究哲學，把從前懵懵懂懂的態度都改了。」

廬隱與林鴻俊的退婚以及與已婚男子郭夢良的自由戀愛，帶給母親的是致命一擊。老人家面對親戚朋友的冷嘲熱諷無地自容，只好獨自返回福建老家。一九二二年夏天，二十四歲的廬隱從女高師畢業，到安徽宣城心情浮躁地當了一個學期的中學教員。寒假期間回到北京，福州方面傳來母親病危的消息，等她趕回福州時母親已經斷氣。廬隱的哥哥與妹妹，憤激之下與她斷絕關係……

一九二三年夏天，廬隱不顧親戚朋友的強烈反對，與郭夢良雙雙南下，在上海遠東飯店以「同室」名義舉行婚禮。婚後不久，她跟隨郭夢良回福建探親，與原配妻子林瑞貞同住在一個屋簷之下，直到此時才切實感受到充當小老婆的尷尬和低賤。她在寫給程俊英的書信中哀歎道：「過去我們所理想的那種至高無上的愛，只應天上有，不在人間。你問我婚後的情況，老實說吧，蜜月還算稱心，過此則一言難盡。應郭父母之命，回鄉探親，備嘗奚落之苦，而郭處之泰然。俊英，此豈理想主義者之過乎！」

不甘心充當自食其力、自力更生、自我壯大、自我健全的職業女性和家庭主婦的盧隱，與同樣不甘心充當自食其力、自力更生、自我壯大、自我健全的合格丈夫和合格父親的郭夢良之間逆反對抗、任性而為的病態婚戀，註定是一場興風作浪、害人害己、家破人亡的人間慘劇。一九二五年十月六日，積勞成疾並且營養不良的郭夢良，因為飲食不當而死於傷寒，撇下了寄居上海的盧隱和十個月的女兒郭薇萱。盧隱硬撐著把郭夢良的靈柩送回福建，她把十個月的女兒交給婆婆撫養，自己經好友劉慶平介紹，到福建女子師範學校任教。

四、與李唯建「興風作浪」的姐弟戀

「智情不調和」的盧隱，並沒有從自己與郭夢良之間逆反對抗、任性而為的自由婚戀中，汲取慘痛失敗的血淚教訓。一九二六年夏天，她再次辭掉擔任一個學期的教學職務，帶著女兒從福州飄泊到上海。由於無處落腳，她經友人介紹認識了福建同鄉、大夏大學創辦人歐元懷，得以在大夏大學擔任女生指導員。熬過一學期後，盧隱再次辭職，於一九二七年初回到北京，先後擔任平民教育促進會的文字編輯、北京市立女子中學校長、北京師範大學附中女子部教員，並與幾位朋友籌辦過「華嚴書店」和《華嚴半月刊》。

作為已經初步成名並且很善於炒作自己的女性作家，廬隱自然不會缺少追求者，就讀於北京法政大學的年輕漂亮的瞿冰森，就是其中之一。對於這段感情，廬隱在自傳中絕口不提，但她以自己所擅長的自傳體小說的敘述方式，專門寫作了一篇標題為《歸雁》的短篇小說。她在小說中坦承自己儘管見過一些大陣仗，但並不能效仿八風吹不動的老僧。她只是一隻疲憊的孤雁，落在無人的村落，忍受著被造物主拋棄的悲哀。呆在檀木雕成的鳥籠裡面是安全的，可是不羈的天性註定了她做不成溫柔依人的小鳥。但是，為了替瞿冰森的前途著想，她不願這有為的青年在自己的大缸苦水裡浸出病來，便斷然拒絕了對方的求愛。只可惜瞿冰森悟性不足，並未體諒她的好意，賭著氣很快找來個漂漂亮亮的小女生刺激她的神經。於是，她只好回到痛苦中去，自己舔自己的傷口，寧肯孤獨，也不要憐憫和同情。「我最怕人們窺到我的心，用幸災樂禍的卑鄙的眼光，憐憫加之於我的時候，那比剮了我還要難過。」

在另一篇《寄天涯一孤鴻》，廬隱更加傷感地表白道：「我常自笑人類癡愚，喜作繭自縛，而我之愚更甚於一切人類。每當風清月白之夜，不知欣賞美景，只知握著一管敗筆，為世之傷心人寫照，竟使灑然之心，滿蓄悲楚！」

一九二八年九月三十日，石評梅因腦炎逝世於協和醫院。為了紀念與自己一樣「矛盾而生，矛盾而死」的石評梅，廬隱於一九三一年寫作長篇小說《象牙戒指》，其中在表現高君宇與石評梅的情愛傳奇的同時，也融入了她自己與小男人李唯建之間的病態婚戀：「從前我是決意把自己變成一股靜波一直向死的淵裡流去。而現在我覺得這是太愚笨的勾當。這一池死水，我要把它變活，興風作浪。」

李唯建是小廬隱九歲的一名清華學生和浪漫詩人。從一九二九年春天到一九三〇年春天，自稱「冷鷗」的廬隱與自稱「異雲」的李唯建，用六十八封來往書信，記錄了他們之間「興風作浪」的情感經歷：李唯建初步瞭解廬隱的坎坷經歷後，給予她極大同情：「同情心太大太深，便變為偉大純潔的愛了。」隨著兩個人心靈探索的步步深入，李唯建先是大膽表白：「我願你把你心靈的一切都交給我，我雖是弱者，但擔負你的一切我敢自誇是有餘的！」接下來更是頂禮膜拜：「你是我的宗教，我信任你，崇拜你，你是我的寄託。」

面對李唯建的步步緊逼，已經有過兩段婚戀經歷的廬隱先是婉拒，後是疑慮，套牢之後卻是不顧一切「興風作浪」的奉獻與佔有：「請你用偉大的同情來撫慰我吧！」等到李唯建冷靜下來想反悔退出時，已經被逼到無處可逃的死角絕境。據李唯建在一九八〇年十一月十六日寫給閻純德的書信中回憶，「由於一個偶然的機會，經北大林宰平教授介紹，認識了女作家廬隱，相談投契。廬隱在城中教書，我住清華園。結識廬隱後，廬隱考慮較多，她心潮澎湃，某夜寄我血書一封，表明內心。經我多方勸慰，心緒漸寧，決心生死相從。」

一九三〇年二月十四日至四月八日，廬隱與李唯建的來往情書以《雲鷗的通信》為標題，在女師大校友陸晶清、謝冰瑩負責編輯的天津《益世報》副刊公開連載。同年八月，廬隱毅然辭去教職，帶著小男人李唯建和女兒郭薇萱東渡日本歡度蜜月。用廬隱自傳中的話說：「什麼禮教，什麼社會的譏彈，都從我手裡打得粉碎了。我們灑然的離開北平，宣告了以真情為基礎的結合，翱翔於蓬萊仙境，從此以後，我的筆調也跟著改變。」

大煞風景的是，一九〇七年出生于四川成都的李唯建，是一個比郭夢良更加不適合充當情人和丈夫的病態文人和男權怪胎。他早年喪母，潛意識中一直渴望「一個好的有力量的乳母」。長他九歲的廬隱與其說是妻子和情人，不如說是奶媽和保姆。一九三〇年年底，一家三口由於經濟拮据不得不回到國內，在杭州西湖居住了半年時間。一九三一年六月二十六日，廬隱生育了小名「貝貝」的第二個女兒李瀛仙。

一九三一年八月，迫于生存壓力，廬隱經過劉大傑、陳鶴琴的輾轉介紹，在上海工部局女子中學（現上海市第一中學）謀到國文教員的職位，一家人由杭州遷居於上海愚園路愚園坊二十號。在廬隱為了家庭而疲於奔命的同時，不願意通過自食其力、自力更生承擔合格丈夫和合格父親的家庭責任的李唯建，卻表現出根深蒂固的男權意識。他不幹家務，卻片面要求廬隱既充當職業婦女又充當賢妻良母。對於兩個同母異父的女兒，他也表現出親疏有別的不同對待。

一九三四年五月十三日，第三次臨產的廬隱，為了節省費用在自家弄堂的小黑屋裡廉價雇傭接生婆分娩。當她分娩力竭時，接生婆用手抓破子宮，導致流血不止的大出血。等到李唯建意識到事態嚴重而轉送大華醫院時，已經搶救不及。這位年僅三十六歲便創作出四部中長篇小說和六十多篇短篇小說的現代文壇第一位高產女作家，就這樣極其悲慘地結束了自己的生命。

歸結了看，廬隱不能夠也不願意腳踏實地承擔屬於自己的一份責任的逆反對抗、任性而為、興風作浪的病態婚戀，一次比一次表現得更加盲目浪漫也更加離奇乖張。她任性而為、興風作浪、縱情縱欲地一再追求自己永遠得不到的烏托邦式理想婚戀的結果，只能是錯上加錯地害人害己以至於家破人亡。

阮玲玉

阮玲玉，真假遺書與三角情愛

無論是「前夫張達民」還是「乃夫唐季珊」，都只是阮玲玉事實婚姻中的性伴侶，而不是現代法律意義上的合法丈夫。最為直接地刺激阮玲玉自殺的不是張達民的依法控告，也不是報刊記者的「人言可畏」，而是唐季珊喜新厭舊的移情別戀及家庭暴力。

一九三五年三月八日國際勞動婦女節的凌晨三時左右，陷身於二男一女的三角情愛不能自拔的阮玲玉，一連服下三瓶安眠藥自殺身亡，年僅二十六歲。五月五日，魯迅用趙令儀的化名寫下《論「人言可畏」》的時評雜感，開篇第一句感歎說：「『人言可畏』是電影明星阮玲玉自殺之後，發見於她的遺書中的話。這哄動一時的事件，經過了一通空論，已經漸漸冷落了，……」而在事實上，目光犀利、思想深刻的魯迅，所看到的只是阮玲玉的假遺書。他自己關於「人言可畏」的議論，也因此成為缺乏事實依據的「一通空論」。

一、主僕戀愛與影劇傳奇

阮玲玉，原名鳳根，一九一〇年四月二十六日出生於上海，原籍廣東中山縣南朗左步頭村。父親阮用榮是離開鄉村到大都市打拼的一名務工人員，早在鳳根六歲時就離開人世。小鳳根從小跟隨母親何阿英，到同為廣東中山籍的張家充當女傭，並且得到額外的善待。一九一八年，八歲的鳳根改名玉英，進入上海崇德女校讀書。一九二五年，十六歲的阮玉英與十八歲的四公子張達民戀愛，遭到張家堅決反對，何阿英因此被驅逐解雇。一九二六年一月，既忠實於主僕情愛又缺乏自食其力、自力更生的獨立生存能力的張達民，在頭腦發熱的情感衝動中離開家庭，與阮玉英母子在北四川路鴻慶坊租房同居。

張達民與阮玉英之間以弱勢女子為強勢男權犧牲品的主僕情愛，是新舊交替時代較為普遍的一種典型現象，曹禺《雷雨》中周沖與魯四鳳之間的情愛悲劇，以及曹禺改編自巴金同名小說的四幕話劇《家》中高覺慧與鳴鳳之間的情愛悲劇，都是如此。相比之下，初戀時期的張達民，比起周沖、高覺慧浪漫高蹈的詩意表現，要顯得更加忠誠也更加真實。在這對主僕情侶最為困難的時候，是張家大公子張慧沖伸出了援助之手。

張家共有四個兒子，老大張慧沖一九二一年畢業於上海吳淞商船學校，後在招商局太古廣興輪船公司任船長，在日本逗留期間學會了東方魔術。因為愛好電影和魔術，他與演藝界人士過從甚密。一九二二年，商務印書館電影部邀請張慧沖在《蓮花落》、《好兄弟》、《愛國傘》等影片中充當義務演員。一九二四年，張慧沖在聯合影片公司自編、自導、自演《水落石出》和《五分鐘》。一九二五年，明星影片公司總經理張石川邀請張慧沖專演武俠打鬥片，體形健美，喜愛武術、舞蹈、游泳、駕車、騎馬的張慧沖，當年曾有「東方範朋克」的美譽。由他主演的《無名英雄》、《田七郎》、《山東馬永貞》等影片，上座率很高。為了幫助缺乏自食其力、自力更生的獨立生存能力的張達民擺脫困境，張慧沖介紹天生麗質的阮玉英到明星影片公司應聘，導演蔔萬蒼當場決定錄用阮玉英擔綱《掛名夫妻》的女主角，阮玉英從此以阮玲玉的藝名進入既是銷金窟又是名利場的演藝圈。張達民與阮玲玉的同居生活，也因此進入一段安定時期，阮玲玉還於一九二七年收養了棄嬰小玉。

一九二八年，阮玲玉轉入大中華百合影片公司，主演《情欲寶鑒》等六部電影。一九二九年十二月，廣東番禺籍富商羅明佑以華北電影公司名義與廣東新會籍電影人黎民偉的民新影片公司合作，拍攝由羅明佑、朱石麟編劇，孫瑜導演的《故都春夢》，由阮玲玉和黎民偉的二夫人林楚楚連袂出演，阮玲玉因為成功扮演妓女燕燕而一鳴驚人。一九三〇年八月，以民新公司和華北公司為基礎，由黎民偉出面邀請大中華百合公司、上海影片公司、友聯影片公司合股成立聯華影業公司，阮玲玉成為黎民偉任製片主任的聯華一廠的一線女星。一九三三年，阮玲玉在卜萬蒼導演的《三個摩登女性》中，飾演對舊社會產生階級覺悟的無產階級女工周淑貞。影片上演後引起轟動，被譽為「新興電影運動」的「第一隻報春之燕」。接下來，阮玲玉先後扮演一系列充滿階級覺悟和階級仇恨的新女性形象。一九三四年，她在吳永剛導演的《神女》中，扮演都市最底層的下等妓女阮嫂，由於與自己的生活經歷較為接近，她以真摯本色的表演，把品質善良的母親與地位卑微的妓女奇跡般地融為一體，出神入化，令人震撼。

一九三四年二月十二日，年僅二十三歲的女演員艾霞因為失戀而服毒自殺，成為一些娛樂記者捕風捉影大肆炒作的對象。孫師毅以此為素材編寫的電影劇本《新女性》，由導演蔡楚生邀請阮玲玉領銜主演。影片中的女大學生韋明爭取婚姻自主的結果，卻遭到自由戀愛的負心丈夫的絕情遺棄，她在擔任音樂教師並且兼職寫作期間，因為拒絕校董王博士的誘惑，而遭遇一連串的排擠打擊，其中包括失去職業、女兒病危、暗娼鴇母與王博士的合謀誘姦、出版商情人的絕情背叛、小報記者的無聊誹謗。絕望自殺的韋明在無產階級職業女性李阿英的感召下，用最後的氣力吶喊出自己的階級覺悟和階級仇恨：「我要活，我要報復！」影片完成後，遭到記者公會拒登廣告的抗議威脅，聯華公司被迫道歉並且修改刪除了部分鏡頭。隨著影片的上演，已經成為公眾明星的阮玲玉自己二男一女的三角情愛，也開始受到娛樂記者的聚焦曝光。

二、喜新厭舊的三角情愛

一九二八年前後，張家老主人去世，張慧沖、張晴浦、張惠民、張達民四兄弟各自分到一份遺產。張慧沖在妻子徐素娥的配合支持下自組慧沖影片公司，集編劇、導演、主演、剪輯於一身，先後拍攝《水上英雄》、《小霸王張沖》、《中國第一大偵探》、《海天情仇》等武俠片。一九三二年上海「一二八」保衛戰期間，張慧沖扛著攝影機活躍在淞滬抗日戰場，完成了紀錄片《上海抗日血戰史》，追隨在他身邊的徐素娥，卻不幸遇難。當時有很多上海富豪前往香港避難，並不十分富有卻喜歡跳舞享樂、遊手好閒的張達民，也帶著阮玲玉和養女小玉隨波逐流來到香港，據說阮玲玉是在香港遇到比她年長十四歲的已婚廣東同鄉、茶業鉅賈唐季珊的。

唐季珊，一八九六年生人，早年畢業於上海南洋公學畢業，之後赴英國留學。一九一六年回國後，由其父唐翹卿邀集卓鏡澄、陳翊周、朱葆元等人集資十萬元設立華茶公司，由唐季珊負責經營。一九二三年，華茶公司改組為有限公司，先後在平水、福州、屯溪、杭州、蕭山、諸暨等茶葉產地自設茶號，以質高價低的優勢，逐步打破怡和、瑞隆、協和等英國商行對於中國茶葉外銷市場的壟斷封鎖。一九三〇年前後，華茶公司發展成為國內最大的中資茶葉商行，生意興隆的唐季珊還因為廣東同鄉的關係，成為聯華電影公司的大股東之一。在廣東家鄉有原配妻子的唐季珊，在遇到小同鄉阮玲玉之前，正在與另一位影星同鄉張織雲婚外同居。

比阮玲玉年長六歲的張織雲原名張阿喜，一九二三年因為主演大中華影片公司的影片《人心》而一舉成名。一九二五年秋天，張織雲在上海新世界遊藝場舉辦的評選活動中，當選為中國電影史上第一位電影皇后。一九二六年，已經與著名導演兼攝影師卜萬蒼相愛同居的張織雲，因貪圖錢財而投入唐季珊懷抱。一九二七年，張織雲隨唐季珊到美國度蜜月，同時為唐季珊推銷茶葉充當形象代言，美國報刊為此刊登「中國茶葉皇帝與中國電影皇后同來美洲」之類的新聞報導，使得唐季珊的茶葉生意獲利頗豐。隨著更加年輕美貌的阮玲玉出現在眼前，喜新厭舊的唐季珊很快拋棄張織雲。唐季珊知道阮玲玉喜歡跳舞，便不斷邀請她到最奢華的舞場揮金如土。面對唐季珊的豪富誘惑，阮玲玉表現出來是同樣性質的喜新厭舊、嫌貧愛富。

一九三三年三月，阮玲玉帶著母親何阿英和養女小玉，搬離北四川路鴻慶坊與張達民租住七年的第一愛巢，住進唐季珊用十根金條在上海市新聞路沁園村九號購置的三層洋房。四月九日，在福建福清擔任稅務所長的張達民，回到家裡發現人去樓空。他到沁園村九號登門交涉，經過一番討價還價，雙方簽訂《阮玲玉與張達民脫離同居關係約據》，其中第二款規定由阮玲玉每月支付張達民生活費，「每月至多一百元為限，以二年為期」。但是，隨著阮玲玉出演的影片越來越多、名氣越來越大、身價越來越高，張達民的心理也越來越失去平衡。一九三四年十二月二十七日，唐季珊收到張達民委託律師寄來的信函，聲稱阮玲玉「竊取財物，侵佔衣飾，共值三千餘元，並私刻張氏之圖章」。阮玲玉不想把事情鬧大，唐季珊卻堅持要反訴張達民「虛構事實，妨害名譽」，熱衷於報導名人隱私的各種報刊，更是推波助瀾地大肆宣傳。

一九三五年一月十日，上海特區第二法院開庭審理，理虧心虛的阮玲玉沒有勇氣面對這種尷尬局面，只好稱病拒絕出庭。張達民在法庭上一口咬定阮玲玉是自己的「妻子」，唐季珊「虛構事實，妨害名譽」的反訴，反而顯得蒼白空洞。張達民勝訴後向法院追加唐季珊與阮玲玉妨害家庭、通姦重婚的新罪名。三月八日凌晨三時左右，年僅二十六歲的阮玲玉迫於壓力，一連服下三瓶安眠藥自殺，於國際勞動婦女節當天離開人世。

關於此事，三月九日的天津《大公報》以《電影明星阮玲玉自殺》為標題報導說：「素負盛名之中國電影明星阮玲玉，最近被其前夫張達民所控告，刺激甚深，乃於昨晨三時許，突起厭世之心，在私宅中暗服安神藥片三瓶自殺。……張達民曾充太古輪船公司裏安輪買辦，後張阮感情不睦，協議離婚。阮復與茶業鉅賈唐季珊同居。雙方本已無事，乃到最近。張忽具狀特區第二法院控告阮玲玉侵佔，復狀地方法院控唐季珊阮玲玉妨害家庭，而社會輿論對阮不無微言。阮回首前塵，不無惆悵，……不圖《新女性》中之悲劇，阮玲玉竟實踐之，亦人所意料不及者也。」

而在事實上，無論是「前夫張達民」還是「乃夫唐季珊」，都只是阮玲玉事實婚姻中的性伴侶，而不是現代法律意義上的合法丈夫。最為直接地刺激阮玲玉自殺的不是張達民的依法控告，也不是報刊記者的「人言可畏」，而是唐季珊喜新厭舊的移情別戀及家庭暴力。

三、阮玲玉的真假遺書

一九三五年四月一日，聯華影業公司出版的《聯華畫報》「阮玲玉紀念專號」刊登阮玲玉的兩封遺書。其中的《告社會書》寫道：「我現在一死，人們一定以為我是畏罪，其是（實）我何罪可畏？因為我對於張達民沒有一樣有對他不住的地方，別的姑且勿論，就拿我和他臨別脫離同居的時候，還每月給他一百元。這不是空口說的話，是有憑據和收條的。可是他恩將仇報，以寬（怨）報德，更加以外界不明，還以為我對他不住。唉，那有什麼法子想呢？想了又想，唯有以一死了之罷。唉，我一死何足惜，不過，還是怕人言可畏，人言可畏罷了。」

四月二十六日，內部發行的《思明商學報》刊登阮玲玉的兩封真實遺書。其一是寫給張達民的遺書：「達民：我已被你迫死的，哪個人肯相信呢？你不想想我和你分離後，每月又貼你一百元嗎？你真無良心，現在我死了，你大概心滿意足啊！人們一定以為我畏罪，其實我何罪可畏，我不過很悔誤（悟）不應該做你們兩人的爭奪品，但是，太遲了！不必哭啊！我不會活了，也不用悔改，因為事情已經到了這種地步。」

其二是寫給唐季珊的遺書：「季珊：沒有你迷戀××，沒有你那晚打我，今晚又打我，我大約不會這樣吧！我死之後，將來一定會有人說你是玩弄女性的惡魔，更加要說我是沒有靈魂的女性，但，那時，我不在人世了，你自己去受吧！過去的織雲，今加的我，明日是誰，我想你自己知道了就是。我死了，我並不敢恨你，希望你好好待媽媽和小囡囡，還有聯華欠我的人工二千零五十元，請作撫養她們的費用，還請你細心看顧她們，因為她們唯有你可以靠了！沒有我，你可以做你喜歡的事了，我很快樂。玲玉絕筆。」

這裡的「××」，指的是唐季珊喜新厭舊、移情別戀的鄰家舞星梁賽珍。梁賽珍也是廣東人，當時正與胞妹梁賽珠、梁賽珊、梁賽瑚一起，為聯華影業公司主演無聲片《四姊妹》。其中的梁賽瑚連同沒有參加演出的最小的妹妹梁賽璐，當時還沒有成年，作為大姐的梁賽珍為了大家庭的幸福，既拍電影又做舞星，不分晝夜地辛苦賺錢。她與唐季珊的交往其實只是逢場作戲的尋歡作樂，對於阮玲玉並沒有構成真正威脅。阮玲玉自殺的根本原因，在於她自己沒有依照法律程序，妥善處理與兩個男人的事實婚姻；反而極其盲目地把人身依附式的全部情感和人生賭注，抵押在根本不可能與她正式結婚的已婚富商唐季珊身上。直接刺激阮玲玉服毒自殺的，既不是所謂「恩將仇報」的張達民，也不是「人言可畏」的報刊記者，而是喜新厭舊、移情別戀並且實施家庭暴力的唐季珊。《思明商學報》在發表這兩封真實遺書的同時，還在《真相大白唐季珊偽造遺書》一文中介紹說，「阮玲玉自殺當晚，確寫遺書二封，是唐季珊指使梁賽珍的妹妹梁賽珊寫的，梁賽珊後為良心所責，說出真情，並將原遺書交出。原遺書極短，文字不甚流暢，而且塗改多處……」

由於《思明商學報》的傳播範圍有限，相關報導在當時並沒有引起廣泛重視，這才導致因病而深居簡出的魯迅，直到五月五日還在拿唐季珊嫁禍於張達民和報刊記者的虛假資訊，大做《論「人言可畏」》的批評文章。由此可知，在缺乏充分自由的言論環境和人權保障的前文明的中國社會裡，寫作時評雜感的記者和撰稿人，難免會被以訛傳訛、疑罪從有的虛假資訊所誤導；即使賢如魯迅，也是不可能完全免俗的。

與《思明商學報》的上述報導相印證，聯華電影公司第一廠主任黎民偉，在一九三四年一月三十日的日記中，留下了唐季珊第一次毆打阮玲玉的文字記錄：「陳冠石宴王棠、民偉、阮玲玉、唐季珊等於杏花樓，季珊不知何故，借酒而打阮，復打電話來罵偉。」四月二日的日記中，另有「唐乃設宴杏花樓謝罪，解釋醉後罵偉之誤會」的記錄。

一九三五年三月五日，黎民偉在日記中寫道：「夜阮玲玉與唐季珊來坐，云因星期六要出法庭，不能往蘇州拍演。」

所謂星期六，是三月九日上海地方法院開庭的日子。阮玲玉主演的電影《國風》因為取景不夠理想，導演羅明佑、朱石麟決定於三月八日上午前往蘇州補戲，阮玲玉因為要出庭與張達民當面對質，所以在唐季珊陪同下向黎民偉請假。三月八日當天，黎民偉在日記中寫道：「早六時忽接唐季珊來電話云，阮染疾病，請即代覓醫生來卡爾登戲院旁之鄒嶺文醫生家。……聞她自宴罷歸家，曾請其母煲面與她食，其時擅服安眠藥，並寫下遺書兩封，乃搖醒季珊，問他是否當她為妻，並叫唐給她最後一吻，唐始覺詫異，……」

四、阮玲玉的身後故事

一九三五年三月八日也就是阮玲玉去世的當天晚上，張達民依然在舞場尋歡作樂。當他得知阮玲玉死訊之後，趕到海格路萬國殯儀館，縱身伏在阮玲玉屍體上號啕大哭。為了開脫罪責，他主動聯繫記者公開表白說：「余刻下所受之刺激及精神之痛苦，實甚於死者百倍。方寸間，亂不堪言，實無精神，能與君作長談，唯一言以蔽之，愧自己缺乏金錢，以及交友不慎，以致美滿家庭，有如今日之結局。」

三月十日，張達民又告訴來訪記者，自己已經三赴殯儀館哀悼，並且懇求兄長給予資助，打算以「張夫人」名義安葬阮玲玉，只是兄長們阻止他這樣做。三月十四日，上海影劇界為阮玲玉舉辦隆重葬禮，聯華電影公司老闆羅明佑親自與同事抬棺送殯。張達民害怕觸犯眾怒而沒有露面，幾天後才獨自到墓地獻上鮮花。

同樣是為了開脫罪責，直接刺激阮玲玉自殺的唐季珊，於第一時間在各大報刊刊登告示：「唐季珊夫人（即阮玲玉女士），痛于國曆三月八日戌時壽終滬寓，茲擇三月十一日申時，在膠州路萬國殯儀館大殮，擇日出喪，謹此訃聞。」

在三月十一日的入殮儀式上，唐季珊大談自己與阮玲玉的「真正愛情」，並且大罵張達民害死阮玲玉，同時也避重就輕地自我檢討說：「余為丈夫，不能預為防範，自然難辭其責。余對玲玉之死，可謂萬念俱灰。今生今世，余再不娶妻，願為鰥夫至死……」

原定一九三五年三月九日開庭的張達民控告唐季珊、阮玲玉妨害家庭通姦重婚的案件，遲至三月十七日才開庭審判。張達民在法庭上繼續表白自己與阮玲玉如何相愛，並拿出合影照片證明兩人之間的「夫妻關係」。唐季珊一方出示的是阮玲玉與張達民簽署的脫離同居關係的約據。三月二十二日，法庭判決張達民訴訟理由不能成立，宣佈唐季珊無罪。

十三年之後的一九四八年秋末冬初，被阮玲玉指責為「玩弄女性的惡魔」的唐季珊，違背「再不娶妻，願為鰥夫至死」的諾言，與四十歲的交際明星王右家在北平舉辦隆重婚禮。儘管如此，時年五十二歲的唐季珊還是較為忠實地執行了阮玲玉的遺言，即使在與王右家遷移臺灣之後，依然通過香港朋友輾轉給何阿英寄送生活費，直到何阿英一九六二年以八十二歲高齡病逝於上海。阮玲玉的養女小玉改名唐珍麗，由唐季珊撫養到中學畢業。一九四七年，二十歲的唐珍麗遠赴越南西貢，嫁給畢業於比利時國立大學經濟系的西貢銀行總經理俞鄂斌。反觀歷史，作為對中國民族產業做出過巨大貢獻的茶業界先驅，唐季珊的歷史地位是應該給予正面肯定的。

關於阮玲玉之死，最為公正切實的評價，出自她的情敵張織雲之口：「余于阮之死，亦不欲有何批評，但認為中國婦女因缺乏真實學問而致其悲痛耳。大概婦女因缺乏真實學問之故，意志比較薄弱，每在遭受痛苦時，易為錯覺支配……」

張織雲所說的錯覺，除了唐季珊甜言蜜語的情愛謊言之外，還有阮玲玉在電影中表現的所謂「新女性」的似是而非的階級意識與階級覺悟。作為那個時代暴得大名的一名無產階級的女明星，阮玲玉幾乎全部的情感生活，都是在有產階級的人群中尋求人身依附的男權對象；而不是尋求現代文明意義上的以人為本、自由自主、意思自治、契約平等的女性權利和女性解放。陷入二男一女婚戀危機的阮玲玉在拍攝電影《新女性》期間，曾經向成長於廣東潮陽貧寒鄉村的已婚導演蔡楚生請求援助，希望大自己四歲的這位廣東同鄉帶領自己離開上海，卻被同為無產階級的蔡楚生無奈拒絕。於是，入戲太深的阮玲玉仿照影劇人物韋明非理性的人生抉擇，以服藥自殺方式報復把自己當作「爭奪品」的兩個有產階級的男權情人。用電影藝術號召人們以人身依附方式獻身於階級鬥爭的蔡楚生，到了一九四九年之後雖然高居中央人民政府文化部電影局藝術委員會主任和電影局副局長的高位，卻在人身依附加個人崇拜的階級鬥爭中，永遠喪失了創作自由。比他層級更高的左翼文化人周揚、田漢、夏衍、陽翰笙等等，在人身依附加個人崇拜的階級鬥爭登峰造極的文化大革命期間，更是徹底喪失了最低限度的人格尊嚴和人權保障。

無論是阮玲玉的依附於有產階級的男權家庭，還是蔡楚生、周揚、田漢、夏衍、陽翰笙等人依附於高度意識形態化的無產階級，都可以用恩格斯《反杜林論》中的經典話語來加以解釋：「普魯士在一八〇六年戰敗之後，廢除了依附關係，同時還取消了慈悲的領主們照顧貧、病和衰老的依附農的義務，當時農民曾向國王請願，請求讓他們繼續處於受奴役的地位——否則在他們遭受不幸的時候誰來照顧他們呢？……無論如何，我們必須認定，平等是有例外的。對於缺乏自我規定的意志來說，平等是無效的。」

正是由於具備了以人為本、自由自主、意志自治、契約平等、民主授權、憲政限權的「自我規定的意志」，以古希臘悲劇為源頭活水的西方影劇，從一開始就在表現黑格爾《美學》所說的「自由的個人的動作的實現」。從來不容許具備「自我規定的意志」的「自由的個人」健康成長的中國文化和中國社會，迄今為止也沒有出現過一部嚴格意義上的表現「自由的個人的動作的實現」的現代影劇作品。阮玲玉所表演的影劇作品，雖然採取了西方現代藝術的一些表現手段和技術載體，其人性內涵與兩千多年前的古希臘戲劇已經實現的「自由的個人的動作的實現」的文明境界之間，還存在著難以逾越的文化鴻溝；無論其情感如何充沛、演技如何本色，總體上的藝術效果都是在誤導人生和毒化人性。遭到這種似是而非的影劇作品的洗腦毒化的，既包括因為扮演所謂「新女生」而入戲太深的阮玲玉自己，也包括喜愛「新女性」阮玲玉的許多因為「缺乏自我規定的意志」而習慣於人身依附與精神依附的影迷觀眾。按照於繼增在《一代影星阮玲玉遺書之謎》一文中的說法，「就在阮玲玉香消玉殞後，有不少喜愛她的影迷竟『以身殉愛』，追隨她而去。上海戲劇電影研究所的項福珍旋即吞下鴉片，紹興的夏陳氏當天吞下毒藥。單是三月八日這一天，上海就有五名少女與阮玲玉結伴西行。她們留下遺言說：『阮玲玉死了，我們活著還有什麼意思？』」

單純從為藝術而藝術的表現形式和技術手段層面上講，阮玲玉的藝術成功，主要來自她天生麗質的嬌美外形，加上她與生活經歷基本吻合的本色表演。她一生拍攝的二十九部影片均為默片，直到最後一部《新女性》才開始在伴奏音樂之外配有若干插曲，從而成為無聲默片向有聲電影過渡的一種藝術嘗試。在阮玲玉自殺的前一天，聯華公司安裝了錄音設備，無聲片時代由此走向結束，中國電影開始進入有聲階段……

羅隆基、王右家僅有的合影

王右家，點燃曹禺靈感的民國美女

王右家是羅隆基沸沸揚揚轟動一時的婚外情人，同時也是曹禺創作《日出》和《橋》的靈感源泉。一九四三年六月二十八日，王右家與羅隆基絕情離異。在男女情場上從來都是戰無不勝、攻無不克的羅隆基，無論如何也不願意承受這樣的精神打擊，於是在此後的情愛生活中，變本加厲地表現出逢場作戲，玩世不恭的態度。

王右家是羅隆基沸沸揚揚轟動一時的婚外情人，同時也是曹禺創作《日出》和《橋》的靈感源泉。一九四三年六月二十八日，王右家與羅隆基絕情離異。在男女情場上從來都是戰無不勝、攻無不克的羅隆基，無論如何也不願意承受這樣的精神打擊，於是在此後的情愛生活中，變本加厲地表現出逢場作戲，玩世不恭的態度。

一、情敵眼中的絕代美女

一九七三年十二月至一九七四年一月，王右家的閨中密友同時又是羅隆基秘密情人的呂孝信，在臺灣《傳記文學》連載發表長篇回憶文章《憶一對歡喜冤家——王右家與羅隆基》。其仲介紹說，她與王右家「從拖鼻涕時代——小學一年級就同學，以至中學、大學都同校、除了她出國三年，抗戰八年……沒在一處外，其餘時間我們是經常在一起的。」

王右家和呂孝信從北京女子高等師範學校附屬小學畢業後，一起考入宣外大街的春明女中，之後又一起考入北京女子大學。她們原本約定要一起到美國去讀書，沒有想到王右家突然間不告而別、孤身前往。兩三年後的一九三一年，在美國沒有拿到學位的王右家又突然返回。關於王右家風華絕代、風情萬種的神采韻味，呂孝信寫道：

「有人說她的美是：『增一分則長，減一分則短，施粉則太白，施朱則太赤』，又有人說：她靜時如聖女瑪麗亞，動時如春天的一朵花。這些都是女朋友給她的鑒定。按理娥眉善妬，一般女人總不願承認別人比自己美，而她能從女朋友中得到這種品評，可見她是真的美麗。對於她的美我欣賞得最多，因為從小我就和她是死黨，看見她成長——由一個黃毛丫頭變成一個美麗的少女。我認為她最美的地方不是在她的面孔體型，而是在她的動作和她的氣質上。她動作時的美，我以為縱集天下美女於一堂也無法與之相比。她的一舉手一投足，都給人一種如音樂旋律的美感。」

吳孝信出生於一九一〇年，與曹禺是同齡人。王右家比呂孝信大兩歲，比出生於一八九六年七月三十日的羅隆基小十二歲。王右家出國之前已經與一位乾媽家的兒子訂下婚約。當她從美國歸來時，未婚夫恰好不在國內。她在上海逗留期間，在王造時家裡與羅隆基（字努生）偶然相遇便一見鍾情。據吳孝信回憶說：

「右家那時不過二十出頭，美得像一朵花，見到她的男人，無人不為之傾倒，正是要風得風，要雨有雨的時候，她無論想嫁誰，都是別人求之不得的事，可是偏偏遇到努生是個有妻室的人，……我問她：『你為什麼一定要和一個有妻室的人同居，難道只為了表示你有對這社會挑戰的勇氣麼？』後來我才知道她有這勇氣，都是努生給她的挑戰。努生說：『你這麼青春美麗，如能給這古老封建的社會來顆炸彈，使得萬萬千千的人為你的勇敢喝采、讚美，一定會給這死氣沉沉的社會，平添生氣。——』右家天生本來就有反叛性格，所以就在這種恭維鼓舞之下，不顧一切後果的和努生同居了。」

諸如此類以反叛甚至敗壞現實社會的神聖名義，誘騙犧牲良家婦女的男權表現，在當年並不是孤立案例。在此之前的一九二五年三月二十六日，與羅隆基一樣在英國倫敦經濟政治學院追隨過社會改良主義理論家拉斯基的徐志摩，在寫給陸小曼的情書中，就是這樣表揚被他絕情背棄的前妻張幼儀，進而勾引煽動有夫之婦陸小曼的：

「C可是一個有志氣有膽量的女子，她這兩年來進步不少，獨立的步子已經站得穩，思想確有通道……她現在真是『什麼都不怕』，將來準備丟幾個炸彈，驚驚中國鼠膽的社會，你們看著吧！」

而在事實上，直接背叛傷害張幼儀的，根本不是什麼「中國鼠膽的社會」，而是打著婚姻自由、愛情神聖之類誘人幌子，把更加柔弱的善良女子當成人肉炸彈式的犧牲品拋向社會的徐志摩。縱觀張幼儀的一生，她從來沒有表現過仇恨和反叛社會的情感衝動。一直享受著家族財富和男性特權，卻連一名自食其力、自力更生的合格丈夫、合格父親都不能夠也不願意做到的徐志摩，反而一再表現出他最不應該表現的反社會傾向。作為清華學堂利用美國方面退賠的庚子賠款公派留學的一名幸運兒，羅隆基與徐志摩一樣，是中國社會最不應該反社會的社會人；但是，他們偏偏做出了最不恰當、最為劣質的人生抉擇。

一九三〇年十一月，繼胡適之後出任上海私立中國公學校長的國民黨元老馬君武，聯合羅隆基等人發動學生抵制該校董事會的干預校務，直接導致本該由蔡元培（字孑民）主導的校董會解決的校務問題，最後只好請教育部插手干預，並且由黨國要人邵力子頂替了馬君武的校長職位。羅隆基在中國公學的教職也隨之告吹。一九三一年二月十五日，胡適在日記中留下的記錄是：「大概二月四日的校董會，本意由孑民先暫任校長以救危局，而君武、隆基諸人不明大體，縱容學生去包圍校董會，遂成僵局。於是，校董會遂把學校送給教育部與黨部了。（報紙記載甚略，此是我的推論。）」

一九三一年五月二十日，羅隆基從上海給遠在北京的新月社老大哥胡適寫信說：「舜琴已於昨日離滬返新加坡，彼此同意暫分六個月(最少六個月)。國家的個人自由沒有爭到，家庭的自由爭來六個月，未始非易事！前此情況，譯書都不得安寧，十天功夫盡費在吵架上面，真不值得。」

同一天，羅隆基還在寫給徐志摩的書信中表示說：「舜琴已於昨日離滬返新加坡，暫分六個月。短期的自由，爭來亦不容易。將來，讓將來照顧將來罷！」

張舜琴的父親張永福是新加坡的華僑富商，辛亥革命前是孫中山、黃興、胡漢民、汪精衛等人，在南部沿海地區從事革命暴動的主要參與者和贊助人之一。張舜琴在倫敦留學期間，與在倫敦大學政治經濟學院跟隨拉斯基攻讀博士學位的羅隆基在舞會上相識，並且很快結婚成家。一九二八年，張舜琴跟隨羅隆基回國，租住在上海霞飛路一〇一四弄十五號的花園洋房，與羅隆基的清華大學同學梁實秋比鄰而居。

張舜琴在英國學習的是法律專業，回到上海一邊掛牌當律師，一邊在上海光華大學兼任英語教師。她還用英語寫作過一部《楊貴妃》，由上海商務印書館出版。羅隆基一九二八年至一九三一年在上海期間，身兼中國公學政治經濟系教授、光華大學政治系教授、暨南大學政治經濟系講師，以及《新月》雜誌主編等多項職務。據羅隆基自己介紹，「光華大學政治系主任及中國公學政治系主任教書每月共肆百餘元。此外，還有文章稿費。中間有一個短期（約半年）不能教書，替文化基金委員會翻譯英國史每千字十元。」

一九三二年一月，羅隆基離開上海到天津任《益世報》社論總撰兼南開大學政治系教授，隨後又兼任北平晨報社的社長。從小就具有逆反對抗的偏激性格的二十四歲的王右家，在三十六歲的情場老手羅隆基的誘惑鼓舞之下，不顧一切地婚外同居並且四處招搖，從而成為平津地區政學兩界的一道炫麗風景。關於羅隆基與王右家既轟轟烈烈又風光無限的婚外同居，呂孝信的介紹是：

「她和努生在天津那段生活過得似乎快樂，努生喜歡外表美麗的女孩子，更欣賞女孩子有美麗的內心，因此鼓勵她多讀書，練習寫作，那時她確實讀了很多書。以後她又辦《益世報・婦女週刊》，對文化工作非常熱心。如果她不認識努生，而嫁給原來的未婚夫，相信她以後的生活將是兩種方式。她會整天交際，出入戲院舞廳，混混沌沌的過一生，正如小曼未嫁徐志摩的生活方式一樣。……努生除了在天津益世報工作，又在南開大學兼課外，後來又兼領了北平一家大報的社長兼總編輯，（好像是晨報）他們又在北平大水車胡同另租了一所房子，平津兩地輪流的住。大水車胡同的房子是個有錢人家的後花園，房間不是很多，但是花木扶疏，庭院深深，別有一番風味。」

一九三一年至一九三七年的羅隆基，擔任天津《益世報》主筆的薪水是每月五百元。擔任南開大學兼職教授的薪水，是每月二百多元。後來兼任北平晨報社長的薪水，是每月五百元。此外還有稿費和新年雙薪等項收入。按照章詒和《無家可歸——羅隆基的情感生活》一文的說法，這段時光是羅隆基一生最美好、也最為得意的。「以至於戴上右派帽子的羅隆基成為我家常客後，一說到過去，就情不自禁要提及那個時期，不厭其煩地對我講：『小愚，不要看你的羅伯伯現在倒楣的樣子，從前可是風光得很呀！』說著，向我伸出兩個手指：『兩家報紙的主編、社長，兩所房子，兩部汽車，兩份薪水。北京、天津兩地住來住去。』」

志得意滿的羅隆基並沒有充分珍重自己一生中最為美好的這段時光，反而把自己的「不明大體」推演到一種極端境地。對於越來越走向極端的羅隆基，胡適在一九三三年十二月二十一日的日記中評論說：「今晚看晚報，始知羅隆基主持社論的天津《益世報》受黨部壓迫，封鎖郵電，故今日的報不能發行，晚上羅君來談，說他已辭職了。我們談了兩三個鐘頭。羅君自以為受國民黨的壓迫，故不能不感到凡反對國民黨之運動總不免引起他的同情。此仍是不能劃清公私界限。此是政論家之大忌。」

一九三七年「七七事變」發生後，羅隆基與王右家離開北平前往南京，不僅得到蔣介石等國民黨當局的禮遇，而且與共產黨方面的周恩來、鄧穎超等人交往密切。在漢口期間，羅隆基與王右家的臨時住宅，一度成為上流社會的一個交際中心。用吳孝信的話說：「那時一個在燕大教書的胡教授，她是我小學同學的丈夫，有次他告訴我：『你的好朋友王右家，現在在漢口好出風頭，已成了通天教主，家中賓客如雲，男男女女全有，凡是未婚的男人想找太太，只要去通天教主處掛號，一定可以如願以償。』」

二、曹禺對王右家的一往情深

曹禺本姓萬，名家寶，字小石，小名添甲，一九一〇年九月二十四日（舊曆八月二十一日），出生于湖北潛江的萬氏塾館（一說出生于天津租界，也就是現在的天津河西區民主道二十三號曹禺故居）。作為中國現代最為著名的影劇創作大師，曹禺一生共創作、翻譯、改編了十五部影劇作品。在這十五部影劇作品中間，與社會現實最為貼近的，是創作於一九三六年的《日出》。按照曹禺本人的回憶，假如沒有風華絕代、風情萬種的交際明星王右家直接點燃他的創造靈感，他是不可能創造出陳白露這個戲劇人物的，自然也不可能創作出經典戲劇《日出》，以及並不經典的另一部戲劇作品《橋》。

一九三六年六月，由靳以、巴金主編的《文季月刊》在南京創刊，創刊號上發表了《日出》第一幕，至第四期連載完畢。《日出》的故事情節並不複雜，劇中的女主人公陳白露是一位聰明美麗的女學生，父親去世之後喪失了經濟保障，只好依附於大豐銀行經理潘月亭，被包養在某大都市的大旅館裡，過著見不得陽光的「放蕩，墮落」的「發瘋的生活」。她從前的「朋友」或者說是初戀情人方達生，從鄉下老家前來英雄救美，卻在與她相處的幾天裡，逐漸認識到整個社會的不公與黑暗，最後一個人昂首走向「天之道損有餘而補不足」的陽光天堂。

一九六二年四月三日，《光明日報》刊登張綽、張卉中採訪曹禺的訪談錄《老作家談創作》，其中記錄了曹禺對於陳白露的生活原型王右家的不點名回憶：「這個女人，長得漂亮極了，跟我的一個朋友很要好。後來這女的上了大學，又到美國去留學，回來之後，跟一個有妻子的報社總編輯搞在一起，這樣的一個人物，使我想起社會上許多這一類的人，覺得非把她寫出來不可。但是真的坐下來寫之後，陳白露又不是原來那個女人了，許多情節都不一樣。」

這裡所說的「報社總編輯」，指的就是羅隆基。關於羅隆基與王右家之間的風流韻事，田本相在《曹禺傳》中介紹說：「見過她的人都說她長得很漂亮，沒有多麼高的文化，但舉止卻落落大方。當時，她和《益世報》的羅某某同居了，羅某某去南開大學講課，王小姐也跟著他坐汽車去，她的風流豔事在文化界流傳著，她的打扮、風度都使人刮目相看。但她卻不是交際花。」

田本相在《苦悶的靈魂——曹禺訪談錄》中，記錄了曹禺晚年關於王右家更加詳細的介紹，只是把王右家的名字錯寫成了王又佳：「點燃陳白露形象的王小姐，她的父親和我的父親要好，是朋友，我就是這樣同她認識的。……王小姐叫王又佳，她父親和我的父親是很好的朋友，都是湖北人，確切地說，她不是我戲裡人物的模特兒，就像蘩漪似的，有這麼一點影子；但王小姐這個影子，和我心中的人物形象，這麼一碰，陳白露就出來了，要是沒有這麼一碰也出不來。方達生有靳以身上的東西，當然靳以有他的長處，他很會做編輯嘍！靳以曾經和這位王小姐好過，當然這不要提了。」

與曹禺所說的「我同她家不十分熟」恰好相反，他的侄子萬世雄的奶媽王振英回憶說：「曹禺的同學倒是常來，我記得的有章方敘、王又佳。」

章方敘筆名靳以、方序、蘇麟、陳涓、章依等，與小他一歲的曹禺是天津南開中學的同班同學。另據曹禺繼母薛詠南的乾女兒鄒淑英回憶，「王又佳的母親與曹禺的母親是乾姐妹，交過蘭譜，也是潛江人。……說起王又佳，她是十八九歲去美國並落難於美國的，……回國後，她常來看乾媽，那時不過二十來歲，她母親跟乾媽也很不錯。王在抗戰時去了重慶，跟羅隆基離婚了。抗戰勝利後在北平又與人結婚了（這個人曾是阮玲玉的丈夫），還給乾媽發來了很考究的帖子，乾媽沒去。」

曹禺的前妻鄭秀，晚年在接受曹樹鈞採訪時回憶說：「王又佳在美國留過學，交往的都是上層人物，達官貴人。曹禺的好友靳以曾經追求過王又佳，靳以人大氣，老實，在女中教書，後被王背棄，為此精神上大受刺激，整天咒罵女人，發誓決不再娶妻子，曹禺還勸靳以『要娶也不要娶這種女人』。」

二〇〇二年九月十八日，陳清在《中華讀書報》發表《章靳以與王右家沒有任何瓜葛》，其中介紹說：章靳以一九二七年中學畢業離開天津，到上海復旦大學商學院國際貿易系就讀，先進入預科班，然後升入大學。一九三二年畢業於復旦大學。他「早年是有失戀，他的中學好友曹禺也確實勸過他『要娶也不要娶這種女人』，而這個女人非指王右家，而指章靳以的大學同窗，當時復旦大學的一名校花，一位陳姓女子。章靳以與他的這位同窗整整熱戀三年（約在一九三〇年—一九三二年間），而當章靳以一脫下大學畢業的方帽子，立即棄商從文，……那位陳姓女子則進入銀行當上職員，在銅臭和利祿的薰染之下，終於變心，投入銀行經理的懷抱。」

依照常識理性，章靳以在上海復旦大學期間可以失戀，在一九二七年之前的南開中學時期，以及從復旦大學畢業的一九三二年之後，同樣可以失戀。「陳姓女子」的存在，並不足以證明章靳以此前或此後沒有與王右家戀愛過。進一步說，在現代工商契約社會裡，章靳以「棄商從文」與「陳姓女子」當銀行職員以及「投入銀行經理的懷抱」之間，只是路徑選擇的不同，而不存在「萬般皆下品，唯有讀書高」之類的道德高下。包括銀行家在內的工商企業家對於整個人類社會的文明貢獻，要遠遠超過中國歷史上「棄商從文」的新舊文人「貴德而賤利，重義而輕財」的紙上談兵。南開中學時期的章靳以和曹禺，是完全有可能同時戀愛上同齡美女王右家的，這種戀愛更多的是青春期男子一往情深的單相思，而不是成熟男女之間心心相印、息息相通的平等交流。黃佐臨在接受田本相採訪時，就以歷史見證者的身份，談到曹禺對王右家一往情深的舊情往事：

「陳白露的模特兒我見過，此人姓王，叫什麼我忘了。她是羅隆基的情人，人們叫她王小姐，長得很漂亮。曹禺跟這個王小姐是有交往的，相當熟悉；他自己就是那個方達生了。潘經理我也見過，天津一個銀行的經理，是外交部副部長章文晉的父親，與羅隆基是同學，在英國也是同學，又在南開大學共同教課。羅隆基是結了婚的，經常同老婆打架。王小姐是官僚的女兒，家裡有錢，她不是陳白露那種交際花。北京、上海都沒有像她這樣漂亮的。在重慶時，曹禺常提起這個王小姐，他還陶醉那段生活。王小姐又漂亮又聰明，但是她文化並不高。我想排《日出》，但找不到一個像王小姐那樣漂亮的人。」

前外交部副部長章文晉的父親是章以吳，他於一八九七年出生於浙江寧海縣（今三門縣）的海遊鎮，與小他一歲的周恩來是天津南開中學的同班同學；並且與周恩來以及後來的曹禺一樣，是南開新劇團裡面男扮女裝的旦角演員。章以吳的妻子朱淇筠，是曾任北洋政府交通總長及代理國務總理的朱啟鈐的二女兒。朱啟鈐與梁士詒、周自齊、葉恭綽、朱啟鈐等交通系人物，一直是交通銀行及新華儲蓄銀行的大股東。有了這一層關係，章以吳進入社會之後，很快成為「天津一個銀行的經理」。到了一九三六年，三十九歲的章以吳與四十歲的羅隆基，不知不覺中被二十六歲的南開小校友曹禺追蹤關注，從而成為曹禺筆下的大豐銀行經理潘月亭的生活原型。

羅隆基與王右家的婚外同居，一直維持到一九三八年前後的重慶時期。由於張舜琴要與她的一個學生結婚，才同意與羅隆基辦理離婚手續。王右家隨後便與被她暱稱為「騾子」的羅隆基正式結婚。一九四五年，曹禺在重慶寫作另一部話劇劇本《橋》時，剛剛見證過王右家與羅隆基絕情離異的傳奇婚變；於是，他在舞臺提示中再一次以情人眼裡出西施的生花妙筆，描繪了以王右家為生活原型的梁愛米：

「她廿五六歲，上天給了她一副不能再美的外表，同時也給了她更難於捉摸的性情。她看不起人，驕傲，無比的自負，卻也有足夠的聰明，這聰明是一望無餘的表現在人們的眼前的。……她和沈承燦是青梅竹馬的玩伴，從小就彆彆扭扭，時常吵架，一直到今天，他們還是無止境地一見面就得爭起來。她對承燦有一種分不得的感情，怕只有這一點感情才是心靈中最純潔的了。」

「廿五六歲」恰好是一九三六年前後曹禺寫作《日出》時王右家的年齡，而不是他一九四五年寫作《橋》時王右家的實際年齡。留在曹禺記憶之中讓他魂牽夢縈的，顯然是王右家與羅隆基當年在平津地區鬧得滿城風雨、傾城傾國的那一場婚外情愛。在《苦悶的靈魂——曹禺訪談錄》中，田本相還記錄有晚年曹禺的另外一段回憶：

「王小姐歲數和我們差不多，後來到美國去了。我寫《橋》的時候，其中也有她一點東西，但也不是她了。就是那個沈承燦的朋友，古先生的一個姘頭，高級的，有錢的，這樣又從王小姐身上分出一點來。羅隆基到了北京，一天給她打兩次電話，我都覺得邪門。這個王小姐非常聰明，非常漂亮，極有魅力。但是，她不是那麼墮落，她也胡搞，卻不那麼亂七八糟，不是低級的，而是高級的。家道中落後，就不是在旅館裡搞了，但她也不是交際花。不知什麼時候跟羅隆基離婚了，又嫁給一個外國的什麼人，在倫敦住下了，後來的情況就不大清楚了，恐怕死了。」

三、王右家與羅隆基的絕情離異

據吳孝信介紹，羅隆基對於感情是「多元論者」，王右家對於自己的女性魅力也充滿自信。不曾想與羅隆基有婚外情愛的一位「太太」，找到王右家想要回寫給羅隆基的情書。王右家出於好奇，「隨便在其中抽了一封看看」，竟然看到「她計畫要離開丈夫，而騾子也計畫要和我離婚。」

據章詒和在《無家可歸——羅隆基的情感生活》中考證，這位「太太」是楊度養在蘇州的小老婆生育的大女兒楊雲慧，曾經就讀於美國耶魯大學戲劇系，當時是王右家的一名閨密好友。

另據胡適在一九三〇年十一月二十三日的日記中記載：「郭有守與楊皙子之女雲慧結婚，我去觀禮。見著蔡先生，與談中公事，……」

這裡的「皙子」是楊度的字，「蔡先生」就是正在鬧學潮的中國公學董事長蔡元培。郭有守字子傑，四川資中人，幼年父母雙亡，由哥嫂撫養成人，十八歲考入北京大學，畢業後自費留學法國巴黎，獲巴黎大學經濟學博士學位。在此期間，與張道藩、謝壽康、邵洵美、徐悲鴻、蔣碧微等人組織文藝團體「天狗會」。一九三〇年五月十二日，在上海與蔡元培、葉恭綽、胡適、楊杏佛、林語堂、邵洵美、鄭振鐸、戈公振、徐志摩等十二人發起成立「中國筆會」，被選為理事。同年十一月二十三日在楊度主持下與楊雲慧結婚。一九三八年至一九四五年任四川教育廳廳長。

充滿自信的王右家，實在無法接受羅隆基在情書裡面與楊雲慧談婚論嫁，只好選擇離家出走。她與羅隆基絕情離異的時間是一九四三年六月二十八日。同年七月二十四日，她離開重慶前往成都。羅隆基追到成都，她便逃往昆明。羅隆基追到昆明，她乾脆途經印度前往英國。後來回憶起這段往事時，王右家表示說：「我一向抱著合則留，不合則去的主張，既然騾子與她相愛，我就成全他們也無所謂。所以從那時候起，我就離開了騾子的家，永遠也沒有回去過。」

關於羅隆基與王右家的結合與離異，浦薛鳳在《憶清華辛酉級十位級友》中回憶說：「一九三六年春季，清華大學舉行廿五周年校慶，予正在母校執教，邀請回校之辛酉級同學，有高長庚兄偕其長女、羅努生偕其女友王右家參加，是晚予妻佩玉與蔡旭嵐（可選）之夫人張鎮巽女士，在大禮堂各項遊藝節目中，彩排梅龍鎮，……此次是予與佩玉初次遇見右家。抗戰期間努生與右家失和，勢將破裂。右家坐在昆明停留片刻之飛機上，並未下機，而努生預知其行將到達，認為必定下機可在機場晤面，不料右家躲在飛機裡面，始終未曾下來，遂使努生失之交臂。此一經過，係梅師母（梅貽琦夫人韓詠華女士）親口面告筆者與（王）化成。蓋梅師母受努生之懇求，親由昆明飛到重慶代向右家勸解，預期電知吾倆，故同到珊瑚壩機場迎接。隨即送往嘉陵江對岸汪山附近之郭（泰祺）公館。便事實已到無可挽回地步。嗣後，努生亦到重慶，不時聚餐晤談。」

在男女情場上從來都是戰無不勝、攻無不克的羅隆基，竟然被自己心愛的女人絕情離異，他無論如何也不願意承受這樣的精神打擊，於是在此後的情愛生活中，變本加厲地表現出逢場作戲，玩世不恭的態度。關於自己與楊雲慧、吳孝信等人的婚外偷情，晚年羅隆基在親筆寫作的「年譜」中有明確記錄：

一九三八年，四十二歲：同楊雲慧（楊度之女）發生友誼和戀愛。

一九四九年，五十三歲：到京後又同呂孝信重修舊好。一個時期內，極為親熱，這是在抗戰前的一個女友。到京後又見乾女兒梁文茜。她已經二十一歲了。她十分愛我，一個時期內，十分親熱，已超過乾父女之愛了。

王右家抗戰勝利後回國。羅隆基在一九四六年六月二十二日的日記中，抄錄了王右家三天前從上海寄給他的一首白話詩，其中隱約包含著與羅隆基重歸於好的表示：

雖然兩次的失約無消息，
也有點兒令人感到薄情！
……公事辦了早些來，

讓我們再做一次最後的重聚！

在為這首詩所寫的注解中，羅隆基表示：「在鳳子與雲慧處知道右家已經回到北平了。她沒有信通知我，我亦沒有信給她。看問題怎樣僵下去。惟從雲慧口中知道她還是三年前的她。三日前傅孟真見面亦談到北平遇見右家的事。我的態度已決定，絕口不談這個問題，看問題怎樣解決，讓問題自求解決。」

這裡的「鳳子」，就是後來於一九四八年五月十六日與來華美國學者沙博理結婚的名演員封季壬。「傅孟真」即著名學者傅斯年。王右家隨後與羅隆基在上海辦理離婚手續，然後嫁給已故電影演員阮玲玉的丈夫唐季珊，給他做了第五任太太。王右家的自我解嘲是「老大嫁作商人婦」。

唐季珊與羅隆基同歲，他與王右家訂婚時，專門在北平南河沿歐美同學會舉辦了一場慶祝舞會，時年五十二歲的唐季珊與時年四十歲的王右家的探戈表演，被稱譽為「雙絕」。一九四八年的秋末冬初，唐季珊與王右家在北平舉辦婚禮，然後在平津戰役的隆隆炮聲中南下上海。

一九四九年，唐季珊、王右家夫婦隨國民黨政府遷往臺灣，在臺北郊區北投的山頂上購買了一座別墅。唐季珊仍然經營他的華榮茶葉公司，王右家仍然應酬於達官貴人中間，唐家別墅很快成為臺北上層社會的一個交際中心。一九五八年四月十二日，由王右家編導的古裝歷史劇《龍女寺》，在三軍托兒所連續公演二十天，一時間頗受好評。只是由於風流成性的唐季珊舊習難改，又悄悄愛上酒吧女郎安娜小姐，致使王右家於一九五九年帶著兒子離開臺灣來到香港。

失去王右家的唐季珊，茶葉生意一落千丈，以至於傾家蕩產、流落街頭。王右家在香港創業的計畫，也同樣遭遇失敗，只好返回臺灣。一九六七年前後，她因為頭痛住進一所平民醫院，入院後昏迷不醒，第三天就離開人世，終年五十九歲。

羅隆基與王右家分手之後，無論是在情場還是在官場上，都表現得得心應手、左右逢源。一九四九年之後，他歷任中華人民共和國政務院委員、森林工業部部長、政協全國委員會常委、第一屆全國人大代表，中國人民世界和平大會宣傳部長、民盟中央副主席等職。他在到處沾花惹草的同時，與彭德懷元帥的妻姊、著名記者浦熙修維持了多年的戀愛關係。兩個人最終並沒有結婚，反而在一九五七年的反右運動中雙雙被打成右派分子。一九六五年十二月七日深夜，羅隆基突發心臟病死於家中，終年六十九歲。

迄今為止能夠確認的王右家照片，只有她與羅隆基的一張效果很差的合影，從中實在看不出這位交際明星曾經風華絕代、風情萬種的女性之美。按照其閨密兼情敵呂孝信的說法，王右家「不太上照，照片中她的美麗，不及她本人十分之一」。

張申府、劉清揚與女兒

劉清揚，革命同志的相互背叛

張申府從風行一時的英國哲學家羅素身上，學習的到主要是只享受弱勢女性的單邊忠誠和單邊責任，而不肯對更加柔弱的女性付出對等責任和對等忠誠的反人道、反契約、反文明、反社會的單邊片面的男權意識。相對于張申府的男權意識，公開提倡女權運動的劉清揚，在長達二十七年的婚外同居中，所扮演的只是自相矛盾的女性玩偶的角色。

張申府一生當中總是以中國共產黨建黨時期第三號人物自居，這個與陳獨秀、李大釗、張國燾、羅章龍、趙世炎、譚平山、周佛海、戴季陶、梅思平、沈玄廬等人，一同參與創建中共黨組織的北京大學年輕教師，在與中共第一女黨員劉清揚長達二十七年的婚外同居生活中，所扮演的是一再禍害年輕女性的男權角色。作為回報，一直充當人身依附性質的女性玩偶的劉清揚，在一九四八年前後的歷史轉折點上，以「人民」的名義選擇了對於更加強勢偉大也更加神聖正確的中共政權的人身依附，從而徹底背叛了自己的男權主子張申府。張申府與劉清揚的男女背叛，充分彰顯了「共產主義」以及中國傳統的「天下為公」的儒教大同，既要充公私有財產更要充公男女情感的極端絕對的野蠻邪惡。

一、蔡元培癡人說夢的大同夢想

蔡元培，字鶴卿，又字仲申、民友、孑民，一八六八年出生於浙江紹興山陰縣。他十七歲中秀才，二十三歲中舉人，二十五歲中進士，隨之進入翰林院，兩年後任翰林院編修。早年母親病重時，他曾經割下自己胳膊上的一片肉放在中草藥中煎熬，以為這樣會有奇效。崇拜「存天理，滅人欲」的宋儒理學的蔡元培，採取如此原始野蠻的醫療手段，自然是不可能挽救母親生命的。中國社會後來才逐漸出現的自然科學與人文科學，幾乎全部由西方社會移植而來，此後的蔡元培所充當的，就是並不十分高明的第一代文化移植者的角色。一九三七年十二月，他在《我在教育界的經驗》中回憶說：「自三十六歲以後，我已決意參加革命工作，覺得革命只有兩途，一是暴動，一是暗殺……」

所謂「三十六歲以後」，指的是蔡元培一九〇四年與陶成章、章太炎等人在上海組織成立光復會，次年又加入同盟會。當年的蔡元培寄希望於採取暴動暗殺之類的極端野蠻手段來進行反清革命。為了從事暗殺活動，他在主持愛國女校期間，不僅注意培養女性殺手，而且身體力行地秘密試製毒藥和炸彈。

從一九〇四年二月十七日也就是中國傳統舊曆清光緒三十年正月初二日開始，蔡元培用「中國一民」的署名，在自己參與編輯的《俄事警聞》日報中，用五天時間連載了白話小說《新年夢》。在這篇九千字左右的短篇小說中，僅僅到過日本的蔡元培，用癡人說夢的傳統筆法，描繪了他所迷信神往的既植根於中國傳統儒教「天下為公」的野蠻觀念，又參照俄國無政府社會主義「廢財產、廢婚姻」的邪惡恐怖理論的大同夢想。

小說中的主人公「一民」，顯然是署名「中國一民」的蔡元培的夢遊化身。他是一名中國江南的官紳子弟，十六歲以前讀中國書，而且學習過木工和鐵工。十六歲後他離家出走，在一個通商口岸從事被稱為買辦的國際貿易，從而學會了英、法、德三國語言。三年後他出國遊歷。第一站是最為自由平等的新大陸美國，第二站是法國，第三站是學術研究最為嚴謹的德國。他到德國後進入高等工業學校就讀，當時有很多來自俄國的崇尚無政府社會主義的革命人聚集德國，「一民」在與這些人交往過程中又學會了俄語。後來他又遊歷考察英國、義大利、瑞士、俄國，經西伯利亞回到中國的東三省，開始對中國大江南北進行遊歷考察。此時的「一民」已經是三十多歲的成年人，並且形成了自己的一套大同夢想。

關於國家政權的制度安排，「一民」認為，「多數人的主意總比少數人的主意強點，如今竟依著一兩個人的主意，算做我們多數人的主意，這彷彿一個鋪店，被一個冒充管帳的人私造印章，把貨物盜賣給別人。眾人知道了哪裡能答應呢？我們打電報，作篇文章是不中用的。一定要有實力，把冒充管帳的逐了，還要與取貨的評理，評理不下來就要開戰……」

所謂「把冒充管帳的逐了」，就是要推翻異族統治並且一再賣國的滿清政府。所謂「與取貨的人評理、開戰」，就是向侵略中國主權的各國列強談判、宣戰。在「一民」看來，中國人第一要恢復東三省，第二要消滅各國在中國的殖民勢力，第三要撤銷租界。把洋人趕走之後，中國開始實施民主的議會制度，「不到一年，竟做到全國一心，一切事都瓜熟蒂落，水到渠成了」。

關於國與國之間的國際爭端，「一民」的設想是：國際社會中的相關各國，只准有員警，不准有軍隊。各國之間成立一個「萬國公法裁判所」，組織一支「世界軍」，用來解決國與國之間的糾紛，從而保證天下太平。

在設計改造了國家政權與國際社會的公共制度之後，「一民」又基於中國傳統儒教「勞心者治人」的「天下為公」的大同夢想，並且參照俄國無政府社會主義「廢財產、廢婚姻」的邪惡恐怖理論，開始設計構思既要充公私有財產更要充公男女情感的所謂「文明事業」：

「文明事業達到極頂，講到風俗道德方面，那時候沒有什麼姓名，都是用號編的。沒有君臣的名目，辦事很有條理，沒有推諉模糊的。沒有父子的名目，小的統統有人教他，老的統統有人養他，病的統統有人醫他。沒有夫妻的名目，兩人合意了，光明正大在公園訂定，應著時候到配偶室去，並沒有男子狎娼、婦人偷漢這種暗昧的事情……」

按照蔡元培的敘述，等到這種徹底消滅私有財產、男女私情、血緣親情以及身份等級的共產公妻的大同天國得以實現的時候，「一民」已經「九十多歲了」。

一九〇六年，三十八歲的蔡元培得知翰林院有公派出國留學的機會，急忙趕到北京。沒想到等他到達北京時，這項計畫已經擱淺夭折。蔡元培經過反覆爭取，得到派駐德國公使孫寶琦每月贊助三十兩銀子即四十二元大洋的資助，條件是半日在柏林大學聽課，半日在使館供職。與蔡元培同年考取進士的張元濟，特約他為上海商務印書館著文編譯，按照譯文千字三元、著述千字五元的標準，每月可得稿酬一百銀元。一九〇七年六月，蔡元培隨同孫寶琦一行人乘火車由西伯利亞經莫斯科到達柏林，從此才開始真正接觸到西方社會的現代文明。

辛亥革命時期，蔡元培一度回國擔任中華民國第一任教育總長。一九一二年七月辭職之後，他又反覆出國遊學，直到一九一六年冬天從歐洲回國出任北京大學校長，才正式步入具有文化建設性的人生軌道。

一九二〇年九月，經過新文化運動和「五四」運動的現實考驗，由傅斯年、羅家倫、楊振聲、徐彥之、成舍我、張申府、李小峰、孫伏園等人參與組織的北京大學新潮社，編輯出版了一本《蔡孑民先生言行錄》。其中由都昌、黃世暉記錄整理的《蔡孑民傳略》，專門談到蔡元培對於小說《新年夢》以及自己當年信仰的既要充公私有財產更要充公男女情感的「西洋社會主義」的重新反思。蔡元培所說的「西洋社會主義」又稱「俄國虛無黨主義」，也就是俄國革命黨所鼓吹的「廢財產、廢婚姻」的無政府社會主義。這種無政府社會主義與中國傳統儒教所鼓吹的天下為公、替天行道、效忠君王、改朝換代之類的大同夢想，在既要充公私有財產更要充公男女情感方面高度吻合。當年與蔡元培一道信仰「西洋社會主義」的一些人，自己沒有一文錢的積蓄卻不肯工作，專門搶奪別人的財產供自己揮霍，美其名曰「此本公物也」。他們經常嫖娼狎妓甚至於誘惑良家婦女，而且自相矛盾地與別人爭風吃醋，因為「自失信用」而遭到大家恥笑。蔡元培為此感慨道：「此等主義，非世界大多數人承認後，決難實行，故傳播此等主義者，萬不可自失信用。……必有一介不苟取之義，而後可以言共產。必有坐懷不亂之操，而後可以言廢婚姻。」

而在事實上，西方文明社會中真正具備「一介不苟取之義」和「坐懷不亂之操」的自由自主、意思自治的健全個人，是無論如何也不會超越自己的權利邊界，去信仰明顯侵犯他人正當權利的既要充公私有財產更要充公男女情感的共產共妻的社會主義及共產主義的。與一九○四年前後信仰「西洋社會主義」的那些中國人一樣，西方社會鼓吹「廢財產、廢婚姻」的以馬克思、列寧為代表的社會主義或共產主義者，也大都是遊手好閒、貪得無厭、心理黑暗、恐怖邪惡的人間敗類。這裡所涉及的其實是西方社會從古希臘、古羅馬以來逐步形成的現代工商契約文明最為基本的價值信仰和價值譜系問題。簡單說來，這個價值信仰和價值譜系主要包括五個層級的價值要素——

第一層級是主體個人的以人為本、財產私有、權責明確、意思自治、自由自主、自食其力、自我選擇、自我健全。簡稱自由自治，也可以簡稱為「我自主」。

第二層級是以人為本、意思自治的甲乙雙方當事人或交易人，在社會化擴大再生產的文明軌道中，共同實現契約平等、公平競爭、互惠互利、合作共贏的動態過程。簡稱契約平等，也可以簡稱為「我願意」。西方基督教的教堂婚禮中最為重要的儀式，就是男女雙方各自表白「我願意」。

第三層級是民間社會的公民自組織以及政府組織，建立在以人為本、自由自治、契約平等的基本前提之上的權為民所賦、少數服從多數、法律面前人人平等的民主自治、民主選舉、民治公決、民主授權。簡稱民主授權，也可以簡稱「我授權」。在現代文明社會裡，任何性質的公共契約、公共法律、公共權力的合法性，都是以權為民所賦為根本前提的。

第四層級是民主憲政國家及其地方政府建立在以人為本、自由自治、契約平等、民主授權、程式正義優先於實體正義的基本前提之上的治官安民、憲政限權、依法行政、多元共和的現代政治制度。簡稱憲政限權，也可以簡稱為與中國特色的我服從我效忠的官權本位截然相反的「我治官」。

第五層級是在人類社會全球化、資訊化的國際交往過程中，全方位地實現同一個世界、同一個人類的以人為本、自由自治、契約平等、民主授權、憲政限權的大同博愛。相對於人類社會的大同博愛，任何性質的愛國家、愛宗教、愛黨派、愛家庭、愛異性，都是不夠完整全面的，或者說是狹隘片面的。要實現人類社會大同博愛的最高境界，前面四個層級的價值要素，必須相輔相成、缺一不可。

五十二歲的蔡元培，直到一九二〇年依然不肯徹底放棄既植根於中國傳統儒教「天下為公」的原始野蠻觀念，又參照俄國無政府社會主義「廢財產、廢婚姻」的邪惡恐怖理論的大同夢想；充分證明他與已經在一九一八年的《易卜生主義》中明確提倡「健全的個人主義」的年輕教授胡適，以及胡適所初步把握承載的真正意義上的西方文明觀念和價值譜系之間，存在著一些根本性的文化差距。

吊詭的是，就在蔡元培並不十分透徹地重新反思既要充公私有財產更要充公男女情感的「西洋社會主義」的時候，因為嫖娼醜聞已經被他免除職務離開北大的陳獨秀，以及北大內部的李大釗、張申府、張國燾、梅思平、羅章龍、譚平山、趙世炎等人，正在來自蘇俄的共產國際東方局代表魏金斯基的指導支持下，組建新一輪的既要充公私有財產更要充公男女情感的社會主義及共產主義的革命政黨。而參與組建中國共產黨的陳獨秀、李大釗、張國燾、張申府、張國燾、梅思平以及上海方面的周佛海、戴季陶這些人，沒有一個是「必有一介不苟取之義，而後可以言共產。必有坐懷不亂之操，而後可以言廢婚姻」的健全個人。割捨不下自己無政府社會主義大同夢想的北大校長蔡元培，其實是很不恰當地包容了這樣一個從根本上反文明、反人道、反社會、反人類的邪惡政黨的秘密活動。

二、張申府單邊片面的男權意識

在中國傳統的男尊女卑、男主女從的男權社會裡，要敘述劉清揚的傳奇故事，最為切實可行的辦法，是從男權人物張申府談起。

張申府，原名嵩年，又寫作崧年，一八九三年出生于河北獻縣一個官宦家庭。他在與劉清揚同居之前，已經有過兩次婚姻。一九一四年，他的第一位妻子朱德濃在分娩數日後去世，隨後他愛上了從北京到天津往返火車上數次相遇的一名少女。父母答應為他說媒提親，等到他返鄉結婚時，卻發現新娘並不是自己的意中人。這次婚姻給他帶來一對「沒有怎樣理會」的兒女。

對於第二位妻子及其所生育的一對兒女極端不負責的張申府，在晚年接受美國斯坦福大學歷史學博士、Wesleyan大學東亞研究教授舒衡哲（Vera Schwarcz）的訪談時，竟然把自己描繪成為單邊片面的受害者：「我覺得受了欺騙，……這新娘完全沒有吸引力，非常愚笨。就在這個時候我開始大量閱讀羅素，我覺得他關於婚姻自由和性自由的觀點十分有意思。他救了我。」

關於羅素，張申府在寫於一九四六年的《羅素——現代生存最偉大的哲學家》中另有解釋：「羅素得到人們極大的欽羨，這可從他生命中的女人所表現出的高度忠誠見得到，……有些人對他憎恨，就是因為他得到人們的愛護，特別是女人。」

按照西方社會從古希臘、古羅馬以來逐步形成的以人為本的文明觀念和價值譜系，每一個擁有自由自主、意思自治的主體意識的自然人，與另一個自然人以及作為法人或準法人的家庭、企業、社團、黨派、民族、政府、國家和國際組織之間，都應該是意思自治、契約平等、權責明確、相互忠誠的雙向關係，而不是甲方為主而乙方為奴、甲方絕對而乙方絕錯、甲方無償享受而乙方奉獻犧牲的二元對立、單邊片面的敵對關係。張申府從風行一時的英國哲學家羅素身上，學習的到主要是只享受弱勢女性的單邊忠誠和單邊責任，而不肯對更加柔弱的女性付出對等責任和對等忠誠的反人道、反契約、反文明的單邊片面的男權意識。相對于張申府的男權意識，公開提倡女權運動的劉清揚，在長達二十七年的婚外同居中，所扮演的只是自相矛盾的女性玩偶的角色。

三、劉清揚自相矛盾的情愛糾結

劉清揚，一八九四年二月十五日出生於天津一個回族家庭，中國傳統儒教「三從四德」尤其是「女子無才便是德」的綱常倫理，對於她並沒有強制性的約束力。四個哥哥和兩個姐姐都對她異常溺愛。一九〇五年冬天，她進入嚴修、張伯苓創辦於一九〇二年的嚴氏女塾讀書。一九一一年進入袁世凱、傅增湘等人主導創辦的北洋女子師範學堂學習。辛亥革命期間，她曾經參加同盟會在天津秘密組織的天津共和會。

劉清揚七歲時，父親為她包辦過一門親事。當張申府在為第二次包辦婚姻感到痛苦的時候，劉清揚已經在哥哥的支持下，成功解除了由父親包辦的舊式婚約，從而全身心地投入到婦女解放和愛國運動之中。

一九二〇年十一月，張申府以秘書身份隨蔡元培前往法國，同行的還有陳大齊、李光宇、徐彥之、劉清揚、鄭毓秀等二十多名男女青年。在歌狄娜郵輪從上海到馬賽的三十五天海上航程中，住在頭等艙的二十七歲已婚男子張申府，與二十六歲的劉清揚演繹了一出婚外相戀的浪漫傳奇。據張申府晚年的炫耀性回憶，劉清揚在上船赴法之前仍然是一名處女，而他自己已經是三個孩子的父親。「是她先向我首先示愛，……在上船前，我已另有女友。我不知道我的感情為什麼轉變得這樣快。在女人方面，我真像羅素。」

在出國之前，張申府已經與陳獨秀、李大釗、張國燾等人秘密創辦了北京共產主義小組，並且受組織委託到法國後繼續發展黨員。抵達法國後，張申府與劉清揚正式同居，劉清揚還在張申府介紹下，成為中國共產黨的第一位女性黨員。接下來，兩個人又一同介紹周恩來入黨，並與後來到達的趙世炎、陳公培等人，在巴黎成立共產黨小組。

一九二一年，劉清揚生育一子，後來又為張申府生育過三個孩子，並且流過幾次產。一九二二年，張申府與劉清揚、周恩來一同乘車前往德國柏林，正在德國訪學的朱德和孫炳文，也在他們介紹下加入了中共黨組織。一九二三年底，劉清揚隨張申府經蘇聯回國，據張申府回憶，「我們從歐洲回來後，她住在我家，起初像一個侍妾，但我們對這全不介意。」

一九二四年一月一日，在張申府面前像一個侍妾的劉清揚，卻在時任天津《新民意報》經理的三哥劉鐵庵支持下，與鄧穎超、李峙山、諶小岑等人合作創辦專門討論婦女問題的《婦女日報》，一度成為中國婦女界的一面女權旗幟。劉清揚在《「貞操」與「節婦」》一文中，從「片面貞操」問題入手，表達了與胡適、蔡元培、魯迅、周作人等新文化先驅高度一致的女權觀念：「男女既同是人，男子既有性的要求，女子也自然有性的要求，並沒有什麼稀奇古怪。但為什麼男的有了性的要求，就可任其自由滿足，而女的有了性的要求，就當隱忍呢？」她由此得出的結論是：這種傳統觀念「完全是欺壓女子，拿女子不當人。」

但是，在公開發表的文章裡面明確反對女性對於男性的單邊忠誠和片面貞操的劉清揚，在現實生活中卻偏偏自相矛盾地與張申府維持了二十七年人身依附性質的單邊忠誠和片面貞操的婚外同居關係。

四、劉清揚與張申府的婚戀曲折

隨著一九二四年國共合作的實現，劉清揚與她的老同學鄧穎超、郭隆真等人一起，成為婦女界的風雲人物，並且與蘇聯顧問鮑羅廷的夫人成為密友。一九二五年一月，中國共產黨第四次全國代表大會在上海召開，出席會議的張申府討論黨的綱領時與蔡和森、張太雷等人發生爭執，不顧與他意見相近的周恩來的出面勸阻而負氣退黨。一九二六年三月十四日，張申府在《京報副刊》發表《自白》一文，其中寫道：

「我不會否認，我是一個共產主義者，我脫離共產黨因為我覺著我不適宜集體生活。我是無政府主義者，是羅素的信徒。沒有人可以破壞我的決心，批判性思想是我的避難之地。」

在談到自己與劉清揚的關係時，張申府辯解說：「我和劉清揚的關係並非什麼新鮮的事情。今天只有在中國才不能夠承認一個已結婚的人還可以有愛人。……我的意見是，性交、結婚和愛情是三樁不同的事兒……所以，所有這些什麼『同居丈夫』、『同居妻子』的起哄都是無聊透頂。」

一九二七年蔣介石實施「清共」政策之後，劉清揚選擇脫黨。一九二八年三月，她在上海生育大女兒劉方明。一九三〇年六月，她又在北京生育小女兒劉方清。一九三一年夏天，清華大學聘請張申府為專任教授，一直扮演著張申府的女性玩偶角色的劉清揚，從此過上教授夫人相夫教子的平靜生活。但是，張申府對於劉清揚扮演女性玩偶式的家庭主婦角色並不滿意。他在寫於一九二八年的《性的藝術同性的自由》中公開表示，解放了的女性「會墮入一個新的陷阱中，這叫戀愛」。這種情景，是根本與性的自由不相容。如果總是如膠如漆戀著，那可沒有什麼自由可言。「我相信性的自由，我因此絕對反對戀愛。」

在一九三〇年一月的《婦女與革命》一文中，張申府更是毫不留情地批判知識婦女「依賴的習性」，並且隱晦地暗示女性玩偶劉清揚，已經是人身依附於他的一個「贅物」。

在此後的十多年裡，張申府在私人生活中亦步亦趨地模仿羅素，連續不斷地製造風流韻事，其中最為轟動的是同北平第一女子師範學校校長孫蓀荃的婚外戀情。張申府在主持《大公報》「世界知識」欄目時，通過讀者與編者的來往通信與孫蓀荃相識，到一九三五年「一二九」運動前發展到高潮。孫蓀荃與當時還叫姚克廣的清華學生姚依林，是「一二九」北平學生大遊行的兩名總指揮，張申府與孫蓀荃、姚克廣等人將指揮部設在西單亞北咖啡館樓上，他們一邊飲茶一邊觀看遊行隊伍冒著生命危險從樓下走過。張申府在二月二十九日被捕的前一天晚上，還進城去聽河北梆子。他被捕入獄後，劉清揚與孫蓀荃不遺餘力地加以營救。出獄後的張申府，卻很快與中國大學的女學生董桂生同行同宿。劉清揚和孫蓀荃都為此與他大吵大鬧過，孫蓀荃後來嫁給了另一位中共創始元老譚平山。

一九三七年八月，與董桂生同行同宿的張申府在南京病倒，到了這時候他才想起獨立養育著兩個女兒的女性玩偶劉清揚。劉清揚收到張申府來信後立即派人前往看望，隨後她自己也趕到南京。張申府病癒出院後回到劉清揚身邊，把董桂生介紹給另一學生為妻。

一九三八年七月，國民黨在漢口召開國民參政會一屆一次大會，張申府被聘為第一屆參政員。追隨國民政府遷往陪都重慶的張申府，開始熱衷於參與組織在野小黨派的憲政座談會，進而與沈鈞儒等人代表救國會，聯合張君勱一派的國家社會黨、左舜生一派的青年黨、章伯鈞一派的第三黨、黃炎培一派的職業教育會、梁漱溟一派的鄉村建設會，發起組建民主同盟。張申府在民主同盟中以主要發起人的身份擔任民盟中央常委和文化工作委員會主任。

一九四四年三月，張申府在《憲法與婦女》一文中，放棄了此前對於性自由的極端信仰，反過來高調呼籲要保障「長期忠誠及互相奉獻的男女關係」。但是，他所希望的長期忠誠及互相奉獻，幾年之後便由於自己所謂「愚蠢的舉動」而全盤落空。

五、劉清揚背叛男權主子張申府

一九四八年十月，在遼沈戰役已經打響、《關於淮海戰役的作戰方針》正在西柏坡通過之際，張申府在儲安平主編的《觀察》雜誌發表《呼籲和平》一文，其中表示說：「也許有人認為，現在有一方正打得順手，正打得起勁，正要一勞永逸，一舉而成功。在此時呼籲和平，也許會轉移他們的戰志，必為他們所不快，必為他們所不睬。這絕非看到一般人民生活實況的說話。」

此舉嚴重激怒了在蘇聯方面支持下主動挑起發動國內戰爭並且已經取得明顯優勢的中國共產黨。十一月十五日，事實上已經依附投靠於中共的中國民主同盟總部，在香港召開第四次擴大會議，以「張申府之言行已走上反人民反民主的道路」為由，開除了該同盟主要創始人張申府的盟籍。

同一天，已經在中共地下黨組織安排下進入東北解放區的劉清揚，在致「中國民主同盟中央常務委員沈衡山章伯鈞兩先生」的公開通電中嚴正表示說：

「近見《觀察》五卷九期所載張申府《呼籲和平》一文，其內容言詞荒謬，思想墮落，實足證明他對政治的認識，已完全違背站在人民立場反對獨裁及爭取真正民主的革命原則，尤其對於內戰的誣衊謬論，竟以人民對人民公敵蔣介石反動政權的戰爭為『不仁不智的冒險』和『窮兵黷武』。正當此人民解放軍捷報頻傳空前勝利，使反動的蔣政權即將垮臺之際，張申府竟發出如此荒謬絕倫的呼籲，不知是何居心？他既如此背叛人民甘心為虎作倀，清揚故特向本盟總部諸同志及全國民主人士聲明：從今後，不但在公的方面，與張申府完全脫離合作，並在私的方面，也永久斷絕二十七年來夫婦關係，今後更必竭誠擁護本盟過去一年來曾經發表的三個重要文件內的各項主張，並與本盟諸同志忠實合作，誓必追隨真正站在人民立場的全國民主人士之後，為徹底摧毀反動獨裁的統治集團而努力！謹電奉陳，表明寸心。並致人民解放勝利的敬禮！」

一八四八年十二月十六日，《人民日報》發表主標題為《同盟發表時局聲明重申為民主奮鬥決心》、副題為《痛斥叛徒張申府等賣身投靠》的新聞報導。十二月二十六日，新華社以《張申府背叛民主為虎作倀劉清揚嚴予斥責》為標題，全文刊登了劉清揚的上述通電。與張申府之間從來沒有依法締結意思自治、契約平等、權責明確、相互忠誠的正式婚約的女性玩偶劉清揚，為了效忠於更加強勢偉大也更加神聖正確的「人民立場」、「人民軍隊」以及即將成立的「人民政權」，徹底犧牲了二十七年來對於張申府堅貞不渝的人身依附和情愛忠誠，從而把既要充公私有財產更要充公男女情感的極端恐怖邪惡的共產主義理論，完全徹底地報應在張申府這個中共創始人的頭上。為毛澤東及其共產黨創建的所謂「人民政權」，在蔡元培《新年夢》中所說的「依著一兩個人的主意，算做我們多數人的主意，這彷彿一個鋪店，被一個冒充管帳的人私造印章，把貨物盜賣給別人」的專制賣國方面，比當年由慈禧太后和光緒皇帝主導的大清王朝，更是有過之而無不及。蔡元培在《新年夢》中所癡迷神往的既植根於中國傳統儒教「天下為公」的原始野蠻觀念又參照俄國無政府社會主義「廢財產、廢婚姻」的邪惡恐怖理論的大同夢想；最終落到實處的只能是既要充公私有財產更要充公男女情感的反文明、反人道、反社會、反人類的極端恐怖的絕對奴役。

關於這種人身依附性質的極端恐怖的絕對奴役，最為荒誕也最為典型的表現，是劉清揚的小女兒劉方清寫在《我的母親劉清揚》一文中的開場白：「一九七三年秋的一天，我突然接到中央專案組通知，讓我去探視在監內的母親。自一九六八年二月母親在『文革』期間被抓走，我們已經六年沒有見面了。……最後她嚴肅又鄭重地對我說：『方清，你記住，我的一生是忠於革命、忠於黨、忠於社會主義祖國的。』這句話她反覆說了好幾遍，看來這話在她心裡已埋藏多年了。她多麼想向黨，向自己為之奮鬥一生的祖國傾訴自己的衷腸啊！」

一九六一年，劉清揚重新入黨。在史無前例的文化大革命運動中，劉清揚於一九六八年被捕，直到一九七五年才被釋放出獄。同樣是在文化大革命期間，由於周恩來的出面庇護才沒有像劉清揚那樣被投入監獄的右派分子張申府，在一則日記中寫道：「在給周信稿中說到自己的治學大病處加入了『淺嘗輒止』四字，因總自感有此毛病。這個毛病與用心過紛是分不開的。」

一九七七年，劉清揚在北京病逝。到了一九八〇年，已經八十七歲的張申府面對舒衡哲的採訪表示說：「我有三個弱點，這就是我終生追求的三個愛好：書本、女人和名譽。二〇年代我刻了一個章，就是刻了這三好。這三好我從沒有放棄。……愛女人給我的麻煩就更多，像劉清揚和其他女人。這三好確實使我難為情，但我不能自拔，沒有辦法。到現在我還是這樣。」

就是這樣一個完全做不到蔡元培所說的「一介不苟取之義」和「坐懷不亂之操」的男權敗類，僅僅基於他對西方社會已經趨於成熟的文明觀念和價值譜系瞎子摸象式的為己所需、為己所用、淺嘗輒止、斷章取義的生吞活剝，便參與組織了一個已經禍國殃民將近一個世紀的既要充公私有財產更要充公男女情感的恐怖邪惡政黨。對於他和他的同黨們所犯下的極端恐怖主義的反文明、反人道、反社會、反人類的血腥罪惡，採用任何性質的懲罰詛咒，都是不會過分的。

蕭軍蕭紅（1934，上海）

蕭紅，情癡作家的錯愛人生

在中國現代文學史上，出身于富裕家庭的蕭紅是智商極高而情商極低的命賤之人。她既不是爭相捧場的美女作家，也不是鬥爭激昂的文藝戰士；她只想做自己，卻又永遠做不好自己。她的一生都在疲於奔命和動盪不安中掙扎，文學創作雖然部分成全了她，卻沒有徹底改變她的悲慘命運。無論是她所摯愛的祖父，她所人身依附的異性男子陸振舜、汪恩甲、蕭軍、端木蕻良，還是她所敬重的文壇前輩魯迅，都沒有也不可能成為永遠的救星。

在中國現代文學史上，出身于富裕家庭的蕭紅是智商極高而情商極低的命賤之人。她既不是爭相捧場的美女作家，也不是鬥爭激昂的文藝戰士；她只想做自己，卻又永遠做不好自己。她的一生都在疲於奔命和動盪不安中掙扎，文學創作雖然部分成全了她，卻沒有徹底改變她的錯愛人生。無論是她所摯愛的祖父，她所人身依附的異性男子陸振舜、汪恩甲、蕭軍、端木蕻良，還是她所敬重的文壇前輩魯迅，都沒有也不可能成為永遠的救星。

一、《紅樓夢》裡的癡丫頭

一九八〇年，聶紺弩在《回憶我和蕭紅的一次談話》中介紹說，一九三八年在臨汾或西安時，他與蕭紅之間有過一次談話：「蕭紅，你是才女，如果去應武則天皇上的考試，究竟能考好高，很難說，總之，當在唐閨臣（本為首名，武則天不喜她的名字，把她移後十名）前後，決不會到和畢全貞（末名）靠近的。」

蕭紅聽了笑著說：「你完全錯了。我是《紅樓夢》裡的人，不是《鏡花緣》裡的人。我是《紅樓夢》裡的癡丫頭香菱。」

香菱本名甄英蓮，諧音為「真應憐」，是民間隱士甄士隱的獨生女。三歲那年的元宵節，她在看社火花燈時因家奴霍啟（諧音「禍起」）看護不當，被人販子拐走出賣，後來流落到薛寶釵的哥哥呆霸王薛蟠手中。與香菱的禍起於偶然事變不同，蕭紅的不幸主要源於她自己癡心女子負心漢的盲目追求與錯誤選擇。

蕭紅本姓張，乳名榮華，學名秀環，後由外祖父改名為乃瑩，一九一一年六月二日也就是傳統農曆的五月五日端午節，出生于黑龍江省呼蘭縣城（今哈爾濱市呼蘭區）的一戶富裕農家，剛一出生就被傳統命相認定為命賤不祥。她從小得到祖父張維禎的寵愛，長期擔任地方官吏的父親張廷舉，卻對她較為冷漠。一九一九年八月，母親姜玉蘭病故，留下蕭紅與三個弟弟。同年十二月，張廷舉續娶梁亞蘭為妻。

一九二五年，十四歲的蕭紅由父親做主，許配給省防軍第一路幫統汪廷蘭的次子汪恩甲。一九二六年將要讀初中時，蕭紅遭到父親阻撓，她便以出家當尼姑為籌碼逼迫父親讓步，從而於一九二七年進入哈爾濱東省特別區第一女子中學（現蕭紅中學）繼續讀書。從師範學校畢業的汪恩甲，當時任三育小學教員。他經常到學校拜訪蕭紅，蕭紅也為他織過毛衣。他的父親去世時，未過門的蕭紅還給公公吊過孝。

一九二八年冬天，十七歲的蕭紅結識哈爾濱法政大學學生、與自己有遠親關係的表哥陸振舜。在已經成婚的陸振舜與包辦婚姻的未婚夫汪恩甲之間，蕭紅的情感偏向了前者。一九二九年祖父張維禎去世，蕭紅對於養育自己的血親家庭已經無所留戀。一九三〇年，陸振舜為了堅定蕭紅反抗包辦婚姻的決心，退學前往改名北平的北京，就讀於中國大學。十九歲的蕭紅為了追求男女情愛，逃往北平與陸振舜婚外同居。

初戀中的蕭紅是極其真誠的，同時也是極端盲目的。一九三一年春節前夕，與蕭紅一樣不具備自食其力、自力更生的獨立生存能力的陸振舜，迫於家庭壓力與蕭紅各自回家。人身依附於男權對象的癡心女子蕭紅，與人身依附於男權家庭的負心漢子陸振舜之間極端不負責的一場浪漫情愛，因此夭折破滅。

在根深蒂固的男權專制社會裡，人們可以對「浪子回頭金不換」的男性一方給予寬恕，卻不會對逾越背叛男權專制社會三從四德、男尊女卑的傳統道德規範的弱勢女子表示諒解。一個為私情離家的女人，是沒有任何退路的，隨著她走出家門的第一步，回家的大門事實上已經在她身後關閉了。已經二十歲的成年女子蕭紅，似乎並不十分明白更不十分在意這種最為淺顯的社會常識；在與陸振舜分手之後，她依然一再做出盲目愚蠢的錯誤選擇。

二、與未婚夫汪恩甲的情感糾纏

一九三一年春節過後，蕭紅再一次逃往北平，舊情不斷的未婚夫汪恩甲隨後也追到北平。三月中旬，蕭紅與汪恩甲離開北平返回哈爾濱。汪恩甲的哥哥汪大澄不能容忍蕭紅一再離家出走的離經叛道，代替弟弟解除了婚約。蕭紅到法院狀告汪大澄代弟休妻，汪恩甲在庭審過程中顧忌哥哥的聲譽，違心承認解除婚約是他自己的主張。蕭紅輸掉了官司，第二次與汪恩甲絕情分手。

蕭紅半年前與陸振舜離家出走，如今又與未婚夫鬧上公堂，從而被呼蘭縣城閉塞落後的居民視為「怪物」，成為人們飯後茶餘的精神消費品。她的弟弟妹妹不堪輿論壓力，被迫轉往外地求學。擔任巴彥縣教育督學即教育局長的張廷舉，擔心作為繼母的梁亞蘭管不住蕭紅，便把全家搬到阿城縣福昌號屯（現哈爾濱市道外區民主鄉）的鄉下老家。在福昌號屯的這段生活，為蕭紅後來的文學創作積累了大量素材。

這年秋天，蕭紅出於同情，替佃戶長工勸說伯父不要提高地租。伯父把她痛打一頓後鎖在一間空房子裡，派人到阿城拍電報催促張廷舉回家將蕭紅勒死埋掉，以免繼續危害家族。小姑和小嬸趁著夜深人靜，撬開窗戶偷偷放走蕭紅。二十歲的蕭紅逃到哈爾濱後，再一次找到當時在哈爾濱工業大學預科讀書的汪恩甲，兩人住進道外十六道街的東興順旅館開始同居生活。

一九三二年春節期間，回家過年的汪恩甲把蕭紅一個人留在旅館。二十一歲的蕭紅變賣身邊物品前往北平，陸振舜給中學同學李潔吾打電報，要求對方就近照顧。汪恩甲過完春節回到旅館，發現蕭紅不辭而別，他追到北平把蕭紅從李潔吾身邊帶回哈爾濱。汪恩甲母親知道兒子與蕭紅在一起，就斷絕了經濟資助。已經懷孕的蕭紅遭遇了第二個輪迴的癡心女子負心漢的情愛悲劇。一九三三年五月六日，她的短篇小說《棄兒》以「悄吟」的筆名在哈爾濱《大同報》副刊發表，其中寫道：「七個月了，共欠了四百塊錢。王先生是不能回來的。男人不在，當然要向女人算帳……」

三、給點陽光就燦爛

一九三二年六月，困在東興順旅館充當人質的蕭紅，向哈爾濱《國際協報》的副刊編輯裴馨園求救，她在信中寫得很是直白：「你和我都是中國人，中國人見中國人能不救啊？」

裴馨園看到來信，與孟希、舒群等文學青年先後到旅館看望蕭紅，他們中間有一個叫三郎的已婚男子，真實姓名叫劉鴻霖，後來的名字叫蕭軍。二十一歲的蕭紅打動二十六歲蕭軍的，是隨意塗抹的一首小詩：

那邊清溪唱著，
這邊樹葉綠了，
姑娘呵，春天來了！
去年在北平，

正是吃著青杏的時候，
今年我的命運比青杏還酸？

同年八月，松花江決堤，蕭紅因禍得福，搭救生船逃出旅館到裴馨園家裡避難，隨後又被送醫院待產。因為無錢交納住院費，一身武功的蕭軍只好用刀子逼著醫生治病救人，孩子生下之後便很快送人。作為一名不能夠自食其力、自力更生的成年母親，蕭紅犯下的是一樁不可饒恕的遺棄罪。

蕭紅出院後，與蕭軍開始新一輪的婚外同居。被蕭紅稱為「沒有青春只有貧困」的這一段同居生活，竟然是她一生中給點陽光就燦爛的最佳時光，後來被她瑣瑣碎碎、不厭其煩地記錄到小說《商市街》中。從蕭軍保存下來的合影照片中，可以感受到這對年輕人相依為命、苦中作樂的幸福情愛。在哈爾濱人流穿梭的中央大街上，在幽雅靜謐的俄式花園裡，在江畔綠陰濃郁的林陰樹下，在碧波蕩漾的松花江中，都留下了他們年輕的身影。

一九三四年六月十一日，蕭紅和蕭軍應共產國際駐東北聯絡員、中國共產黨地下黨員舒群的邀請，移居青島觀象一路一號的一座兩層小樓。十一月初，兩個人因舒群被捕而離開青島前往上海。十二月十九日，魯迅在梁園豫菜館請客，特意將蕭紅、蕭軍介紹給茅盾、聶紺弩、葉紫、胡風等左翼作家。

一九三五年月十二月，原名《麥場》的中篇小說《生死場》，以「奴隸叢書」的名義在上海出版，這是第一部以蕭紅署名的作品。魯迅在序言中稱讚說：「北方人民對於生的堅強，對於死的掙扎卻往往已經力透紙背；女性作品的細緻的觀察和越軌的筆緻，又增加了不少明麗和新鮮。」

所謂「越軌的筆緻」，主要是指蕭紅對於男女情愛充滿野性的大膽描寫。小說中描寫金枝受著青春蠱惑與成業約會時，「男人著瘋了！他的大手敵意一般地捉緊另一塊肉體，想要吞食那塊肉體，想要破壞那塊熱的肉。儘量的充漲了血管，彷彿他是在一條白的死屍上面跳動……」

隨著文學創作的初步成功和經濟生活的初步改善，蕭紅與蕭軍之間的男女情愛反而走到決裂邊緣。蕭軍此時和一個名叫陳涓的女子明鋪暗蓋。兩人之間的衝突日益激烈，直至拳腳相向。關於此事，蕭紅在《苦懷》詩中寫道：

我不是少女，
我沒有紅唇了，
我穿的是從廚房帶來的油污的衣裳。

為生活而流浪，

我更沒有少女美的心腸。

胡風的夫人梅志在一九八四年寫作的《「愛」的悲劇——憶蕭紅》中回憶說，有一次朋友們在一間小咖啡室相聚，蕭紅為自己青紫的左眼辯解說：「沒什麼，自己不好，碰到硬東西上。」一旁的蕭軍卻以男權主子的口吻喝斥道：「幹嗎要替我隱瞞，是我打的！」

當年一直追蹤研究蕭紅的美國著名漢學家葛浩文，在《蕭紅評傳》一書中談到，在「二蕭」的關係中，蕭紅是個「被保護的孩子、管家以及什麼都做的雜工」，她做了多年蕭軍的「傭人、姘婦、密友以及出氣包」。

四、一直就在掙紮中

一九三六年七月十六日，蕭紅在魯迅等人建議下遠赴日本創作療養。她在從日本寫給蕭軍的情書中表白說：「你是這世界上真正認識我和真正愛我的人！也正為了這樣，也是我自己痛苦的源泉，也是你的痛苦源泉。可是我們不能夠允許痛苦永久地齧咬我們，所以要尋求各種解決的法子。」

一九三六年十月十九日，魯迅在上海病逝。一九三七年一月，蕭紅從日本回國與蕭軍短暫和好，當蕭軍又開始與有夫之婦許粵華婚外偷情時，蕭紅再也無法容忍下去了。同年七月七日盧溝橋事變爆發，全國範圍內的抗日戰爭隨之展開，從而為蕭軍最終拋棄背叛蕭紅，提供了最為神聖、最為強硬也最為宏大的理由。蕭軍在《從臨汾到延安》中記錄了兩人分手前的爭吵：

蕭紅：你去打遊擊嗎？那不會比一個真正的遊擊隊員更價值大一些，萬一犧牲了，以你的年齡，你的生活經驗，文學上的才能……這損失，並不僅是你自己的呢。我也不僅是為了「愛人」的關係才這樣勸阻你……這是想到了我們的文學事業。

蕭軍：人總是一樣的。……為了爭取解放共同的奴隸的命運，誰是應該等待著發展他們的「天才」，誰又該去死呢？

蕭紅：你簡直忘了「各盡所能」的寶貴言語，也忘了自己的崗位，簡直是胡來……

蕭軍：我什麼全沒忘。我們還是各自走自己要走的路吧……

經過反覆爭吵，選擇去五臺山打遊擊的蕭軍，在受阻後轉往延安。蕭紅、端木蕻良隨丁玲率領的西北戰地服務團來到西安。據丁玲在《風雨中憶蕭紅》一文中回憶，她曾經勸說蕭紅前往延安。蕭紅為了避開蕭軍而加以拒絕。丁玲和聶紺弩抵達延安後，拖著蕭軍返回西安，想對兩人的關係做最後彌補，沒有想到他們恰巧遇見蕭紅和端木蕻良在一起。蕭紅微笑著對蕭軍說：「三郎，我們永遠分手吧！」

一九三八年四月，蕭紅與蕭軍正式分手，她的肚子裡偏偏懷著蕭軍的孩子。同年五月，蕭紅與小自己一歲的端木蕻良在武漢大同酒家舉行婚禮。主持婚禮的胡風提議新人談戀愛經過，蕭紅講了一段低調話語：

「掏肝剖肺地說，我和端木蕻良沒有什麼羅曼蒂克的戀愛史。是我在決定同三郎永遠分開的時候我才發現了端木蕻良。我對端木蕻良沒有什麼過高的要求，我只想過正常的老百姓式的夫妻生活。沒有爭吵、沒有打鬧、沒有不忠、沒有譏笑，有的只是互相諒解、愛護、體貼。我深深感到，像我眼前這種狀況的人，還要什麼名分。可是端木卻做了犧牲，就這一點我就感到十分滿足了。」

以後的事實證明，在男女情事上一再犯錯的蕭紅，又一次做出了不可挽回的錯誤選擇。兩人婚後不久，日軍轟炸武漢，端木蕻良一人乘船離開武漢前往重慶，戰火硝煙中，把大腹便便的蕭紅丟在了武漢。蕭紅歷經磨難到達重慶，端木蕻良連落腳的住所都沒有預備。她經過幾次搬家，最後無奈地住到江津友人白朗家中。一九三八年底，蕭紅在白朗家生下一子，孩子不久就夭亡了。

一九四〇年一月底，蕭紅隨端木蕻良離開重慶飛抵香港，住在九龍尖沙嘴樂道八號。她在貧病交迫中堅持創作中篇小說《馬伯樂》和長篇小說《呼蘭河傳》。一九四二年十二月，三十一歲的蕭紅病情加重被送進醫院，因庸醫誤診錯動了喉管手術，從而導致不能說話。據駱賓基《蕭紅小傳》記載，蕭紅臨終前在一張紙片上寫下：「半生盡遭白眼冷遇，……身先死，不甘，不甘。」

蕭紅去世前的四十四天裡，守護在身邊的是小她六歲的駱賓基，端木蕻良基本上沒有履行作為丈夫的家庭責任。文藝批評家李健吾得到消息，在《咀華記餘．無題》中表示，他最折服的四名女性作家是丁玲、凌叔華、林徽因、蕭紅。「最可憐」的蕭紅，「好像一個嫩芽，有希望長成一棵大樹，但是蟲蛟了根，一直就在掙扎之中過活……」

從一九二七至一九四二年，蕭紅有過十五次以上的「離開」，她居住過的地方包括哈爾濱、北京、青島、上海、日本東京、武漢、臨汾、西安、重慶、香港等等。她從沒有在一個地方真正住過兩年以上。一九三四至一九三六年，她在不到兩年時間，在上海至少換過七個住處。「一直就在掙扎之中過活」，竟然成為這位智商極高而情商極低的命賤女作家情感脆弱、營養不良、積勞成疾、錯上加錯的生活常態。她的一生都在疲於奔命和動盪不安中掙扎，文學創作雖然部分成全了她，卻沒有徹底改變她的錯愛人生。無論是她所摯愛的祖父，她所人身依附的異性男子陸振舜、汪恩甲、蕭軍、端木蕻良，還是她所敬重的文壇前輩魯迅，都沒有也不可能成為永遠的救星……

冰心吳文藻1929結婚照

冰心，在宋美齡與周恩來之間左右逢源

作為《周恩來總理——我所敬仰的偉大的共產黨員》一文的結束語，冰心寫道：「周恩來總理是我國二十世紀的十億人民心目中的第一位完人！」與這句話相對應的，是冰心在日文訪談錄《我眼中的宋美齡女士》中的另外一句話：「（蔣夫人宋美齡）是集各種各樣的特點于一身的女人。」可以說，冰心在國共兩黨的宋美齡和周恩來之間既左右逢源又政治正確的處世方略和女性智慧，在這兩句話中表現得淋漓盡致。

謝冰心與宋美齡是美國麻塞諸塞州威爾斯利學院（Wellesley College，MA）的校友，通過這樣的一層關係，冰心、吳文藻夫婦抗戰期間一度受到國民政府提拔重用。一九四八年前後，旅居日本的冰心投桃報李，把「集各種各樣的特點於一身」的讚美之辭，奉獻給當年的第一夫人宋美齡。到了一九九一年，冰心又把更高規格的讚美之辭——「我國二十世紀的十億人民心目中的第一位完人」——奉獻給大陸方面的共和國總理周恩來。可以說，世紀老人冰心既左右逢源又政治正確的處世方略和女性智慧，在這兩句讚美之辭中，表現得淋漓盡致。

一、冰心與宋美齡的校友緣分

冰心原名謝婉瑩，一九〇〇年十月五日出生於當時還叫閩侯縣的福州市三坊七巷謝家大宅（今鼓樓區楊橋東路十七號），她的祖父謝鑾恩是位私塾先生，與著名教育家嚴復和著名文學家林紓是同鄉好友。她的父親謝葆璋在十七歲時，隨嚴復到位於天津紫竹林的北洋水師學堂學習，一八九五年參加過甲午海戰。冰心出生時，謝葆璋已經是海圻號巡洋艦的副艦長。

一九一四年秋天，冰心就讀於美國公理會創辦於北京的教會學校貝滿女中，一九一八年八月升入華北協和女子大學預科。她早年嚮往成為醫生，受「五四運動」影響轉向文學創作。用她晚年寫在《從「五四」到「四五」》中的話說，「五四運動的一聲驚雷把我『震』上了寫作的道路。……捲出了狹小的家庭和教會學校的門檻。」

一九二一年暑假，冰心從華北協和女子大學理預科畢業，升入由該校與北京匯文大學、通州協和大學合併而成的燕京大學，在讀期間她到一位牧師家裡受洗歸主，成為一名宣傳博愛福音的基督徒。

一九二三年，冰心得到燕京大學姊妹學校美國威爾斯利學院的獎學金，同年八月十七日，她與來自清華學堂和燕京大學的餘上沅、吳文藻、許地山、梁實秋、顧一樵等一百多人，由上海乘坐約克遜號郵船赴美留學。此時的冰心已經相繼出版詩集《繁星》和小說集《超人》，離開北京之前的一九二三年七月二十四日，她還協助《晨報副鐫》開闢「兒童世界」欄目，並於七月二十五日發表《寄小讀者．通訊一》。

到了一九二六年，冰心把陸續刊登在《晨報副鐫》上的這組通訊文章，結集為《寄小讀者》交北新書局出版。冰心在一九三二年的《冰心全集．自序》中回憶說：

「一九二三年秋天，我到美國去，這時我的注意力，不在小說，而在通訊。因為我覺得用通訊體裁來寫文字，有個對象，情感比較容易著實。同時通訊也最自由，可以在一段文字中，說許多零碎的有趣的事。結果，在美三年中，寫成了二十九封寄小讀者的信。我原來是想用小孩子口氣，說天真話的，不想越寫越不像！這是個不能避免的失敗。但是我三年中的國外的經歷，和病中的感想，卻因此能很自由的速記了下來，我覺得歡喜。」

正是「越寫越不像」的這部用小孩子口氣說天真話的《寄小讀者》，以其既清淺可人又矯揉造作的愛心童趣，為冰心贏得最為廣大的讀者群和最為深遠的影響力。一九二六年夏天，碩士畢業的冰心回到剛剛遷新址於北京西郊的燕京大學（今北京大學所在地）任教，同時以校友代表身份進入作為該校最高權力機構的董事會。

在冰心回國之前，繼續留在美國哥倫比亞大學攻讀社會學博士學位的吳文藻，特地趕到波士頓交給她一封寫給未來岳父母的求婚長信，其中鄭重表示：「我誓願為她努力向上，犧牲一切，而後始敢將不才的我，貢獻於二位長者之前，懇乞您們的垂納！」

一九二八年冬天，吳文藻在哥倫比亞大學獲得博士學位。一九二九年初，他接受燕大、清華的聘任，取道歐洲經蘇聯回到改名北平的北京。燕大校方為了表示重視，把正在興建的燕南園六十號的二層洋樓，指定給冰心、吳文藻居住。這一年，冰心二十九歲，吳文藻二十八歲。

冰心與吳文藻組建的是一個在中國社會極其罕見的女主外、男主內的女權家庭，用她晚年寫在《我的老伴——吳文藻》中的話說，「年假過後，一九二九年春，我們都回到燕大教學，我在課餘還忙於婚後家庭的一切準備。他呢，除了請木匠師傅在樓下他的書房的北牆，用木板做一個『頂天立地』的大書架之外，只忙於買幾張半新的書櫥，卡片櫃和書桌等等，把我們新居的佈置裝飾和庭院栽花種樹，全都讓我來管。……上課後，文藻就心滿意足地在他的書房裡坐了下來，似乎從此就可以過一輩子的備課、教學、研究的書呆子生活了。」

抗戰爆發後，冰心一家輾轉來到雲南昆明。為躲避日軍飛機的轟炸，冰心隨後又帶著子女遷居於昆明郊外的呈貢縣，並且一度在當地的師範學校擔任義務教師。吳文藻一個人留在城裡，利用英國庚款為雲南大學創辦社會學系。冰心當年在寫給梁實秋的私人書信中，介紹了自己日常生活中的精神面貌：「你問我除生病之外，所作何事。像我這樣不事生產，當然使知友不滿之意溢於言外，其實我到呈貢之後，只病過一次，日常生活都在跑山望水，柴米油鹽，看孩子中度過。」

一九四〇年夏天，宋美齡以校友名義邀請冰心、吳文藻夫婦到重慶參加抗戰工作，冰心夫婦的家庭命運和政治地位，由此得到改善和提升。據冰心一九四七年四月發表在日本《主婦之友》雜誌的《我所見到的蔣夫人》介紹，「一九二四年，我在美國威爾斯利女子學院留學時，我的美國老師們經常自豪地和我說，本校有一位中國學生，即一九一七年畢業的宋美齡小姐，她非常聰明、漂亮。我回國後，一九二七年宋小姐與蔣介石結婚。我經常在新聞、雜誌上拜見夫人的照片與講話，但始終沒有機會和她見面。」

在這篇文章中，冰心翔實記錄了自己與宋美齡的三次會見，地點都是在蔣介石與宋美齡設在重慶郊外的黃山（又稱汪山）官邸。

二、抗戰期間的政學傳奇

從重慶至黃山，先得坐小汽艇過長江，之後坐轎子登山，由宋美齡的私人秘書錢用和女士全程陪同。「我獨自坐在客廳裡，周圍的牆上掛著貴重的字畫，另外還有一套蠻漂亮的傢俱，但房間裡除了有一個花瓶以外，只在窗邊掛著一張張自忠將軍的照片。這時我突然聽到隔牆用英語打電話的十分清晰的聲音。根據聽到的『美國國務院』等詞，可以大致地判斷對方是美國人。放電話的哢嚓聲一響，蔣夫人就倏然地從外面走了進來。我們倆握手後對面而坐。我不知是驚還是喜。」

這是冰心與宋美齡的第一次會面，開始她們用漢語交談，當談到美國母校時，兩人情不自禁地說起英語，「和中文相比，夫人好像更能輕鬆地用英語交談」。宋美齡給冰心留下了美好印象：「在我至今為止見到的婦女中，確實從未有過像夫人那樣敏銳聰穎的人。她身材苗條、精神飽滿，特別是那雙澄清的眼睛非常美麗。宋美齡並不是一個政治的符號，一個令人生厭的達官貴婦，而是一個有血有肉的女人，是一個極有中國傳統美德又受西方現代文明薰陶、善於交際的夫人。」

她們在一起吃了午飯，宋美齡親自燒咖啡，請冰心吃她自己做的點心。這次會談的主要議題，是宋美齡正式邀請冰心到重慶工作，她認為冰心應該利用自己的影響力指導青年，不能再閒居在昆明郊外的小城市裡了。冰心雖然認為「即使住在昆明郊外的小城市，也不能說就不能抗戰了」，她還是答應將認真考慮該項邀請。

三天後，宋美齡派人向冰心詢問答案。冰心二上黃山，當面向宋美齡講述自己到重慶工作的實際困難：孩子小、搬家難、身體不太好、辦公室坐不長、丈夫正在雲南進行農村社會的調查研究，所以她只好決定「和原先一樣住在雲南，然後做點事……」

宋美齡當場表示可以幫助解決交通問題，重慶也需要像吳文藻這樣做研究的教授，至於工作是暫時的還長期的，以後再商量，「歸根結底還是希望你們兩位能來」。這次上黃山，冰心得以與蔣介石夫婦一起品茶，蔣介石「態度非常和藹，……最顯眼的是他那雙炯炯有神的眼睛和曲線分明的嘴形」。

關於蔣宋關係，冰心在《我所見到的蔣夫人》一文中轉錄了宋美齡的一段話：「我和我丈夫一起去了福建。耶誕節那天我們旅行了一千多里。我們一半是坐飛機，一半是坐汽車走軍用路。我們沿著高山的懸崖開，一不小心的話車子就會落入深淵。……此後我丈夫後悔不該帶我冒這個險。但是，自己在遇到危險時，沒有像人們的追憶那麼可怕。這讓我想起了最近在江西省深夜發生的一幕。我聽到槍響。主席立即為我披上了衣服。……我找出了不能落入敵人之手的資料，然後手持手槍坐著等待事件的進展。……這個危險時刻反倒讓我平靜。我心裡想到的只有兩件事。一是，我們部隊的安置以及有關移動的資料不能落入敵人的手中。二是，在萬一的情況下，舉槍自殺。幸虧敵人被擊退，我們又恢復了安全。除夕的晚上，我和我丈夫去周圍的山散步了。我們看到了一棵開滿花的白梅。這是吉祥的預兆。在中國文學中，梅花的五個花瓣有福、祿、壽、喜以及（我們最期盼的）安穩的意思。主席小心地摘了兩、三棵樹枝拿回家。這天夜裡紅燭點燃之時，他把梅花作為新年禮物插入小燈籠送給了我。……梅花裝滿了燈籠，在燭光的照射下別提有多美了。稀疏的樹枝的影子映在白色的牆壁上顯出它那清秀有力的筆勢，似乎也有明朝八大山人的畫趣。這樣，你們知道我為什麼樂意在前線和我丈夫一起同甘共苦了吧！我丈夫不但具有軍人的膽識，還有文人的溫柔……」

第三次上黃山時，冰心與吳文藻同行，並且與「蔣委員長夫婦」共進午餐。回到昆明之後，冰心、吳文藻稍作安排，便開始抗戰期間的第三次搬家。一九四〇年十一月，夫婦二人與三個孩子還有保姆富奶奶，乘坐飛機直飛重慶，包括冰心睡慣的席夢思大床墊在內的所有行李傢俱，由一輛大卡車拉走。一家人到達重慶時，教育部政務次長顧毓琇、國防最高委員會參事室參事蒲薛鳳，以吳文藻的清華留美同學身份到機場迎接。冰心一家臨時居住在顧毓琇的「嘉廬」，吳文藻隨後出任國防最高委員會參事室參事，冰心出任新生活運動促進總會婦女指導委員會（簡稱「婦指會」）的文化事業組組長。

「婦指會」是一九三四年蔣介石提倡新生活運動初期成立的推行婦女界新生活運動的專門機構，由宋美齡擔任指導長。全面抗戰爆發後，宋美齡於一九三八年五月邀請婦女界領袖及各界知名女性代表在江西廬山舉行談話會，共商動員全國婦女參與救亡工作大計，會議決定以新生活運動促進總會婦女指導委員會為推動一切工作的總機構。同年七月一日，婦指會在漢口進行擴充改組，雖然名稱未變，卻開始獨立開展工作，以蔣介石為總會長的新生活運動促進總會，不再干預其行政、人事及經費。指導長宋美齡之下設委員會和常務委員會，由國民黨、共產黨、救國會、基督教女青年會等各個方面的婦女界知名人士所組成。擔任常務委員的有李德全、吳貽芳、曾寶蓀等人，公開代表中共的鄧穎超、孟慶樹、康克清以及救國會方面的中共地下黨員曹孟君，都被吸收為委員。各部門負責人均由宋美齡從婦女界選拔任用，基督教女青年會的張藹真、陳紀彝，分別擔任正、副總幹事。救國會的史良、沈茲九、劉清揚，分別為聯絡委員會主任、文化事業組組長、訓練組組長。無黨派人士俞慶棠、謝蘭鬱，分別為生產事業組組長和總務組組長。女青年會全國協會經濟幹事鈕瑨華，為兒童保育組組長。國民黨方面的唐國楨、陳逸雲、黃佩蘭，分別任慰勞組組長、戰地服務組組長、生活指導組組長。冰心在接替沈茲九的文化事業組組長職務同時，還接下了已經開始運作的「蔣夫人文學獎金徵文」。

按照蕭鳳《冰心傳》中的說法，救國會「七君子」之一的史良和曾經是中共黨史上第一名女性黨員的劉清揚，得知冰心抵達重慶後專程拜訪，把婦女指導委員的背景及內部的複雜情況，通報冰心。「正直的冰心在得知這個所謂婦女指導委員的內幕以後，立即退回了該委員會送給她的聘書和薪金。不久，冰心加入了中華文藝界抗敵協會，熱心從事文化救亡活動。」

實事求是地說，蕭鳳《冰心傳》中得到傳主冰心的認可甚至授意的許多文字敘述，都是對於歷史事實的扭曲改寫。在抗日戰爭最為艱苦的一九四〇年前後，冰心、吳文藻夫婦應中國戰區最高軍政首長蔣介石及其夫人宋美齡的邀請為國效力，本身就是正直愛國的一種表現。借用出任中國駐美國大使的前輩學者胡適的話說，「現在國家是戰時，戰時政府對我的徵調，我不敢推辭」。更何況冰心的前任沈茲九的真實身份是中共地下黨員，她離職的主要原因，是受周恩來等中共高層的委派，協助未來的丈夫胡愈之前往南洋，從事更加重要的秘密地下工作。周恩來的妻子、中共資深黨員鄧穎超，當年也一直公開掛名於「婦指會」之中。無論「婦指會」內部的情況如何複雜，「正直的冰心」都不應該像蕭鳳所說的那樣，「立即退回了該委員會送給她的聘書和薪金」。冰心事實上也沒有這麼做。

宋美齡以個人名義組織「蔣夫人文學獎金徵文」，並不是為了直接服務於抗日戰爭的政治目的，而是為了引導女性青年投入更加長遠的文化建設。她在《告參與新運婦女指導委員會文藝競賽諸君》中明確表示：「我們這一次舉行文藝競賽，目的在借此鼓勵女界青年熱心于寫作。」該項徵文活動共收到文稿三百六十份，經初審保留一百二十份，分論文卷和文藝卷兩大類。論文卷由陳衡哲、吳怡芳、錢用和、陳佈雷、羅家倫評閱，文藝卷由郭沫若、楊振聲、朱光潛、蘇雪林、冰心評閱。徵文結果於一九四一年七月一日揭曉，冰心隨後寫作《評閱述感》予以全面總結。在冰心看來，這次徵文的文藝卷部分在題材方面「最大的缺點是太偏重英雄主義」；在生活層面上「愛寫理想事物，不求經驗」；在技巧上「缺少剪裁」。論文卷與文藝卷的共同缺點是：其一，不會運用標點符號；其二別字太多。

據宋美齡當年的私人秘書錢用和女士回憶，謝冰心擔任「婦指會」的文化事業組組長期間，大部分時間請李曼瑰女士代理職責。「民國廿九年，為獎勵婦女寫作及提拔婦女作家起見，以紀念三八婦女節，特舉辦蔣夫人文學獎金，由文化事業組長謝冰心女士主持，夫人囑我任秘書協助辦理。謝女士在燕京大學肄業時，我正在國立女高師就讀，五四運動，我任北京女學界聯合會會長，謝女士任燕京女大團長，所以早已熟識。她以寫作新詩聞名，與抗戰期間教部次長顧毓琇先生友善，特推薦于蔣夫人，但體弱多病，常住歌樂山，很少到會辦公。蔣夫人文學獎金無形中由我一人辦理，可是在手續關係，我卻幾次上歌樂山徵詢她的意見。……於三十年七月一日，指導會三周年紀念時在各報揭曉。」

晚年冰心在自稱是「此生文字生涯中最後要做的一件事」的投筆之作《我的老伴——吳文藻》中，卻刻意遮蔽隱瞞了夫婦二人一生中最為輝煌的這段政學傳奇：「『七七』事變以後幾十年生活的回憶，總使我膽怯心酸，不能下筆——說起我和文藻，真是『隔行如隔山』，他整天在書房裡埋頭寫些什麼，和學生們滔滔不絕地談些什麼，我都不知道。……一九四〇年底，因英庚款講座受到干擾，不能繼續，同時在重慶的國防最高委員會工作的清華同學，又勸他到委員會裡當參事，負責研究邊疆的民族、宗教和教育問題，並提出意見。於是我們一家又搬到重慶去了。到了重慶，文藻仍寄居在城內的朋友家裡，我和孩子們住在郊外的歌樂山，那裡有一所沒有圍牆的土屋，是用我們賣書的六千元買來的。我把它叫做『潛廬』，……」

三、冰心讚美宋美齡的三篇佚文

在冰心既左右逢源又政治正確的成功經營之下，當年的「潛廬」，曾經是重慶政學兩界的一個重要聚會場所。居住在歌樂山的馮玉祥、李德全夫婦，老舍，藏克家，葉君健，以及當年的社會名流郭沫若、巴金、茅盾、史良、劉清揚等人，都是這裡的常客。早在遷居重慶不久的一九四零年十二月七日，中華全國文藝界抗敵協會假中法比瑞同學會舉行茶話會，歡迎茅盾、冰心、巴金等來渝作家。冰心在茶話會上第一次見到周恩來。一九四三年八月的一天，時任國民政府軍事委員會文化工作委員會主任並且被中共黨內確立為繼魯迅之後又一位文化楷模的郭沫若，邀約老舍等人登門看望冰心的病情，並且當場賦詩讚美冰心戰亂歲月的愛國情懷：

怪道新詞少，病依江上樓。
碧簾鎖煙靄，紅燭映清流。
婉婉唱隨樂，殷殷家國憂。
微憐松石瘦，貞靜立山頭。

在與中共及其週邊人士密切交往的同時，冰心與宋美齡所親信的基督教教友、婦指會總幹事張靄真也保持著良好關係。一九四五年三月，老同鄉、老同學王世瑛在重慶因難產去世，冰心聽到消息後不敢相信，便分別給王世瑛弟弟王世圻的太太張靄真，以及王世瑛丈夫張君勱的弟媳張肖梅寫信詢問。張靄真回信說：「六姐下山待產已月餘，臨產時心臟衰疲，心理上十分恐懼，產後即感不支，醫師用盡方法，終未能挽回，……」張肖梅回信說：「二家嫂臨終以前，並無遺言，想其內心痛苦已極，惟有以不了了之……」

關於冰心、吳文藻夫婦抗戰期間的愛國表現，晚年梁實秋在《記冰心》一文中，也有過這樣一段低調平實的回憶文字：「在抗戰期中做一個盡職的主婦真是談何容易，冰心以病軀肩此重任，是很難為她了。她後來遷至四川的歌樂山居住，我去看她，她一定要我試一試她們睡的那一張彈簧床，我躺上去一試，真軟，像棉花團，文藻告訴我她們從北平出來什麼也沒帶，就帶了這一張龐大笨重的床，從北平搬到昆明，從昆明搬到歌樂山，沒有這樣的床她睡不著覺！」

伴隨著政治地位的提升，吳文藻的學術參與度和學術影響力，由國內拓展到國際社會。一九四三年初，他參加中國訪問印度教育代表團，著重考察了印度的民族問題和印度教與伊斯蘭教的衝突問題。同年六月，他又參加西北建設考察團，主要負責新疆地區的民族問題調查。一九四四年底，他到美國參加戰時太平洋學會，討論各盟國戰後對日處理方案。會後還訪問了哈佛、耶魯、芝加哥、普林斯頓等美國名校的研究中心，深入瞭解美國學界戰時和戰後的研究動態，從而得知「行為科學」的研究，已經從「社會關係學」發展到以社會學、人類學、社會心理學相互結合的綜合性研究階段。

一九四六年初，吳文藻的清華同學朱世明將軍出任中國駐日代表團團長，約請吳文藻擔任該團的政治組長，兼任盟國對日委員會中國代表顧問。同年十一月，吳文藻回國把冰心和小女兒吳青接到東京。

一九四七年四月十七日，冰心在日本《主婦之友》雜誌發表《我所見到的蔣夫人》一文的同時，還在寫給與周恩來關係密切的女作家趙清閣的書信中，專門表示了對於國民參政會的熱心參與：「參政會還沒有通知，我也不知道是否五月開，他們應當早通知我，好作準備。這邊呆得相當膩，朋友太少了，風景也沒有什麼……」

同年五月十九日，冰心從日本東京回國，給宋美齡帶回日本《婦人公論》編輯部的約稿信函，其中寫道：「閣下曾在本刊（昭和十二年五月號）上，提倡過依靠婦女之手維持國際和平，不幸的是卻發生了與日本婦女意願相違背的殘酷戰爭。今天由於日中婦女合作的心願，必須確立真正的和平，請您再一次把玉稿贈予日本婦女。」

冰心回國後要求會面，宋美齡很快便安排接見。同年七月，冰心在南京參加第四屆國民參政會期間，收到宋美齡寫給日本《婦人公論》的親筆信，抄錄如下：

「日本婦人公論編輯部諸先生惠鑒：此次謝冰心女士返國帶轉瑤箋，欣悉日本婦女關懷國際和平問題，熱忱推進親善之美意，無任欣慰。過去日本軍閥侵略華夏，不但妨礙東亞安全且累及日本婦女。現在諸位欲參加政治，於國策之決定得有貢獻意見之機會，則促進世界和平之呼聲，當更易發生偉大之效力。願華日兩國婦女共同攜手，以樹人類永遠安居康樂之幸福。茲乘謝女士重赴東京之便，聊寄厚望。匆此裁答即頌撰安！

蔣宋美齡。中華民國三十六年六月三日。」

冰心將此信帶到日本，《婦人公論》一九四七年九月號採用《贈日本女性》的大標題，刊登了宋美齡的中文原信、日文譯文和大幅照片，並且在加寫編者按的同時配套刊登了冰心的介紹文章《最近的宋美齡女士》，其中寫道：

「今年五月十九日，我從東京出發前去參加在南京召開的參政會，這時《婦人公論》編輯部托我帶信給宋美齡女士。抵達南京後，我請求與宋女士會面。一天傍晚，宋女士打來了電話，我馬上趕到她的官邸。等了不到一分鐘，她從裡面走出來，先詢問了我的健康、我的家庭、中國代表團以及華僑的生活狀況，然後馬上詢問了戰後日本人民特別是婦女的情況。她對日本進步狀況一直頗為關心。那天由於太匆忙，忘了帶去捎來的信，所以在宋女士邀請全體女參政員出席宴會的那天，才把信交給了她。那封信不僅她讀了，二十七位女參政員也看了。宋女士一邊讀信一邊說：『對知識性要求較高的日本婦人公論雜誌要我寫篇文章，我也想寫，但實在是太忙了，恐怕寫一封短信也要竭盡全力了。』這天會上討論的大半是關於日本婦女的話題，我們談論到：日本婦女要對中國有深刻的認識，充分的瞭解，就必須相互勾通，加強合作，東亞和平的責任，從某種意義上說，很大一部分落在兩國婦女的身上。」

一九四八年一月，日本《淑女》雜誌在第一卷第一號隆重刊登冰心的談話錄《聞名於世的女傑・我眼中的宋美齡女士》，並且在編者按語中專門介紹說：「我們從來日的謝冰心女士那兒得知了舉世聞名的宋美齡女士的近況。謝冰心女士是宋美齡女士最好的朋友。」

冰心在這篇談話錄中，以生動活潑的口吻高調讚美了第一夫人宋美齡：「女士為主席做口譯、筆譯、寫稿件、接待客人，這些在家在外始終都是一樣的。即使說女士一天的生活全是按主席的政治事務計畫而展開的也不為過。女士有時是主席的顧問，有時是翻譯，有時是秘書，有時是老師。對主席來說，女士就像自己的眼睛和手一樣不可或缺。」

在冰心眼裡，宋美齡是個大忙人，儘管她把自己與蔣介石的政治活動綁在一起，但是，她還有自己不可替代的另外一些事情，譬如對中國空軍的鼎力扶持，對美國代表及軍事高參的關係協調，對戰爭孤兒的慈善撫養，組織婦女團體對於傷殘士兵的酬勞慰問等等。宋美齡以其女性的溫柔委婉與外交才能，書寫著一頁頁歷史。尤其難能可貴的是，繁忙的生活並沒有影響到她審美品味，她在任何場合、任何時候都不失其高尚優雅，她待人的態度總是那樣活潑溫和，她的言談舉止總是得體大方，她的衣著從不華麗，一年四季的色彩卻又搭配得恰到好處。除了騎馬之外，她一般情況都穿中國服裝。「女士對色彩的協調搭配無與倫比。曾經在訪美期間，女士登上了讓美國女性驚歎的有名的《Vogue》雜誌的封面。……並不僅限哪種顏色，宋女士能根據季節、天氣等不同情況，自由、大膽地搭配各種顏色，盡顯其美。」

有一次，美國女記者訪問宋美齡時表示：「您是我最崇拜的女英雄。」宋美齡卻微微一笑：「我不是故事裡所出現的那種女英雄。我只是一個女人，一個普通的平凡的女人。」冰心在敘述這些生活細節的同時，畫龍點睛地貢獻了她自己的高調讚美：

「是的，夫人是集各種各樣的特點于一身的女人。她喜歡整潔，衣服的顏色總是那麼地協調。她喜歡整齊、清潔，親手插桌上的花。她喜歡孩子並且喜歡幹廚房的家務。她還喜歡文學和藝術。這一切使兩個人的家庭生活美好而充實。」

關於蔣介石與宋美齡之間基督徒式的模範婚姻，冰心介紹說：「只有主席出席國會的時候，兩人才不在一起。其餘的時間都形影不離。讀書時一起，休息時也在一起，有主席的地方就有女士的姿容，有女士的地方就有主席的身影。所有旅行也是一同前往。所以，女士在戰爭中有好幾次差點因此身亡。說兩人像一樣東西的正反面，不如說兩人同時是一樣東西的表面抑或反面。主席從自己和夫人的名字中各取一個字刻在私人飛機上，並把飛機命名為『中美號』。『蔣中正』的『中』，『宋美齡』的『美』。……對主席來說，中國和夫人是獨一無二的愛的對象、尊敬的對象。這充分說明中國和宋美齡對中國來說是不可分割的。『中美號』裡整齊地放著兩張夫妻的床。它們友好可愛地並排著。當飛機飛行時，應該來到兩張床上的主人必到無疑。」

據冰心研究專家、福州冰心文學館館長王炳根在《塵封的美文》仲介紹，晚年冰心一直在遮蔽隱瞞自己與宋美齡及蔣介石之間曾經有過的親密關係。冰心去世之後的一九九九年冬天，他聽說天津有一位廢品收購者手上有冰心資料，便和冰心女婿陳恕專程探訪。在冰心「文革」時期寫下的交代材料所開列的作品目錄中，他們意外發現了冰心發表於日本《婦人公論》一九四七年九月號的《最近的宋美齡女士》的線索，從而揭開了在日本尋找冰心讚美宋美齡的三篇佚文的序幕。

四、冰心晚年的選擇記憶

種種跡象表明，既左右逢源又政治正確的冰心，是一個從來不把雞蛋放在一個籃子裡面的聰明女性。她在與宋美齡、蔣介石夫婦建立親密關係的同時，還與共產黨方面的周恩來等人建立秘密聯繫。對於前者，冰心晚年基於她既左右逢源又政治正確的處世方略和女性智慧，採取的是遮蔽隱瞞的態度；對於後者，她所採取的卻是引以為傲並且刻意炫耀的另一種態度。

關於自己抗戰時期的政治身份，冰心在《我的老伴——吳文藻》中半真半假、避重就輕地一筆帶過：「我這個以『社會賢達』的名義被塞進『參政會』的參政員，每月的『工資』也只是一擔白米。」與此形成鮮明對比的，是她寫作於一九九一年的《周恩來總理——我所敬仰的偉大的共產黨員》的高調回憶：「一九四一年春天，我在重慶的中華全國文藝界抗敵協會的歡迎會上，第一次幸福地見到了周總理。這次集會是歡迎從外地來到重慶的文藝工作者的。」

按照冰心的晚年回憶，她和吳文藻居留日本期間，一邊為國民黨政府提供公務服務；一邊與周恩來及中共地下黨保持秘密聯繫：「這時我們結交了一位很好的朋友——謝南光同志，他是代表團政治組的副組長，也是一個地下共產黨員。通過他，我們研讀了許多毛主席著作，並和國內有了聯繫。……我們有一位姓林的朋友——他是橫濱領事，對共產主義同情的，被召回臺灣即被槍斃了。文藻知道不能在代表團繼續留任。一九一零年他向團長提出辭職，但離職後仍不能回國，因為我們持有的是臺灣政府的護照。這時華人能在日本居留的，只有記者和商人。我們沒有經商的資本，就通過朱世明將軍和新加坡鉅賈胡文虎之子胡好的關係，取得了《星檳日報》記者的身份，在東京停留了一年，這時美國的耶魯大學聘請文藻到該校任教，我們把赴美的申請書寄到臺灣，不到一星期便被批准了！我們即刻離開了日本，不是向東，而是向西到了香港，在周恩來、羅青長的幫助下由香港回到了祖國！」

在此之前，不願意到美國留學的長子吳平，已經在中共地下黨安排下回到國內。他以到香港大學進修為名買到一張到香港而經塘沽的船票。「他把我們給國內的一封信縫在褲腰裡，船到塘沽他就溜了下去，回到北京。由聯繫方面把他送進了北大。因為他選的是建築系，以後又轉入清華大學——文藻的母校。他回到北京和我們通信時，仍由香港方面轉。因此我們一回到香港，北京方面就有人來接，我們從海道先到了廣州。」

一九五一年秋天，吳文藻、冰心一家回到北京。一九五二年初夏的一個夜晚，周恩來在中南海召見了夫婦二人。關於此事，與晚年冰心來往密切的老舍兒子舒乙，在《真人——冰心辭世十年祭》中寫道：「吳文藻和冰心一家由日本秘密回國是由周總理親自安排的，安全部具體實施營救和迎接的。到北京後周總理專門為他們買了一所小房，在東單洋溢胡同，並暫時對外保密。周總理親自接見了吳先生和謝先生，詳細聽取他們的彙報，並一再叮囑，今日所說一切『打死也不說！』『文革』時造反派追問她，對周總理都說了些什麼，她始終保持沈默，硬頂著，不吐一字，心裡就默念著周總理那句話『打死也不說』。」

曾經與吳文藻一樣被打為「右派分子」的老詩人邵燕祥，也在《冰心諍言一片冰心》一文中回憶說：「記得當時有一位同為民主人士的老詩人，抗戰期間也在大後方，曾對冰心所受的禮遇嘖有煩言，大意是說，冰心在重慶時還與宋美齡常有交往，連髮型都是『仿宋』的。不知者不怪，他不知道冰心是受周恩來也就是共產黨的委託，在山城陪都那樣複雜的形勢下，冒著『深入虎穴』的政治風險呢。在幾乎是不可抗拒的反右派鬥爭中，吳文藻先生被劃為『右派』，周恩來無力保護，卻還對他們夫婦親切勸慰。」

一九五八年四月，時任民族學院教授的吳文藻，繼冰心三弟謝為楫、長子吳平之後被打成右派分子，冰心在參加全國人大福建團會議時，也因此遭到集體圍攻。危難之中，周恩來夫婦派小車把冰心接到中南海西花廳。「我一見到鄧大姐就像見了親人一樣，我的一腔冤憤就都傾吐了出來！我說：『如果他是右派，我也就是漏網右派，我們的思想都差不多，但決沒有反黨反社會主義的思想！』我回來後向文藻說了總理夫婦極其委婉地讓他好好改造。他在自傳裡說『當時心裡還是感到委屈和沉悶，但我堅信事情終有一天會弄清楚的。』一九五九年十二月，文藻被摘掉右派分子的帽子。一九七九年又把錯劃予以改正。」

作為《周恩來總理——我所敬仰的偉大的共產黨員》一文的結束語，冰心寫道：「周恩來總理是我國二十世紀的十億人民心目中的第一位完人！」與這句話相對應的，是冰心在日文訪談錄《我眼中的宋美齡女士》中的另外一句話：「（蔣夫人宋美齡）是集各種各樣的特點于一身的女人。」可以說，冰心在國共兩黨的宋美齡和周恩來之間既左右逢源又政治正確的處世方略和女性智慧，在這兩句話中表現得淋漓盡致。

一九九一年是胡適誕辰一百周年，冰心在這一年的《新文學史料》第四期發表《回憶中的胡適先生》以示紀念，其中另有既左右逢源又政治正確的選擇記憶和虛構造假：「我和胡適先生沒有個人的接觸，也沒有通過信函。」

在中華書局出版的《胡適來往書信選》的中冊和下冊裡，各有一封冰心寫給胡適的書信，從中可以看出，冰心家人與胡適家人之間多有交往。另據胡適一九三三年十二月三十日的日記，燕京大學國文系同學會當天舉行年終聚會，吳世昌雇計程車迎接胡適、周作人一同前往。「同座有燕京教員顧頡剛、郭紹虞、鄭振鐸、馬季明、謝冰心諸人，客人有俞平伯、沈從文、巴金、靳以、沈櫻、楊金甫諸人，……」

一九八五年九月二十四日，吳文藻因病去世，享年八十四歲。一九九九年二月二十八日，冰心在北京醫院逝世，享年九十九。這位先後擔任過中國民主促進會中央名譽主席、中國文聯副主席、中國作家協會名譽主席、中國翻譯工作者協會名譽理事等多項職務的世紀老人，被冠以「二十世紀中國傑出的文學大師，忠誠的愛國主義者，著名的社會活動家，中國共產黨的親密朋友」的政治榮譽，極其罕見地享受到了黨和國家最高規格的葬禮哀榮。

二〇一二年六月一日，廣州《羊城晚報》在《冰心孫子因家庭糾紛用紅漆毀其墓碑》一文中報導說，五月三十一日，冰心的嫡親長孫吳山，在位於北京八達嶺景區的冰心、吳文藻紀念碑上，用紅漆寫上「教子無方枉為人表」八個大字。事情的起因是吳山七十二歲的母親陳凌霞長期患病，與小自己四十歲的前秘書之間有婚外情的八十一歲的老父親吳平，提出離婚時卻拒絕分割名下房產，尤其是冰心去世時遺留的十一套半房產中歸屬吳平的那部分房產。法院支持離婚的判決書在吳山看來有失公平，他覺得已經無路可走，只能用這種極端方式引起社會關注。

由這則消息，筆者聯想到曾任海澱區人大代表的冰心小女兒、北京外國語大學教授吳青，寫在《愛的教育：懷念母親冰心》中的一段話：「媽媽重視教育，特別是愛的教育。……抗戰時，全家逃難，家境不好，只有週末『打牙祭』，吃葷菜。平時每天只要放學後馬上回家，不在外面玩，媽媽就會給我和姐姐小點心吃。每人兩三塊餅乾，不夠吃，我們有時就會偷。媽媽發現後就先啟發我們自己承認錯誤，如果抵賴，她就用很特殊的辦法懲治我，用肥皂刷牙，讓我喝去掉糖衣奎寧藥的水，非常的苦。這讓我記一輩子，不能說假話，做錯了事，要承認，要說真話，這才是改錯的第一步。」

幾年前，筆者在一次集會上也曾經親耳聆聽吳青教授講過這件事情，當時感覺很是怪異，只是從來沒有想到冰心老人這種「愛的教育」，與「教子無方枉為人表」之間存在著一種內在聯繫。事實證明，在冰心老人的左右逢源與選擇記憶的人生傳奇中，是存在著一種隱晦幽暗、深謀遠慮的女性智慧和女權考量的。（本文在《同舟共進》發表後，責任編輯郭芙秀女士轉來葉劍英元帥養女、著名記者戴晴女士一份郵件，抄錄在此供讀者分享：「謝謝惠寄貴刊——真是越辦越好！這回給你寫信，想請你代我給這期作者張耀杰先生轉一句話：耀杰兄，好文章！關於『打死也不說』的答案，只須在你自己的文字裡就能找到——四十四頁左欄十一行，『在周恩來、羅青長的幫助下』，為什麼羅專門出面？可知一九五〇年在香港，她已經是光榮的中共社會部（即後來的中調部、國家安全部）戰士啦。此情，在北京文壇，已是公開秘密（恰如英若誠為公安部工作），不過這回由吾兄挑明而已。」）

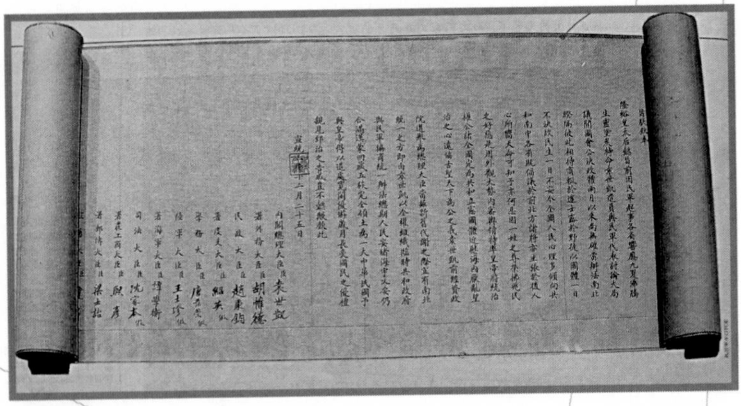

遜位詔書

附錄一：清帝遜位詔書的百年懸案

《清帝遜位詔書》顯然不是出自一人之手，而是南北雙方的隆裕太后、袁世凱、孫中山、伍廷芳、唐紹儀、汪精衛、梁士詒、阮忠樞、華世奎、阮忠樞、汪榮寶、張元奇、徐世昌、朱芾煌、李石曾等人反覆協商修改的集體智慧的結晶。張謇日記中的相關記錄足以證明，他既不是《清帝遜位詔書》最初草稿的撰稿人，也不是最終定稿的撰稿人。

辛亥年臘月二十五日即一九一二年二月十二日，剛剛六歲的宣統皇帝溥儀，奉隆裕太后懿旨下詔遜位，既終結了大清王朝持續二百六十八年的異族統治，也終結了中國歷史上長達數千年的家天下、私天下的皇權專制。在此後的一百年間，到底是誰執筆起草了該項詔書，一直是眾說紛紜的歷史懸案。

一、一月二十一日的遜位詔書

傅國湧在《百年辛亥：親歷者的私人記錄》一書中，圍繞《清帝遜位詔書》的反覆協商，較為全面地羅列了第一手的文獻資料，其中較早提到遜位詔書的是資政院議員、協纂憲法大臣汪榮寶（袞甫），和具有全國性影響力的江蘇省臨時議會議長張謇（季直）。一九一二年一月十九日，家住天津的汪榮寶在日記中記載，他聽說遜位詔書已經預備妥帖，三四日必當宣佈。一月二十日，家住江蘇南通的張謇也在日記中記載說，他看到了隆裕太后不日遜位之報。

一月二十二日，汪榮寶聽說「內閣擬就上諭兩道，一為遜國，一為宣戰，閣臣不自擅決，付諸皇族會議。但若採用乙種辦法，閣臣即一律辭職。」這一天是舊曆辛亥年的臘月初四，據張謇日記記載，他於當天來到上海，「知北方遜位詔初三日本可下，以南方一電疑而沮焉。」

由此可知，早在臘月初三也就是一九一二年一月二十一日之前，已經存在一稿與張謇和汪榮寶都沒有直接關係的《清帝遜位詔書》。張謇在上海期間，自然會與南北和談的關鍵人物趙鳳昌、伍廷芳、唐紹儀、汪精衛等人當面會商。他所說的「疑而沮焉」，指的是本名孫文的孫中山於一月十八日電告伍廷芳，要求由唐紹儀向袁世凱轉告五條要約：一、清帝退位，其一切政權同時消滅，不得私授於其臣。二、在北京不得更設臨時政府。三、得北京實行退位電，即由民國政府以清帝退位之故，電問各國，要求承認中華民國彼各國之回章。四、文即向參議院辭職，宣佈定期解職。五、請參議院公舉袁世凱為大總統，如此方於事實上完善。

據伍廷芳在《共和關鍵錄》中記載，因為遜位詔書沒有按照原定計劃於一月二十一日如期頒佈，他於當天致電孫中山通報與袁世凱之間的交涉情況，同時建議清帝遜位之後，「宜由袁世凱君與南京臨時政府協商，以兩方同意組織統一全國政府」。《清帝遜位詔書》中最具爭議的「即由袁世凱以全權組織臨時共和政府，與民軍協商統一辦法」一句話，顯然脫胎於伍廷芳的這份電文。孫中山收到電文後，撇開南北雙方秘密進行的議和程序，於一月二十二日採取公開通電方式表達自己的強烈不滿：「就各來電視之，袁意不獨欲去滿政府，並須同時取消民國政府，自在北京另行組織臨時政府，則此種臨時政府將為君主立憲政府乎？抑民主政府乎？人誰知之？縱彼有謂為民主政府，又誰為保證？」

為了嚴格限制自己一方必須按照前約辭職讓位卻又不予信任的袁世凱，孫中山在該項通電中提出最後通牒式的五條辦法：其一，清帝退位，由袁同時知照駐京各國公使電知民國政府現在清帝已經退位，或轉飭駐滬領事轉達亦可。其二，同時袁須宣佈政見，絕對贊同共和主義。其三，文接到外交團或領事團通知清帝退位佈告後，即行辭職。其四，由參議院舉袁為臨時總統。其五，袁被舉為臨時總統後，誓守參議院所定之憲法，乃能接受事權。

二、優待條件的反覆協商

隨著秘密議和被孫中山單方面公開曝光，包括清帝遜位條件在內的議和談判只好推倒重來，伍廷芳繼唐紹儀之後憤而辭職，孫中山在一月二十三日的「梗二」覆電中加以慰留。二月一日，汪榮寶聽說遜位詔書將於二月四日頒佈。同一天，與袁世凱關係密切的英國《泰晤士報》駐北京記者莫理循在日記中寫道：「退位詔書將在二月四日宣佈，我生日的那一天！」

二月二日，袁世凱總理公署的幕僚秘書許寶蘅在日記中記載，他於當天到公署，聽說國務大臣入對商酌優待條件，隆裕太后甚為滿意，皇室親貴也表示認可。同一天，人在天津的汪榮寶，聽說遜位詔書已經於午後四時頒佈。

二月三日，許寶蘅在日記中寫道：「六時起，到公署，總理入對……」羈留上海的張謇在當天日記中記載，袁世凱（慰廷）當天進宮，「陳說遜位及優待條件」。同一天，袁世凱將經過隆裕太后認可的《關於大清皇帝優禮之條件》九款、《關於皇族待遇之條件》四款、《關於蒙滿回藏各族待遇之條件》七款，分別列為甲、乙、丙三項電告伍廷芳。

二月四日，汪榮寶從《北京日報》看到的消息是，遜位元詔書當天不能發表，有緩至八日之說。張謇在當天日記中寫道：「聞慰廷已有議優待條件之權。」同一天下午，伍廷芳、唐紹儀、汪精衛從上海來到南京。當天晚上，孫中山召集各部總次長在總統府討論袁世凱電告的優待條件。

二月五日上午，臨時參議院開議孫中山交議之優待清室各條件，孫中山委派胡漢民、伍廷芳、汪精衛蒞會說明。參議院對該項條款逐條討論，將《關於大清皇帝優禮之條件》改作《關於清帝遜位後優待之條件》，並對原案中尊號、歲費、住地、陵寢、崇陵工程、宮中執事人員、清帝財產、禁衛軍等項進行修改，刪去第八款「大清皇帝有大典禮，國民得以稱慶」。同一天，汪榮寶收到袁世凱親信助手梁士詒、阮忠樞的來信，說是袁世凱催促他入京襄助閣務。

二月六日，伍廷芳將參議院議決之修正條款電覆袁世凱，並且在發給南京臨時政府大總統孫中山、國務各部總長、參議院議長的電文中，抄錄了他對於清軍將領馮國璋等人主張共和電文的答覆：「惟所堅持者在清帝實行遜位，蓋必如是，然後共和國體乃完全成立，否則有類君位之嫌，故獨於此始終堅持。要之全國人民為共和而流之血前後積聚，可成江河。萬不能含糊了事，以貽後禍。」《清帝遜位詔書》中「特率皇帝將統治權公諸全國，定為共和立憲國體，……總期人民安堵，海宇乂安，仍合滿、漢、蒙、回、藏五族完全領土，為一大中華民國」的核心內容，在此已經得到初步表述。

同樣是在這一天，莫里循在給布拉姆的書信仲介紹遜位詔書說，「這道諭旨正由梁士詒草擬中，昨天他還同我磋商這件事，他認為在十天之內不可能頒發……」天津《大公報》於當天報導，遜位詔書的草案於二月二日呈進，執筆者為華世奎、阮忠樞。二月七日，《大公報》又刊登消息稱，遜位元詔書是隆裕太后命徐世昌起草的，昨已將草案交袁世凱校閱，袁以此次皇上退出政權，斷非歷代亡國可比，等將來頒詔時擬由內閣撰定，請旨頒佈。

據汪榮寶日記記載，他於二月六日從天津來到北京，正式參與袁世凱總理公署的機要文案，得知由南方回覆的優待條件，已經由隆裕太后親自改定。二月八日，袁世凱內閣著手預備清帝遜位之後的各項善後文案，由汪榮寶負責起草《對北方各省督撫宣言》，其中寫道：「此次改革為中國從來未有之變局，非捨故君而代以新君，乃由帝政而變為民政，非但與印、韓諸國亡國敗家者不同，抑且與夏商以來易姓受命迥異。……幸各同心戮力，克奏成功，有以慰同胞望治之心，方不負清廷致政之意。」該項宣言經過梁士詒、袁世凱的補充修改，於二月十三日用「全權袁」的名義以《致北方各督撫各府州縣電》為標題公開發表，同時公開發表的還有《關於組織臨時共和政府佈告》等多項文告。

同樣是在二月八日，孫中山在南京總統府會見美國記者麥考密克和駐華使館參贊鄧尼時，介紹了「清廷的退位詔書已經寫好，只因南北雙方的態度尚待協調，延遲未發」的政制形勢，並且承認單邊成立的南京臨時政府事實上的「不合法」。

二月九日，梁士詒告訴汪榮寶說：「南中激烈派反對優待條件，議欲殺唐、伍兩君，恐生枝節。」汪榮寶和陸宗輿打算致電張謇設法疏通。隨後，他擬諭旨一道，又擬電文兩通。同一天，留在北京與袁世凱、梁士詒、袁克定等人直接溝通協商的同盟會會員朱芾煌、李石曾致電汪精衛，所談論的正是《清帝遜位詔書》和另一道優待條件詔書中的關鍵性措辭：「已向袁、梁盡力交涉，舌戰良久，……惟退位事，字樣改為『以權位公諸天下』。又清帝退位之後，『尊號仍存不廢』數字，須改為『大清皇帝尊號源（延）纜（續）如舊』等字。芾思此數字名異實同，似不妨少為退就；為彼留對付清後地步。據梁云，若民軍能照此答覆，必能即刻宣佈共和。」

莫里循也在當天寫給布位姆的書信中介紹說：「目前已準備了三個文件，一、退位詔書；二、皇帝宣佈退位的文告；三、致各國公使館的通函。梁士詒，郵傳部長，正在撰寫退位詔書；文告是大約二十位大臣共同寫成的，致各國公使館的通函是顏惠慶博士用英文寫的，已經譯成中文，目前正由袁世凱審閱。」

二月十日是俗稱「小年」的舊曆臘月二十三，許寶蘅在日記中記載，隆裕太后在養心殿受禮，「慈顏頗為憔悴」。同一天，朱芾煌、李石曾致電汪精衛，說是他們於當天同見梁士詒，得知「已將遜位詔擬定呈進，念六或念八准發表」。這裡的「念六或念八」，指的是舊曆辛亥年的臘月二十六或二十八日，也就是一九一二年二月十三或十五日。

同樣是在二月十日，汪榮寶在內閣得知，優待條款的最後版本已經得到南方議和代表伍廷芳回電同意。梁士詒囑託他草擬奏稿於第二天呈遞。飯後，梁士詒又要他按照袁世凱的意思將奏摺修正數處，下午四時脫稿。已經把政制立場轉移到南京臨時政府一邊的北方議和代表唐紹儀，於同一天在致袁世凱電中強調說：「至優待條件發生於辭位，若云辭政，則十九條已無政權，何待今日是。十四省軍民以生命財產力爭，專在位字。明日入覲，務懇力持辦到辭位二字，即時發表。」

三、遜位詔書的正式頒佈

二月十一日，汪榮寶被內閣電話緊急召回。梁士詒、阮忠樞告訴他說，遜位詔書發表在即，應辦文牘甚多。他於當天草擬電稿及信稿各兩件。同一天，張謇在日記中寫道：「聞清帝已定遜位而中尼。」

二月十二日早晨，汪榮寶來到內閣。「本日國務大臣入內請旨發表，同人均來此靜候，惴惴恐有中變，比及午，聞各大臣到閣，一切照辦矣。」接下來，他抒寫了與《清帝遜位詔書》高度一致的個人感慨：「大清入主中國自順治元年甲申至今宣統三年辛亥，凡歷十帝二百六十八年，遂以統治權還付國民，合滿漢蒙回藏五大民族為一大中華民國，開千古未有之局，固由全國志士辛苦奔走之功，而我隆裕皇太后尊重人道，以天下讓之，盛心亦當令我國民感念於無極矣，……隆裕皇太后其可謂至德也已矣。」當天下午，汪榮寶登高望遠時進一步感慨道：「匕鬯不驚，井邑無改，自古鼎革之局豈有如今日之文明者哉？」

袁世凱等國務大臣請旨發表的是包括《清帝遜位詔書》、《優待條件詔書》、《善後安民詔書》在內的三道詔書。汪榮寶在二月十日的日記中所記載的草擬並修改的奏摺，極有可能就是這三道詔書的正式文本。

二月十三日，張謇在南通得知遜位詔書已經於前一天頒佈。二月十五日，他在故鄉海門長樂看到該項詔書，便在日記中寫道：「此一節大局定矣，來日正難。」

遜位詔書頒佈十天後，上海《申報》於二月二十二日以《清後頒詔遜位時之傷心語》為標題報導說：「此次宣佈共和，清諭係由前清學部次官張元奇擬稿，由徐世昌刪訂潤色，於廿五日早九鐘前清後升養心殿后，由袁世凱君進呈。清後閱未終篇已淚如雨下，隨交世續、徐世昌蓋用御寶。此時溥偉自請召見，意在阻撓此詔。而清後並詔某大臣曰：『彼親貴將國事辦得如此腐敗，猶欲阻撓共和詔旨，將置我母子於何地！』此時無論是何貴族，均不准進內，於是蓋用御寶陳於黃案，清後仍大哭。清帝時立清后懷中，見狀亦哭，袁世凱君及各國務大臣亦同聲一哭。」

四、以訛傳訛的事後回憶

張謇去世之後，他惟一的兒子張孝若在《南通張季直傳記》初稿中談到「不久內閣即日遜位的覆電，來到我父的手中」時，摘錄引用了與正式的遜位詔書在措辭上多有不同的內閣覆電：「……前因民軍起事，各省回應，九夏沸騰，生靈塗炭，特命袁世凱為全權大臣，遣派專使與民軍代表討論大局，議開國民會議，公決政體。乃旬月以來，尚無確當辦法。南北暌隔，彼此相持，商輟於途，士露於野，徒以國體一日不決，故民生一日不安。予惟全國人民心理，既已趨向共和，……更何忍侈帝位一姓之尊榮，拂億兆國民之好惡。予當即日率皇帝遜位，……聽我國民合滿、漢、蒙、藏、回五族共同組織民主立憲政治。……務使全國一致洽於大同，蔚成共和郅治，予與皇帝，有厚望焉。」

胡漢民閱讀傳記初稿後，於一九三〇年二月十八日給為該傳記題寫書名的譚延闓（組安）寫了一封信，隨後被張孝若錄入傳記正文之中：「組安先生惠鑒：季直先生傳記第八章文字，似有可補充者。清允退位，所謂內閣覆電，實出季直先生手。是時優待條件已定，弟適至滬，共謂須為稿子予清廷，不使措詞失當，弟遂請季直先生執筆，不移時脫稿交來，即示少川先生，亦以為甚善，照電袁，原文確止如此，而袁至發表時，乃竄入授彼全權一筆。既為退位之文，等於遺囑，遂不可改。惟此事于季直先生無所庸其諱避。今云『來到手中』，頗為晦略，轉覺有美弗彰，豈孝若君尚未詳其事耶？有暇請試詢之。」

接下來，張孝若又寫道：「得此信不多日，又聽說我父此項親筆原稿，現存趙先生鳳昌處。辛亥前後，趙先生本參與大計及建立民主之役。那時我父到滬，也常住趙先生家，此電即在彼處屬稿，固意中事也。」

據主持整理袁世凱關於《清帝遜位詔書》的朱批原件的駱寶善先生告知，遜位詔書中的「即由袁世凱以全權組織臨時共和政府，與民軍協商統一辦法」一句話，並不是像胡漢民所說的那樣，由袁世凱「至發表時，乃竄入授彼全權一筆」。經過南北雙方反覆協商的《清帝遜位詔書》的原文，是「即由袁世凱以全權與民軍組織臨時共和政府，協商統一辦法」，袁世凱只是改動了「與民軍」三個字的前後位置。由此可知，胡漢民所謂「實出季直先生手」的「所謂內閣覆電」，只是南北雙方反覆修改的諸多遜位詔書未定稿中的某一稿，既不能證明確實是出自張謇的手筆，更不是袁世凱最後朱批審定的詔書文稿。而且當時袁世凱內閣覆電的主要對象，應該是作為南方議和全權代表的伍廷芳而不是張謇。

一九三六年十月，曾經與梁士詒、阮忠樞、汪榮寶、許寶蘅、華世奎等二十多人一起在袁世凱內閣的總理公署擔任幕僚秘書的葉恭綽，在袁世凱、梁士詒、阮忠樞、汪榮寶、張謇、趙鳳昌等歷史當事人相繼離世的情況下，在《越風》半月刊第二十期發表《辛亥宣佈共和前北京的幾段逸聞》一文。其中回憶說，張錫鑾早就叫人草擬一份遜位詔書，大家認為冗長，就交給他修正。他覺得為時還早，就密藏在衣袋中。拖到一九一二年二月七日前後，他正準備動筆，而南方已擬好一稿電知北京，「此稿聞係張謇、趙鳳昌所擬」，「由某君修改定稿。此稿末句『豈不懿歟』四字，聞係某太史手筆，余甚佩之。蓋捨此四字，無可收煞也。」

但是，張謇二月七日為漢冶萍借款致孫中山、黃興的信函中介紹說，他「前以借款及鹽事，羈留滬上。……聞精衛偕少川昨已去寧會商處置清室辦法，想此後不至再有變動矣。」假如二月五日上午與伍廷芳、汪精衛一起到臨時參議院解釋孫中山交議之優待清室各條件的總統府秘書長胡漢民，當時正在上海請張謇執筆草擬《清帝遜位詔書》的話，張謇是不會採取如此遊移不定的口吻談論此事的。

一九三九年由鳳岡及門弟子編寫出版的《民國梁燕孫先生士詒年譜》，沿襲張孝若和葉恭綽的說法敘述道：「退位詔書是清一代最後結束，原文係由南中將稿電來，該稿為張謇手筆，後經袁左右增加授彼全權一筆而發表（見張孝若書），其所插入語對於後來發生不少影響。末三語為天津某巨公所擬，末一語尤為人所稱道，蓋分際輕重，恰到好處，欲易以他語，實至不易也。」

這裡的「天津某巨公」與葉恭綽的「某太史」的所指，應該是隆裕太后所依賴的袁世凱的結拜兄弟、時任軍諮大臣加太保銜的徐世昌。葉恭綽的回憶文章比張孝若的《南通張季直傳記》還要晚出，他所說修改定稿的「某君」，應該是比他層級更高的梁士詒、阮忠樞、汪榮寶等人中的某一個。他寫這篇回憶文章的目的，主要是表明自己在當年宣佈共和的歷史事件中佔有一個位置而已。

與胡漢民借助於授意張謇執筆撰寫《清帝遜位詔書》來標榜自己並且誣陷袁世凱相

類似，時任張謇在上海郊區創辦的大生二廠經理、又名劉垣的劉厚生，晚年在《張謇與辛亥革命》一文中回憶說，《清帝遜位詔書》由他執筆起草，經張謇「略易數字」轉交唐紹儀，由唐紹儀電告北京。為了強調自己在這一歷史事件中的重要性，劉厚生用小說化的代言筆法介紹說：「據好幾個參與清廷機密的老朋友說：電稿到京後，袁世凱、徐世昌就把稿子交給汪袞甫（榮寶）。汪讀後，就說：『張季直為文，力模班史，詞句硬碰硬，此稿卻婉轉莊肅，情見乎詞，不類季直手筆，或當另有其人。』汪遂援筆修改，把我原文末句『有厚望焉』改為『豈不懿歟』。定稿後，就送給隆裕太后。隆裕太后見稿，泫然流涕說：『我和皇帝決不以一姓尊榮，叫四萬萬人吃苦頭。』她一頭看，一頭哭，忍淚說道：『這裡所說的話，都是我心裡要說的話。』」

五、遜位詔書是集體智慧的結晶

事實上，《清帝遜位詔書》結尾採用「豈不懿歟」的直接原因，是在與其相配套的清帝遜位優待條件詔書中，已經採用「有厚望焉」的結束語。「豈不懿歟」四個字在當年的皇家詔書中，其實是一種常用套話，葉恭綽、梁士詒的「鳳岡及門弟子」以及劉厚生拿這四個字大做以訛傳訛的小文章，恰恰反證了他們因為層級太低而接觸不到核心機密的眼光短淺、格局狹隘。

相比之下，趙鳳昌（竹君）的兒子、辛亥革命期間只有十四歲的趙尊嶽，在寫於一九六一年的《惜陰堂辛亥革命記》中，表現出的更是捕風捉影的信口開河：「張手稿存惜陰堂有年，某年《申報》國慶增刊，屬余記辛亥事，因影印以存其真，惟張譜失載其事。至孝若、劉垣載傳，始揭出之。先公嘗語張曰：朝廷養士三百年，君以文士，策名狀頭，固不當善為之詞，以酬特達之知耶。胡漢民初不知其事，以為別出他手。至孝若傳記及影印本出，始爽然自愧失言矣。」關於這段文字傅國湧評論說，「遺憾的是在《申報》上找不到這份影印件，張謇本人的日記、自訂年譜也找不到任何痕跡。張謇到底是否起草了退位詔書初稿，迄今仍無法定論。……這樣一份劃分時代的文件，當然不可能出自一個人之手，而是經過多次籌商、討論、修改的。」

綜合上述材料，《清帝遜位詔書》顯然不是出自一人之手，而是南北雙方的隆裕太后、袁世凱、孫中山、伍廷芳、唐紹儀、汪精衛、梁士詒、阮忠樞、華世奎、阮忠樞、汪榮寶、張元奇、徐世昌、朱芾煌、李石曾等人反覆協商修改的集體智慧的結晶。張謇日記中的相關記錄足以證明，他既不是《清帝遜位詔書》最初草稿的撰稿人，也不是最終定稿的撰稿人。在反覆改寫的遜位詔書的諸多起草人和改稿人甘願隱退的情況下，非要憑藉並不充足完整的證據鏈條來證實該項詔書出自張謇或別人之手，是完全沒有必要的。需要充分肯定的其實只有一點：真正意義上的共和立憲，並不只是取消大清王朝的皇權帝制，而是在相互平等的雙方及多方之間，依照以人為本、主權在民、權為民所賦、程序正義優先於實體正義的憲政法理，成功實現最多同類項和最大公約數的求同存異、協商一致。這份明確規定要建設實現「將統治權公諸全國，定為共和立憲國體，……總期人民安堵，海宇乂安，仍合滿、漢、蒙、回、藏五族完全領土」的「大中華民國」的兼有國家憲法契約和國際外交契約性質的遜位詔書，所呈現的正是南北雙方從事共和協商的相關人等最為廣泛和最高境界的價值共識。

附錄二：嚴復與呂碧城的師生情緣

二十五歲的呂碧城，在與恩重如山的支持者英斂之夫婦、傅增湘夫婦以及自己的二姐呂美蓀（又寫作眉生、梅生）恩斷義絕的情況下，是大她二十九歲的前輩師長嚴復，為她提供了一個充滿詩情畫意的精神港灣。隨之而來的，便是師生二人婉約曖昧、欲說還休的一場男女情緣。

一九〇八年十月七日，英斂之在日記中記錄了他與才貌俱佳的紅粉知己、天津北洋女子公學校長呂碧城之間的絕情斷交。二十五歲的呂碧城，在與恩重如山的支持者英斂之夫婦、傅增湘夫婦以及自己的二姐呂美蓀（又寫作眉生、梅生）恩斷義絕的情況下，是大她二十九歲的前輩師長嚴復，為她提供了一個充滿詩情畫意的精神港灣。隨之而來的，便是師生二人婉約曖昧、欲說還休的一場男女情緣。

一、嚴復與呂碧城的初期交往

嚴復，原名宗光，字又陵，後改名復，字幾道，福建侯官（今閩侯）人。一八六六年入福州船政學堂學習，一八七七年被派往英國學習海軍，回國後曾北上天津，在李鴻章的賞識支持下，長期擔任北洋水師學堂的總教習和相當於校長的總辦之職。在此期間，他通過翻譯改寫英國生物學家赫胥黎的《天演論》一書，以「物競天擇」、「適者生存」的生物進化理論，闡述救亡圖存的社會觀念，影響了傳統中國整整一代的讀書人。

一九〇二年六月十七日，由本名敷霖的天津紫竹林天主教總管、大鹽商柴天寵，聯合建築商王郅隆等人集股創辦，由天主教徒英斂之擔任總經理的《大公報》創刊，該報的刊頭是嚴復用隸書題寫的。一九〇四年，嚴復辭去京師大學堂編譯局總辦一職南下上海，一九〇五年協助著名天主教徒馬相伯創辦復旦公學。一九〇七年，嚴復一度北上京津，在此期間為英斂之出版的《也是集》寫作了序言。一九〇八年八月，嚴復應接任袁世凱直隸總督之職的楊士驤聘請，再一次來到天津。同年九月，他專門為呂碧城講解耶芳斯（William Jevons）的《名學淺說》（Primer of Logic）。他所說的「名學」，就是現在通稱的邏輯學，《名學淺說》又譯《名學啟蒙》。據嚴復在該書序言中介紹：「戊申孟秋，浪跡津沽，有女學生旌德呂氏諄求授以此學，因取耶芳斯淺說排日譯示講解，經兩月成書。」

呂碧城，原名賢錫，又名蘭清、若蘇；字遁天，又字明因、聖因、曼智；筆名碧城女史呂蘭清、曉珠、信芳詞侶等。祖籍安徽省旌德縣廟首鄉，清光緒九年即一八八三年生於山西太原，其時她的父親呂鳳岐正在山西學政任上。呂碧城天資聰慧，文思敏捷，五歲時就能用「秋雨打梧桐」應對父親「春風吹楊柳」的詩句，七歲能繪巨幅山水，十二歲詩文成篇，每有詞作問世，遠近爭相傳誦。「碧城」二字原本是道教話語，《太平御覽》卷六七四引用《上清經》的話說，被傳統道教奉為元始天尊的老子李聃，「居紫雲之闕，碧霞為城」，後人因此用「碧城」來形容神男仙女居住的處所。從碧城女史的署名中，可以見出呂碧城以仙人自居的心高氣傲、目空一切。

在一九〇八年九月十一日至十一月十三日的日記中，嚴復詳細記錄了翻譯講解《名學淺說》的進度。如九月十一日開始翻譯《名學啟蒙》。九月十四日「到女子公學，以《名學》講授碧城」。十一月十三日譯《名學》完。另據呂碧城在一九三二年寫作的《歐美之光・使人惡化之科學》中回憶，嚴復當時曾書寫「明因讀本」四字於《名學啟蒙》的講義上，呂碧城因此曾改字為「明因」。

關於自己與呂碧城的初步交往，嚴復在九月七日寫給甥女何紉蘭的長篇書信中介紹說：「吾來津半月，與碧城見過五六面，談論多次，見得此女實是高雅率真，明達可愛，外間謠諑，皆因此女過於孤高，不放一人在於眼裡之故。英斂之、傅問沅所以譭謗之者，亦是因渠不甚佩服此二人也。據我看來，甚是柔婉服善，說話間，除自己剖析之外，亦不肯言人短處。……渠看書甚多，然極少佩服孔子，坦然言之；想他當日出而演說之時，總有一二回說到高興處，遂為守舊人所深嫉也。」

二、嚴復與呂碧城的婚姻觀念

在這封長篇書信中，最值得注意的是嚴復與呂碧城師生兩代人之間關於婚姻不自由的高度共識：「吾一日與論自由結婚之事，渠云，據他[她]看去，今日此種社會，尚是由父母主婚為佳，何以言之？父母主婚雖有錯時，然而畢竟尚少；即使錯配女子，到此尚有一命可以推諉。至今日自由結婚之人，往往皆少年無學問、無知識之男女。當其相親相愛，切定婚嫁之時，雖旁人冷眼明明見其不對，然如此之事何人敢相參預，於是苟合，謂之自由結婚。轉眼不出三年，情境畢見，此時無可委過，連命字亦不許言。至於此時，其悔恨煩惱，比之父兄主婚者尤深，並且無人為之憐憫，此時除自殺之外，幾無路走。渠雖長得不過二十五歲，所見多矣。中國男子不識義字者比比皆是，其于父母所定尚不看重，何況自己所挑？且當挑時，不過彼此皆為色字，過時生厭，自爾不終；若是苟且而成，更是看瞧不起，而自家之害人罪過，又不論也。其言如此。我聞其言，不意此女透徹至此。」

與這段話相對應，恩格斯在《反杜林論》中介紹說：「無論自願的形式是受到保護，還是遭受踐踏，奴役依舊是奴役。甘受奴役的現象發生於整個中世紀，在德國直到三十年戰爭後還可以看到。普魯士在一八〇六年戰敗之後，廢除了依附關係，同時還取消了慈悲的領主們照顧貧、病和衰老的依附農的義務，當時農民曾向國王請願，請求讓他們繼續處於受奴役的地位——否則在他們遭受不幸的時候誰來照顧他們呢？……無論如何，我們必須認定，平等是有例外的。對於缺乏自我規定的意志來說，平等是無效的。」

恩格斯所區分的是恰好相反的兩種文明境界和人生價值。在西方社會裡，雖然也存在著人身依附性質的甘受奴役；但是，從古希臘、古羅馬以來的西方工商契約社會的主流文明所正面提倡的，一直是主體個人以人為本、自由自主、財產私有、意思自治、契約平等、民主授權、憲政限權、大同博愛的另一種價值譜系；也就是胡適於一九一八年在《新青年》「易卜生號」中，破天荒第一次為中國社會介紹提倡的「健全的個人主義」的價值觀念。與這種更加先進也更加普世的文明境界和價值譜系相比較，既心高氣傲、目中無人又不得不在男女婚姻方面依賴于父母之命的呂碧城，以及自以為學貫中西卻偏偏反對婚姻自由的嚴復，依然停留在因為「缺乏自我規定的意志」而「甘受奴役」的前文明甚至反文明的思想侷限之中。他們對於中國傳統農耕遊牧社會等級森嚴的父權家庭、官權社會、皇權國家的強權專制，保留著根深蒂固的人身依附性質的依賴心理。

在同一封書信中，嚴復還談到呂碧城的舅舅嚴海帆的家庭糾紛：「伯玉夫婦等已於昨晚到津，亦住長髮棧。伯玉因呂姑太事，夫妻似有反唇……」

這裡的「伯玉夫婦」，指的是嚴復的長子嚴伯玉及其妻子呂靜宜。呂靜宜的父親呂增祥，是協助漢語寫作能力嚴重欠缺的嚴復共同翻譯《天演論》的同僚好友。一九〇一年五月呂增祥因公殉職，嚴復視呂增祥的兒女如同己出，不僅長子嚴伯玉迎娶了呂增祥的二女兒呂靜宜，嚴復的二女兒嚴璆，也親上加親地嫁給呂增祥的二子呂彥直。呂彥直未滿八歲便隨同姐夫嚴伯玉前往巴黎留學，回國之後成為南京中山陵的主要設計者。這裡的「呂姑太」指的是呂靜宜的姑姑、著名才女詩人呂汶。呂汶早年一直與兄長呂增祥一家共同生活，三十歲才嫁給嚴海帆。一九〇八年前後，呂汶與嚴海帆絕情離異，帶著女兒桂寶獨立生活。嚴復便請求直隸總督楊士驤出面干預協調，要求嚴海帆擔任鹽政官的兄長嚴郎軒，每月提供三十兩銀子的贍養費用。嚴郎軒與嚴海帆兄弟恰好是呂碧城的舅舅，由於父親早逝、家產被奪，呂碧城從一八九七年起一直寄居在大舅父嚴郎軒家中。二舅媽呂汶後來去世，遺詩一卷是交給呂碧城的二姐呂美蓀保管的。表妹嚴桂寶當年又恰好是呂氏四姐妹賢鐘（惠如）、賢鈖（美蓀）、賢錫（碧城）、賢滿（坤秀）先後擔任校長和教員的北洋女子公學的一名學生。正是因為有這樣一層親戚關係，呂碧城才得以與嚴復很快建立師生情緣。

三、嚴復與呂碧城的師生情緣

嚴復的甥女何紉蘭，是結婚生育之後才進入上海中西女塾讀書學習的一名女學生，同時又是嚴復所鍾愛的私淑弟子。由於她對中西女塾這所教會學校的教學內容多有不滿，屢次與舅舅嚴復討論如何興辦一所更加理想的「完全女學」。一九〇六年先後擔任上海復旦公學和安慶高等學堂監督即校長的嚴復，便經常拜訪該校校長查理遜女士（Miss Helen L.Richardson）交換意見。一九〇七年北上京津期間，嚴復通過英斂之以及嚴海帆、呂汶夫婦與呂碧城相識，並且為她撰寫的《女子教育會章程》題寫了序言。

回到上海，嚴復代何紉蘭給呂碧城寫信，其中所表現的自然是嚴復與何紉蘭共同的女學理念：

「吾國屢遭外侮，自天演物競優勝劣敗之說自西徂東，前識之人咸懷覆亡之懼，於是教育之議興於朝野。顧數年以來，男子之學尚未完備，而所謂女學，滋勿暇矣。第自妹觀之，竊謂中國不開民智、進人格，則亦已耳。必欲為根本之圖，捨女學無下手處。……妹每懷此情，而恨同聲者寡。近于舅氏處得睹大著《女子教育會章程》，不覺以手加額曰：意在斯乎，意在斯乎！」

一九〇八年十月十六日，很少寫作豔情詩的嚴復，詩意盎然或者說是情不自禁地寫作了一首《秋花次呂女士韻》：「秋花趁暖開紅紫，海棠著雨嬌難起，負將尤物未吟詩，長笑成都浣花裡。……君不見洞庭枇杷爭晚翠，大雷景物饒秋麗，湖樹湖煙赴暝愁，望舒窈窕回斜睇。五陵塵土傾城春，知非空谷無佳人，只憐日月不貸歲，轉眼高臺亦成廢。女環琴渺楚山青，未必春中尚林際。」

這裡的「秋花」、「海棠」、「尤物」、「佳人」、「傾城春」的所指，顯然是才貌俱佳的呂碧城。五十四歲的嚴復大量使用《九歌》、《離騷》中的典故，所抒發的是他對於二十五歲還沒有找到情感歸宿的呂碧城的憐香惜玉之情。

就在寫作這首豔情詩的第二天，嚴復在寫給甥女何紉蘭的另一封書信中，專門介紹了他對於呂碧城更進一步的深入觀察：「碧城心高意傲，舉所見男女，無一當其意者。極喜學問，尤愛筆墨，若以現時所就而論，自是難得。但以素乏師承、年紀尚少，二十五歲。故所學皆未成熟。然以比平常士夫，雖四、五十亦多不及之者。身體亦弱，不任用功。吾常勸其不必用功，早覓佳對，渠意深不謂然，大有立志不嫁以終其身之意，其可歎也。」

在寫作上述詩信的前幾天，因長期吸食鴉片煙而身體衰弱的嚴復，竟然返老還童般激發出召妓冶遊的興致。十月十一日，他在日記中留下「到全樂班，叫素雲」的記錄。十月十四日另有「下午到全樂班，方儀廷請。又到翠升班」的記錄。除此之外，嚴復還有一首標題為「答某女士」的更加肉麻的豔情詩詞：「贈我瓊瑤一紙，記說暮山凝紫。何許最關情？雲裂夕陽千里。羅綺羅綺，中有清才如此。」

這裡所謂的「某女士」雖然隱去了姓名，能夠讓五十四歲的嚴復如此動情的，大概只有才貌俱佳的呂碧城。只是嚴復對於呂碧城婉約曖昧的情感投入，並沒有得到對方的積極回應。到了一九〇九年六月十三日的日記中，嚴復只好頗為無奈地寫道：「下午，呂碧城來視，談極久。此兒不嫁，恐不壽也。」

同年十一月十二日，應學部尚書榮慶聘請到北京就任審定名詞館總纂的嚴復，在日記中留下「胡仲巽來，言其兄不要碧城」的記錄。胡仲巽的兄長，就是時任駐日本公使的胡惟德。長呂碧城二十歲的胡惟德是浙江吳興人，一八九〇年隨薛福成出使英國，逐步成長為一名外交家，一九〇八年五月擔任大清國駐日本公使後不久，原配夫人因病去世。胡惟德仰慕呂碧城的才貌俱佳，曾經通過傅增湘和嚴復等人向呂碧城求婚，遭到呂碧城的拒絕。十二月九日，嚴復在《與夫人朱明麗書》中介紹說，胡惟德「已與一美國女學生定親，不知信否？碧城雖經母姊相勸，然亦無意，但聞近在天津害病頗重。其二姊眉生曾來寓告我，並求我為碧城謀出洋。」

隨著胡惟德與呂碧城之間的議婚失敗，參與牽線搭橋的嚴復再沒有留下與呂碧城直接交往的文字記錄，兩個人之間的師生情緣就此終結……

高陶合照

附錄三：「高陶事件」中的救國與背叛

與官迷心竅的法學博士高宗武以及畢業於北京大學法科的前北大教授陶希聖，一度越界跳入賣國火坑相比較，原本是青幫會黨黑道中人的杜月笙大弟子萬墨林，在「高陶事件」中反而恪守了「盜也有道」的道義邊界和限權操守。

「高陶事件」的主角是三十四歲的高宗武，四十歲的陶希聖在整個事件中充當的只是不由自主、隨波逐流的一名配角。他們兩個人不惜背叛國民政府而投身於所謂「和平運動」的內在驅動力，並不是掛在口頭的和平救國，而是不自量力的權位野心。陶恒生著《高陶事件始末》繼二〇〇三年由湖北人民出版社出版之後，新近由出版過陶希聖著《潮流與點滴》、《中國政治思想史》以及陶恒生譯《高宗武回憶錄》的中國大百科出版社補充再版。新版《高陶事件始末》充分汲取最近十多年來公開面世的《高宗武回憶錄》、《蔣中正日記手稿》等重要文獻資料，為進一步解讀「高陶事件」提供了更加完整的證據鏈條。

一、高宗武的越權外交

高宗武一九〇五年生於浙江溫州的樂清縣，一九二三年赴日本留學，一九三一年畢業於日本九州帝國大學，獲法學博士學位。一九三二年春天，高宗武經友人介紹，準備前往廣州中山大學任教。動身前的五月十五日，日本首相犬養毅在東京首相官邸遭到少壯派軍人暗殺，高宗武立即寫作一篇六百字左右的短文，投寄南京《中央日報》。報社高層刊發此文時加寫了編後語，公開邀請作者到報社面談。高宗武到報社洽談時，報社希望他加盟撰稿，每週就日本問題寫兩篇專欄、兩篇社論，報酬為一百五十元。高宗武認為一百五十元不足以維持家人生計，報社為延攬人才，答應介紹他到南京中央政治學校兼職任教，另有一百五十元報酬。接下來，高宗武通過《中央日報》的輿論平臺迅速成名，並且得到國民政府最高層蔣介石、汪精衛等人的青睞。據他自己回憶，經好友裴複恒推薦介紹，蔣介石曾經專門接見，並且有意委任他為侍從室上校秘書。他沒有接受該項人身依附性質的幕僚職位，而是于同年十一月脫離中央日報社，轉到軍事委員會國防設計委員會任日本問題專員。用他的話說，「在內廷工作動輒得咎，搞不好後半生的生活也大成問題」。

一九三三年十二月，汪精衛以行政院長兼任外交部長。高宗武經《中央日報》主筆、國際法權威李聖五推薦，進入外交部，一九三四年五月升任亞洲司科長。一個月後升任亞洲司幫辦（副司長），主持對日交涉。汪精衛以他「對日交涉繁忙，應酬也多」為由，在每月三百元薪俸之外，特准另加三百元補貼。一九三五年五月，三十歲的高宗武升任亞洲司司長。同年十一月一日，汪精衛在南京遇刺受傷，辭職之後赴歐洲療傷，由蔣介石兼任行政院長，同時電令湖北省主席張群接任外交部長。

一九三七年二月二十五日，張群接受高宗武建議向蔣介石辭職時，曾對高宗武有過「蔣委員長要你來接外交部長」的戲言。三月三日張群離職，由王寵惠繼任外交部長，野心勃勃的高宗武直到晚年，依然對此事耿耿於懷。同年七月七日盧溝橋事變，中日戰爭全面爆發。正在上海治療肺結核的高宗武，於七月十四日回到南京，一度成為處理中日危機外交的首要人選。七月三十一日，高宗武在一天之內得到蔣介石、汪精衛的分別召見。隨著戰爭的發展，中日外交陷入停滯僵局，據高宗武在寫於一九四四年的英文回憶錄《深入虎穴》（Into the Tiger's Den）介紹，一九三七年十一月，他在漢口與蔣介石有過一次談話。「我向他報告我在外交部的工作不再有需要，我提議：鑒於目前政府對於日本人在幕後到底在想什麼、做什麼一點都不知道，我應該到香港和上海去。在那裡，我可以從戰前的日本朋友和舊識那裡取得有價值的情報。委員長同意了。」

一九三八年一月十四日，軍事委員會委員長蔣介石侍從室第二處副主任（主任為陳佈雷）、國民黨中央宣傳部代理部長周佛海，在蔣介石的資助和汪精衛的指導下，于漢口英租界特三區天津街四號秘密組織用來引導全國輿論的藝文研究會，由陶希聖負責主持日常工作。

一月十六日，日本政府發表「近衛第一次聲明」，宣佈「帝國政府今後不再以國民政府為對手，期待與帝國真誠合作的中國新政權的建立與發展，進而與這個新政權調整兩國邦交，協助建設新興的中國」。同年二月，高宗武到達香港，表面上以「宗記洋行」名義辦理商務，秘密身份是藝文研究會香港分會下屬日本問題研究所所長。每月二千美元的活動經費，由周佛海經手從國民政府軍事委員會列支領取。六月二十三日，高宗武擅自離開香港經上海前往日本，與日軍陸軍大臣、參謀次長等重要人物密談，一方面捕捉到了日本方面希望撇開蔣介石與汪精衛講和的戰略企圖；另一方面也向日本方面透露了汪精衛等人所謂的「和平主張」，在國民政府內部未被採納，正在設法從政府之外推動「和平運動」的資訊。六月二十四日，蔣介石在日記中寫道：「高宗武荒謬妄動，擅自赴倭，此人荒唐，然亦可謂大膽矣。」六月二十六日，蔣介石又在日記中寫道：「注意：一，高宗武行蹤與處置。……四，敵軍盛造求和空氣。」

高宗武於七月九日離開東京經上海返回香港，他意識到自己擅離職守的越權外交已經闖下大禍，只好委派譯員周隆庠帶著「東渡日記及在東京會談記錄與職個人觀感三項」，回到重慶轉呈蔣介石。高宗武在寫給蔣介石的短函中表示，這些材料「倘有可能以供鈞座參考之外，則或可贖職擅赴之罪於萬一也」。這些材料中記錄的日本方面堅持要蔣介石下野的資訊，讓蔣介石感到難堪和憤怒，他立即命令周佛海停止高宗武的活動經費。一心想獨闖蹊徑建立奇功的高宗武，惶恐之中因結核病復發而咯血不止。在高宗武養病期間，周佛海委派時任國民黨中央政治委員會內政委員、軍事委員會第二部專員的前中央大學教授梅思平前往香港，接替高宗武的對日聯絡工作。與此同時，他按照汪精衛的意願從中央宣傳部每月劃撥三千元給高宗武充當活動經費。已經犯下擅離職守、越權外交的叛國罪行的高宗武，從此罪上加罪，進一步背叛蔣介石及其主導的國民政府，陷身于以汪精衛為效忠對象的「和平運動」。

二、汪精衛的救國與叛國

一九三八年七月二十七日，日本內閣五相會議根據大本營陸軍部建議，通過《適應時局的對中國謀略》，決定採取「推翻中國現中央政府，使蔣介石垮臺」的方針，啟用汪精衛、唐紹儀、吳佩孚等「中國第一流人物」，建立堅強的新政權。從八月二十九日至九月三日，梅思平經高宗武介紹並由周隆庠擔任翻譯，與日本同盟社中南總分局長松本重治連續五次舉行秘密會談，初步達成由汪精衛出馬領導「和平運動」，由雲南的龍雲、廣東的張發奎等地方勢力支援配合的秘密協定。

十月二十四日，梅思平從香港回到重慶。從十月二十六日武漢淪陷當天開始，汪精衛在重慶上清寺寓所召集陳璧君、周佛海、陳公博、梅思平、陶希聖等人，秘密討論對日「和平活動」。十月三十日，汪精衛政治班底中最具政治才幹和野心的周佛海，在日記中寫道：「英雄造時勢歟？時勢造英雄歟？時勢如此，能否扭轉乾坤，使國家不至於滅亡，端賴今後努力。」

十一月二十日，高宗武、梅思平依照汪精衛授意，與日方代表今井武夫、影佐楨昭在上海虹口東體育會路七號的「重光堂」，秘密簽署「日華協定記錄」及「日華協定記錄諒解事項」等文件，史稱「重光堂協議」。除此之外，他們還制定了被稱為「渡邊計畫」的汪精衛出國及近衛首相發表宣言的詳細日程。「渡邊」是日本方面給高宗武起的代號。

十一月二十二日，高宗武、梅思平前往香港。十一月二十六日，梅思平帶著「重光堂協定」返回重慶。汪精衛連日召集陳璧君、周佛海、陳公博、梅思平、陶希聖等人研讀文件。周佛海在事後補寫的十一月二十六日的日記中記錄道：「與思平談及汪之性情，咸認為無一定主張、容易變更，故十餘年屢遭失敗也。」在十一月二十七日的日記中，周佛海另有「益發現汪先生無擔當、無果斷、作事反覆，且易衝動」的記錄。

十二月十八日，在抗日戰爭最為慘烈的危急時刻，汪精衛等人擅離職守前往昆明。十二月十九日，汪精衛、陳璧君、周佛海、梅思平、陶希聖、陳春圃、曾仲鳴、陳昌祖等人同乘包機前往河內。汪精衛的出走，對於勉力抗戰的蔣介石及國民政府造成沉重打擊。蔣介石在十二月二十一日的日記中寫道：「雪恥，聞汪先生潛飛到滇，殊所不料。當此國難空前，未有之危局不顧一切，藉口不願與共產黨合作一語拂袖私行，置黨國於不顧，豈是吾革命黨員之行動乎？痛惜之至！惟望其能自覺回頭耳。」

十二月二十二日，日本近衛首相按照「重光堂協議」發表第三次聲明，聲稱要「徹底擊滅抗日之國民政府，與新生之政權相提攜」，以建設「東亞新秩序」。十二月二十九日，汪精衛簽署主張中止抗戰對日求和的《致蔣總裁暨國民黨中央執監委》的聲明稿，交給陳公博、周佛海、陶希聖帶往香港，於十二月三十一日在汪系報紙《南華日報》發表。這就是汪精衛以和平救國名義公開叛國的所謂「豔電」，「豔」在中文電報中指的是二十九日。十二月三十一日當天，蔣介石在日記中寫道：「見汪回應敵相近衛宣言之明電，其通敵賣國之罪已暴露殆盡，此賊不可救藥矣，多行不義必自斃也。」

一九三九年一月一日，國民黨中央執行委員會常務會議臨時會議決議，「汪兆銘違法亂紀，永遠開除黨籍，撤除一切職務，此後一以上月二十六日蔣總裁之演詞為標準，奮鬥不屈。」汪精衛（兆銘）至此既喪失了國民黨副總裁、國防最高會議主席、國民參政會會長的政治權力，也喪失了和平救國的政治合法性。

三、高宗武的救己救國

對於出走河內的汪精衛來說，高宗武是其政治班底中唯一懂得日本人文化心理和政治謀略的一個人。一九三九年二月一日至五日，從香港應召來到河內的高宗武，每天與汪精衛進行長達八小時的反覆商談。他們商議的初步意向是，預定於當年的十月十日在南京建立「中央政府」，由日本方面借款二億元，在此之前，每月提供三百萬元作為活動經費。汪精衛為此特派高宗武再次訪日。

二月二十一日，高宗武乘船在長崎登岸時，專門拜訪了父親高玉環的同鄉好友、正在當地養病的著名實業家和教育家黃溯初。兩個人用溫州鄉音進行秘密交談，黃溯初勸告高宗武「救國必先自救」，嚴肅指出「追隨汪精衛是絕對錯誤的」，希望他能夠懸崖勒馬。正是這次秘密拜訪，為後來的「高陶事件」埋下伏筆、留下退路。

高宗武在日本期間，先後與日本新任首相平沼騏一郎、外相有田八郎，以及多田駿、板垣征四郎等軍政首腦進行會晤。三月十六日，高宗武回到香港。三月十八日，日本駐香港總領事田尻愛義將內閣五相支援汪精衛組織「新中央政府」的決定，通知高宗武。日本興亞院為此決定，從四月初到九月底，每月由中國海關的關餘中劃撥三百萬元，作為汪精衛賣身投靠的活動經費。

五月六日，汪精衛在日本方面保護下從河內抵達上海，于二十八日向日本提出「關於收拾時局的具體辦法」。五月初，高宗武離開香港赴上海與汪精衛會合之前，專門拜訪了遷居香港從事地下工作的杜月笙。杜月笙勸告高宗武不要去上海，高宗武充滿自信地表示自己必須去，「我不但不會做傀儡，我將採取斷然措施。」

五月三十一日，高宗武陪同汪精衛、周佛海、梅思平、董道甯、周隆庠等人，再一次來到日本。六月十八日，汪精衛一行離開東京，於二十四日抵達天津，二十八日回到上海。據高宗武回憶，「回到上海的那天，我先回法租界的家發了一通電報給陳公博，知道他急於想知道我們旅行的結果。我說，所有我們希望做到的事，在東京全部一無所成。想要跟日本人談判救中國絕不可能。接下去我們要做的是拯救汪精衛。」

八月二十二日，日本陸軍少將影佐禎昭，奉命在上海北四川路的「梅華堂」設立辦事機構「梅機關」，專門負責扶植汪精衛成立「新中央政府」。在此前後，重慶國民政府於六月八日下令通緝汪精衛。國民黨中央常務委員會於七月十四日議決，永遠開除褚民誼、周佛海、陳璧君等人黨籍。八月二十四日，議決開除梅思平、高宗武黨籍。八月二十六日，下令通緝周佛海、陳璧君。九月十二日，下令通緝漢奸陳群、繆斌、梅思平、何世楨、高宗武、丁默村、林柏生、李聖五。由於陶希聖的名字被蔣介石從通緝令中親自勾掉，導致汪精衛及日本人大為猜疑，汪偽組織內部開始出現分裂。高宗武、陶希聖、陳公博等人，希望汪精衛在日軍佔領地區之外組建相對獨立的新政府。周佛海等人認為汪精衛缺乏實力，不得不依賴日本方面的支持，在南京建立傀儡政權。

從十一月一日起，代表日本政府的「梅機關」與汪偽組織之間開始新一輪談判，會議地點先在上海虹口的六三花園，後改在愚園路一一三六弄六十號。日方提交的「日支新關係調整要綱」及其附件，意味著日本將與蘇聯合謀瓜分中國幾乎全部的領土。陶希聖意識到問題的嚴重性，於十一月三日分別致函汪精衛、周佛海，表示不願出席這樣的會談。參與談判的高宗武，借機把《日支新關係調整要綱》原稿及其附件帶回家中，交給妻子沈惟瑜全部拍照。

一九三九年十月底從日本回到上海的黃溯初，與另一位同鄉好友、時任上海商會理事長和浙江興業銀行董事長的徐寄廎商議營救高宗武。徐寄廎找到杜月笙的私人駐滬代表徐采丞，委託他秘密攜帶自己的親筆字條前往香港。杜月笙見字條上寫著「高決反正速向渝洽」八個字，立即飛往重慶向蔣介石請示。得到蔣介石許可後，他趕回香港部署營救計畫，並且邀請黃溯初到香港面談。十二月十八日，蔣介石記中出現了這樣的記錄：「下午與俄使談外交，與月笙談汪事。」十二月二十一日，蔣介石又在日記中寫道：「下午與黃溯初談話。」

十二月二十四日，日汪談判告一段落。十二月二十六日，汪精衛召開「幹部會議」，最後審議《日支新關係調整要綱》及其附件。十二月三十一日，汪精衛、周佛海等人在該項密約上簽字，陶希聖稱病未往，高宗武也藉故沒有出席簽字儀式。當天晚上，高宗武前往位於法租界環龍路的陶宅看望，與陶希聖達成一同「脫離」汪偽組織的意向。

一九四〇年一月三日，高、陶二人在杜月笙大弟子萬墨林的周密安排和嚴密保護下，登上柯立芝總統號輪船潛離上海，一月五日安全抵達香港。黃溯初事先已經派人潛回溫州，護送高家老少轉移到安全地區。用高宗武的話說，「幸好我事先已經做好一切安排，雖然連我太太都不知道這事。」

四、「高陶事件」的法理讀解

一九四〇年一月七日，高宗武把妻子沈惟瑜秘密拍照的《日支新關係調整要綱》原稿及其附件，交到杜月笙手中。一月十三日，蔣介石在日記中寫道：「昨夜，由高宗武派杜月笙攜汪逆與倭寇所訂密約、與其交涉經過之內容及其照相底片來告密，閱之，殊不能想像汪逆賣國之實情竟至於此也！彼對國土與主權之喪失毫不關心，而惟以關稅存款與四千萬圓預付金為組織偽政府之預付金是爭，是豬狗不若矣。」

一月十七日，蔣介石在日記中寫道：「本日會客，約月笙來談發表日汪密約之手續。手函宗武慰勉之。」一月二十日，蔣介石又在日記中寫道：「注意：……三、汪逆已飛青島開會，其密約即速發表不可。」

蔣介石專門指示中央通訊社社長蕭同茲由重慶飛往香港，親自指揮《日支新關係調整要綱》原稿及其附件的發稿事宜。由高宗武、陶希聖聯名的《致大公報函》，也於一月二十日由專人送到香港《大公報》及國內各大報刊。一月二十二日，日本與汪偽之間被稱為「日汪密約」的上述文件，在各大報刊公開披露。陶希聖、高宗武還於當天聯名致電汪精衛等人，希望他們懸崖勒馬，「放棄此於己無益、於國有害之運動」。此舉在國內及國際社會引起巨大轟動，在堅定中國軍民抗戰決心的同時，也給賣國求榮的汪精衛等人造成沉重打擊，史稱「高陶事件」。

陶希聖抵港後給日本方面的今井武夫寫信解釋說，自己「深知汪氏無力量以解決中日問題，其他諸氏只求利祿權位，毫無和平誠意。弟由於失望以至於出走……」而在事實上，陶希聖本人之所以一度陷身于「高陶事件」，除了一部分的「和平誠意」之外，更加重要的同樣是「利祿權位」。關於這一點，他在一九三九年十月二十日從上海寫回香港的家信中表白說：「我的名譽地位，是我自己從千辛萬苦中奮鬥出來的，為什麼我要讓它們埋沒在污泥中，自尋毀滅？」到了晚年的《八十自述》中，陶希聖對於「高陶事件」另有反思：「希聖更無自主與自由行動之餘地。既脫離戰地，背叛國家，至香港不願去廣州，尤不肯去上海，既至上海又不願參加談判，既參加談判又拒絕簽字，凡此皆屬徒然。」

關於汪精衛的表現，高宗武在《深入虎穴》中自問自答道：「為什麼儘管日本人的條款那麼苛刻，汪自己那麼不滿意，還要簽字？……他自己說服自己走這條職銜高──雖然假，有錢──雖然髒，有權力──雖然空的路。……他的對或錯的政治指標，取決於成功或失敗的衡量。因此他可以犧牲一切以取得某種成功。」另據唐德剛介紹，他曾經問過高宗武，少年時「引刀成一快，不負少年頭」的汪精衛，為什麼會在五十歲的知命之年，幹出賣國求榮之事？高宗武用兩個字給予解答：「押寶。」

汪精衛等人撇開擁有最大份額民意支持和軍政實力的蔣介石政府，在沒有任何法定授權的情況下，僅僅打著和平救國之類自欺欺人的美好旗號，便要擅自越權與發動侵略戰爭的敵對國談判求和，顯然是把自己政治生命的賭注，錯誤地抵押給了日本侵略者。畢業於日本帝國大學的法學博士高宗武，同樣不能恪守最低限度的憲政法理和許可權邊界，一心想著以和平救國的神聖名義，謀取外交部長甚至更高官位；即使在因擅離職守、越權外交而惹怒蔣介石的情況下，他依然不思悔改，同樣是把政治生命的賭注押錯了地方。好在他是一個超級精明的政治賭徒，在押錯賭注的同時，又給自己以及陶希聖預留了一個戴罪立功、將功贖罪的伏筆和退路。

五、萬墨林的道義邊界

與官迷心竅的法學博士高宗武以及畢業於北京大學法科的前北大教授陶希聖，難以走出中國傳統儒教「勞心者治人」、「學而優則仕，貨賣帝王家」之類的路徑依賴和政治賭博，以至於一度越界跳入賣國火坑相比較；原本是青幫會黨黑道中人的杜月笙大弟子萬墨林，在「高陶事件」中反而恪守了「盜也有道」的道義邊界和限權操守。

萬墨林，原名木林，是杜月笙的姑表弟和侄女婿，又是深得杜月笙信任的第一門生和大管家。他雖然是個不識字的文盲，卻有著驚人的記憶力。上海淪陷後，杜月笙遠走香港，萬墨林成為杜月笙留駐上海的第一代理人；同時還兼任由杜月笙擔任主任委員、國民黨中央執行委員會調查統計局（簡稱中統）骨幹吳開先擔任書記長的「上海工作統一委員會」的總交通，負責從事地下抗日工作。一九四九年之後，萬墨林曾在臺灣地區擔任過「國民大會代表」。一九七三年，萬墨林在晚年回憶錄《滬上往事》中寫道：

「我奉到杜先生的命令，護送兩名重要人物，離滬赴港，我既不知道哪兩位先生，也不曉得內情究竟是怎麼一回事？我所做的，只不過是預備兩張一九四〇年元月四日，由上海駛往香港的胡佛號輪船船票，按照杜先生指定的方式，交到兩位元先生手裡，從接過船票的一剎那起，出動弟兄，保護他們的安全，直到胡佛號離開上海為止。胡佛號上，則杜先生另有安排。」

這裡的「元月四日」，應該為一九四〇年一月三日；胡佛號輪船，應該為柯立芝總統號。高宗武、陶希聖抵達香港後，陶希聖太太萬冰如以敦請陶希聖返回上海為藉口，帶著兩個年幼的兒子晉生、範生離開上海，三個大孩子琴薰、泰來、恒生被留下來充當人質。為了解救三個大孩子出險，陶希聖與杜月笙商議，委派曾資生潛回上海與萬墨林聯絡。經過萬墨林周密安排，加上陶琴薰和兩個弟弟機智應對，陶家三兄妹與曾資生於一九四〇年一月二十日分別登上停靠十六鋪碼頭的義大利郵輪，於一月二十二日上午十時抵達香港。

同年十一月三十一日，萬墨林在上海大馬路金山飯店門口被捕，先後在極司斐而路七十六號汪偽政府特工總部和虹口日本憲兵隊遭受殘酷刑訊，始終不肯供出重慶國民政府駐上海代表蔣伯誠及其他地下工作人員的資訊。後來經過杜月笙多方營救，由五十三家商店聯合擔保，才獲得釋放。一九四二年冬天，萬墨林又與中風後的蔣伯誠及其手下幹員一起被捕。一九七一年十一月萬墨林七十大壽之際，臺北《自由談》雜誌同時刊登陶希聖的《俠士報國之義舉——為萬墨林先生壽》、高宗武的《壽萬墨林先生七十》。萬墨林為此在《滬上往事》中解釋說：「我在上海為地下工作人員跑腿，隨時都有被捉殺頭的可能，我的兩度牢獄之災，並不一定就是為了高、陶二位先生的事件所引起。……我的兩度被捕跟高陶事件稍的關聯的，充其量不過敵偽雙方早曉得我沾過高陶事件一些光，想起當年他們自己的狼狽情景，在修理我的時候，手腳來得重一點罷了。」

一九四二年二月，經過「高陶事件」生死考驗的陶希聖輾轉來到重慶，重新回到蔣介石的委員長侍從室第五組，並且被提拔任命為少將組長。陶希聖抱著感恩戴德的心情，在操刀替蔣介石寫作完成於一九四三年三月十日的《中國之命運》中，寫下了諸如「今日的中國，沒有中國國民黨，那就是沒有了中國」之類反文明、反常識的黨化教條。在政治智慧方面遠遠高出陶希聖的高宗武，顯然不是既缺乏現代文明社會的普世常識又心胸狹隘、目光短淺的蔣介石，所能夠包容和駕馭的。一九四〇年四月，高宗武化名「高其昌」，持重慶國民政府國防最高委員會秘書廳參事官員護照，偕夫人沈惟瑜經歐洲抵達美國，起初在駐美大使胡適身邊協助工作，隨後乾脆遠離政治，經營起他所擅長的帶有文明賭博性質的股票生意。一九四九年之後與妻子江冬秀流亡美國的胡適，曾經借助于高宗武幫助炒股的經濟收益，度過了一段經濟難關……

曹禺万歡方瑞在廣州

附錄四：曹禺感悟孫悟空

曹禺晚年作為全國劇協的終身主席、北京人藝的終身院長以及後來的中國文聯主席，發表了大量言不由衷的表態應酬文章，只是在零星寫出的一些詩文書信中，委曲求全、曲折含蓄地表達了自己的人生感悟和人性火花。其中對於自己晚年像「成了正果，被封為『鬥戰勝佛』，慈眉善目地坐在那裡，不再想花果山，不再想原來的猴身」的孫悟空一樣迷失自我的感悟反思，表現得最為經典也最為透徹。

曹禺晚年作為全國劇協的終身主席、北京人藝的終身院長以及後來的中國文聯主席，發表了大量言不由衷的表態應酬文章，只是在零星寫出的一些詩文書信中，委曲求全、曲折含蓄地表達了自己的人生感悟和人性火花。其中對於自己晚年像「成了正果，被封為『鬥戰勝佛』，慈眉善目地坐在那裡，不再想花果山，不再想原來的猴身」的孫悟空一樣迷失自我的感悟反思，表現得最為經典也最為透徹。

一、曹禺對於孫悟空的人生感悟

在《福建戲劇》一九八一年第六期上，刊登有曹禺的《〈西遊記〉與美猴王——在首都戲劇界座談〈真假美猴王〉會上的發言》，其中有這樣一段話：

「佛教於西漢傳入我國，到了明朝，仍很盛行。我們馬列主義者認為宗教是迷信，是鴉片。然而在吳承恩生活的那個年代，佛教的思想、佛教的理論，是為一般人民和統治者所接受的。吳承恩雖然是個大知識份子，他也不能不接受。佛教在那個時候，似乎會給人以『安慰』。《西遊記》反映了那個時代人們對佛教的信仰和崇敬。因此，對『佛』這個問題，是不能推翻的；如果可以推翻，那麼《西遊記》將不復存在，就連中國的其他古典名著也將一樣不復存在。……孫悟空大鬧天宮成為了不起的個人英雄，後來又有個大轉折，被壓在五行山下五百年。直到唐僧要往西天取經，才把他解放出來，然後給加上『緊箍咒』，好駕馭他。……孫悟空永遠是個被同情的角色，而且永遠是個英雄。……到了西天，得到一個佛的封號叫『鬥戰勝佛』。」

一九八二年一月，北京人藝建院三十周年紀念文集《攻堅集》出版，曹禺在《〈攻堅集〉序》中，用詩化語言正面闡述了自己根深蒂固的高度宗教化的戲劇觀：

「舞臺是一座蘊藏無限魅惑的地方，它是地獄，是天堂。誰能想像得出藝術創造的甘苦與艱辛呢？……一場驚心動魄的成功演出，是從苦惱到苦惱，經過地獄一般的折磨，才出現的。據說進天堂是美德的報酬。天堂是永遠的和諧與寧靜。然而戲劇的『天堂』卻比傳說的天堂更高、更幸福。它永不寧靜，它是滔滔的海浪，是熊熊的火焰，是不停地孕育萬物的土地，是亂雲堆起、變化莫測的天空。只有看見了萬相人生的人，才能在舞臺上得到千變萬化的永生。……他比孫大聖還要高明，一生豈止有七十二種形象變化？」

自一九八八年起，曹禺垂老之年的日常生活，大部分是在北京醫院高幹病房裡度過的。一九九一年九月二十八日，應《收穫》之約完成於醫院病房的《雪松》一文，是飽經人世滄桑的影劇大師曹禺，對於自己當年創作《雷雨》時期「如神仙，如佛，如先知」般「升到上帝的座」的神采飛揚、自由奔放的創作心態的部分回歸：

「其實，我這個人是極為歡樂的，我笑起來總是開懷暢笑，有時一連串講起往事，也是找最愉快的事情講。因為痛苦煎熬的感覺太重了，扣住全身，像一口巨鐘，我吐不出一口氣來，我真要縱身舉起這口鐘，再不能惶惑下去。像在夢中，我突然有了挾東山、超北海的力量，一蹬一抬，就把這不能用數量計算的沉重的巨鐘拋在大海洋裡。比任何霹靂都震耳的一聲巨響，激起的浪濤，像千百條鯨魚噴出的沖天水柱那樣光亮、輝煌、燦爛。自從盤古開天地，哪一個能見過如此使人震懼，使人生出無限希望、無限光明的境界啊！一切先知在混沌世界中說出的什麼極樂世界不正是如此麼？」

接下來，曹禺極其難能可貴地對自己孫悟空式的人生影劇和影劇人生，進行了以人為本的真誠反思：

「眼前有一朵花，這自然不是老伴，因為她同我一樣都上了年紀了。這朵花是美的，真美，一點也不假。……她有個名兒，叫『玻璃翠』。……這平凡而又神仙般的花，卻使我想起『愛麗兒』（Ariel），莎士比亞的《暴風雨》中，那個縹緲的精靈……我認為莎士比亞筆下的精靈們，以愛麗兒最可愛，最像人。愛麗兒為主人效忠，施展百般千般的能耐，待功德圓滿，她向主人要求，實現以前立下的諾言——恢復她原來的自己。老人慨然應允。愛麗兒重新回到她自己的天地。這與我們的孫悟空大不一樣，他保唐三藏西天取經，歷經九九八十一難，終於到了西天，後來在一片慈祥、聖潔的氤氳裡，他成了正果，被封為『鬥戰勝佛』，慈眉善目地坐在那裡，不再想花果山，不再想原來的猴身。這與愛麗兒的終身的嚮往，就不同了。」

曹禺在這裡所反思的與其說是孫悟空，不如說是曾經迷失了自我的他自己。與《雪松》相配套，曹禺在一九九一年十月二十三日又採用屈原式的香草美人筆法，寫成標題為《玻璃翠》的一首短詩，清醒透徹地反思了自己和自己的影劇創作，與絕對強勢的政制操作之間，所形成的利用與被利用甚至於被強制利用、欺騙與被欺騙甚至於被強制欺騙的複雜關係：

我不需要你說我美，
不稀罕你說我好看。
我只是一朵平常的花，
濃濃的花心，淡淡的瓣兒。
你誇我是個寶，
把我舉上了天。
我為你真動了心，
我是個直心眼。
半道兒你把我踩在地下，

說我就是賤。
我才明白，
你是翻了臉。
我怕你花言巧語，
更怕你說我好看。
我是個傻姑娘，
不再受你的騙。

經不起別人讚美而一再被欺騙、被利用、被拋棄的「玻璃翠」，正是極端情緒化的曹禺為，包括自己在內的一代文化人，像孫悟空那樣一再迷失自我的人生影劇和影劇人生的傳神寫照。這份柔弱中的執著與感悟，稱得上是曹禺一生中所能達到的人生境界的最高點。通過這一文一詩，曹禺無形中給自己一直在歧路彷徨的影劇人生和人生影劇，圈上了一個還算圓滿的句號。

二、傳統中國的路徑選擇

人類社會中同為精神生命體的大同個人，一生中所要面臨和解決的最為根本的問題，就是如何安排自己的情愛家庭和如何爭取自己的社會地位。中國傳統社會和傳統文化千古不變的思維習慣和路徑依賴，是佔據奉天承運、替天行道、天人合一、天人感應、「天不變道亦不變」、「存天理，滅人欲」之類的強權專制制高點，自以為絕對正確其實是單邊片面地壓倒消滅敵對一方。幾千年來一直號稱是奉天承運、替天行道的家天下、私天下的皇權專制，預留給讀書識字的文化人的最為正統也最為狹隘的人生路徑，是通過科舉考試之類的選拔淘汰，來取得直接為專制皇權效忠服務的替天行道的特權身份。所謂「學而優則仕」、「勞心者治人」、「書中自有顏如玉，書中自有黃金屋」，就是對於這種人身依附於專制皇權的政教合一的實用主義人生路徑的生動概括。

這種政教合一的實用主義人生路徑的最為神聖美好的最高境界，是《詩經・大雅・北山》中所歌頌的「普天之下，莫非王土；率土之濱，莫非王臣」的「存天理，滅人欲」式的、或者說是天羅地網式的一統天下。與其相對應的最為實用的最低境界，是《雷雨》中甘受奴役的魯貴教訓魯四鳳、魯大海的一句話：「在礦上吃的也是周家的飯哪。」《雷雨》中最為著名的一場戲，是周朴園逼迫周蘩漪喝藥時人人過關的路線鬥爭。在場的四鳳、周沖、周萍無論是迫於壓力還是心甘情願，都先後選擇了站到擁有強理強權的男權主子周朴園一邊，原因就在於他們對於周樸園最為實用的人身依附。換句話說他們都是遵循傳統儒教三從四德、倫理綱常的道德教條，人身依附於男權主子周朴園混飯吃的禮教奴才。

當直接為皇權專制效忠服務的人生道路走不下去的時候，還有另外一條更加自由奔放的儒、釋、道、基督多教合流的神道路子可供選擇，那就是《西遊記》中齊天大聖孫悟空先大鬧天宮後替天行道，然後再修成正果超凡入聖的人生道路。

孫悟空的神道出路是分成兩截的。前半截敢於大鬧天宮的齊天大聖孫悟空，雖然像七下西洋的閹臣宦官鄭和一樣，是一個沒有性功能的石猴子；但是，他除了情色性欲之外的所有情欲都表現得自由奔放。可惜的是，大鬧天宮的造反革命，只是一條半截子的野路子。沒有男女情欲的石猴孫悟空，先被如來佛壓倒在五行大山之下，再被觀音菩薩戴上「存天理，滅人欲」的替天行道的緊箍咒。被戴上「存天理，滅人欲」的緊箍咒的後半截的孫悟空，只能通過在取經路上輔佐懦弱無能的唐三藏既替天行道地斬妖除魔又忍辱負重地奉獻犧牲，來爭取西天彼岸超凡入聖的宗教正果。

比孫悟空更加低級也更加實用的，還有《水滸傳》中三十六天罡七十二地煞轉世下凡的梁山好漢，所選擇的反人欲不反天理、反貪官不反皇帝的替天行道受招安的人生路徑。然而，在天羅地網般「存天理，滅人欲」的政治操作，足以壓倒敗壞一切健全人性的皇權專制社會裡，梁山好漢替天行道受招安的更加低級的野路子，實際上也是既不安全又不可靠的。梁山好漢最終被一網打盡、天誅地滅的悲劇宿命，就是最好證明。

除此之外，對於握有筆桿子的讀書人來說，還有另外一條人生路徑可供選擇，那就是像《西遊記》作者吳承恩和《水滸傳》作者施耐庵那樣，運用詩情畫意的浪漫想像，把這幾種人生路徑虛擬性地呈現出來，供自己連同別人進行審美意義上的欣賞回味。在南開中學和清華大學初步接受歐美現代文明的陶冶洗禮，卻又只能在中國文化的大環境裡，以起於情色歸於宗教的「原始的情緒」和「蠻性的遺留」作為影劇創作原動力的曹禺，其實就是一個握有筆桿子的孫悟空和梁山好漢。

三、委曲求全的自我蛻變

與孫悟空一樣，曹禺的人生影劇和影劇人生，是可以分為大鬧天宮與替天行道的前後兩截的。創作《雷雨》、《日出》、《原野》三部經典戲劇的早期曹禺，是以齊天大聖式的神道設教、替天行道的宗教先知加抒情詩人的特權身份自居的。用他寫在《〈雷雨〉序》中的話說：「我用一種悲憫的心情來寫劇中人物的爭執。我誠懇地祈望著看戲的人們也以一種悲憫的眼來俯視這群地上的人們。所以我最推崇我的觀眾，我視他們，如神仙，如佛，如先知，我獻給他們以未來先知的神奇。……我是個貧窮的主人，但我請了看戲的賓客升到上帝的座，來憐憫地俯視著這堆在下面蠕動的生物。」

在更早前的《〈雷雨〉的寫作》一文中，曹禺還明確表示過：「我寫的是一首詩，一首敘事詩，……這固然有些實際的東西在內（如罷工……等），但決非一個社會問題劇。」

在這三部起於情色終於宗教的經典戲劇中，若隱若現地貫穿始終的，是被曹禺稱之為「原始的情緒」和「蠻性的遺留」的「陰間地獄之黑暗+男女情愛之追求+男權家庭之反叛+專制社會之革命+捨身愛人之犧牲+天誅地滅之天譴+替天行道之拯救+陽光天堂之超度」的密碼模式。其中的《原野》，是曹禺所有影劇作品中把起於情色終於宗教的「原始的情緒」和「蠻性的遺留」，表現得最為自由奔放、淋漓盡致的一部。劇中的仇虎因為原始野蠻的復仇行為而欠下新一輪的血債。當他帶著花金子朝著子虛烏有、自欺欺人的「黃金鋪地」的陽光天堂拼命私奔的時候，卻陷入「鬼打牆」式的原野黑林子之中，等待他的是一場「活見鬼」式的「初一十五廟門開，牛頭馬面哪兩邊排。……殿前的判官呀掌著生死的簿，……青臉的小鬼喲，手拿拘魂的牌。……閻王老爺喲當中坐，一陣哪陰風啊，吹了個女鬼來」的地獄審判。

仇虎一心想通過公平公正的地獄審判獲得精神解脫，卻意外發現主持地獄審判的俗稱「閻王」的「黑臉的閻羅（地藏王）」，竟然是自己的殺父仇人焦閻王。在這種情況下，他像高舉金箍棒大鬧天宮的齊天大聖孫悟空一樣，「忽而抽出手槍，對準他們，連發三槍」，並且吶喊出反抗天羅地網式的強權強理的最強音：「（咬牙切齒，低聲）

好，好，閻王！閻王！原來就是你！就是你們！我們活著受盡了你們的苦，死了，你們還想出個這麼個地方來騙我們，（對著那穿軍服的閻王，惡狠地）想出這麼個地方來騙我們！」仇虎最後像大鬧天宮的孫悟空一樣歸於失敗，只好在上天無路、入地無門的徹底絕望中，選擇以自殺的方式維護自己最後的尊嚴。留下懷上孩子的花金子，孤身一人逃往並不存在的「黃金鋪地」的彼岸天堂。

但是，曹禺畢竟是一位有血有肉、有妻有女的世俗人物，隨著時代的發展、生活的需要，特別是抗日戰爭的全面爆發，遠離社會現實的起於情色終於宗教的詩化戲劇，已經不再為廣大觀眾尤其是普遍左傾的文藝批評家們所歡迎和追捧。一九三七年八月七日，上海業餘實驗劇團在卡爾登大戲院隆重推出《原野》一劇為期一周的首輪公演。八月十三日，史稱「八一三事變」的淞滬會戰正式爆發，人們再也拿不出幾個月前歡迎《日出》首演的那種熱情來歡迎《原野》了。據胡風晚年回憶說：「八月十二日夜，我去看在演出的話劇《原野》。人心被戰爭所吸引，幾乎沒有買票的觀眾。到了十多個文藝界的人，我只記得有歐陽予倩。戲還是照演。換幕中間，化著妝的演員走到看客友人裡面閒談……」

就在《原野》舉行首演的八月七日，由上海戲劇界救亡協會組織夏衍、鄭伯奇、張庚、孫師毅、崔嵬、張季純、馬彥祥、王震之、阿英、于伶、宋之的、姚時饒、袁文殊等人集體創作的三幕「時事煽動劇」《保衛蘆溝橋》，在上海蓬萊大戲院舉行盛況空前的首輪公演，上海影劇界參加公演的演員達近百名之多，購票看戲的觀眾十分踴躍。與嚴重缺乏藝術價值的《保衛蘆溝橋》相比，高度詩化和宗教化的為藝術而藝術的《原野》，反而顯得不合時宜。

隨著抗日戰爭的全面爆發，曹禺任教的國立南京戲劇學校跟隨國民黨政府一再遷移。一九三八年六月十一日，中國青年救亡協會邀請聚集地重慶的戲劇界著名人士舉行茶話會，商定「戰時戲劇講座」的開班事宜。七月二十五日，「戰時戲劇講座」在重慶小梁子青年會正式開講，曹禺的《編劇術》被列為第一講。他在這篇講稿裡，第一次高度宣揚了中國傳統儒學禮教所主張的正統狹隘的「文以載道」文藝觀：「一切劇本全都可以說有著宣傳性的，不單是抗戰劇。……我們的古人曾經說過『文以載道』。」

所謂的「文以載道」，也就是文藝創作要放棄為藝術而藝術的獨立價值，從而直接依附於、服務於包括抗日戰爭在內的正統強勢、絕對正確的「存天理，滅人欲」式的政治操作和政治宣傳。借用蔣介石當年的話說，就是文藝創作要為國民黨一黨訓政的「一個主義、一個政黨、一個領袖」搖旗吶喊；借用一九四二年五月二十三日毛澤東在延安文藝座談會上的講話，就是文藝必須是「為人民大眾的，首先是為工農兵的」；文藝工作者「必須和新的群眾相結合，不能有任何遲疑」。

積極主動地給自己戴上正統狹隘的文以載道緊箍咒的影劇大師曹禺，從此像被戴上「存天理，滅人欲」的緊箍咒西天取經、替天行道的孫悟空，以及三十六天罡七十二地煞轉世下凡的梁山好漢那樣，從事起反人欲不反天理、反貪官不反皇帝的替天行道受招安的政治宣傳。無論是曹禺作為戲劇創作原動力和內驅力的起於情色終於宗教的「原始的情緒」和「蠻性的遺留」，還是他以宗教先知加抒情詩人自居的齊天大聖般「如神仙，如佛，如先知」般「升到上帝的座」的身份特權，都被委曲求全地閹割清洗和降格矮化。他前半截大鬧天宮式的為藝術而藝術的詩化創作，也因此蛻變成為後半截反人欲不反天理、反貪官不反皇帝的文以載道、替天行道的政治宣傳。這種前後蛻變，在抗戰戲劇《蛻變》中表現得最為明顯。

《蛻變》的劇情圍繞著直接為抗日戰爭服務的省立傷病醫院全面展開。「蛻變」之前，這家醫院彷彿是一個陰間地獄，失去丈夫之後以救死扶傷為神聖天職的丁大夫，像齊天大聖孫悟空大鬧天宮般替天行道、天譴詛咒，卻得不到最低限度的醫療條件和必備藥品。隨著天神救星、欽差大臣般的視察專員梁公仰從天而降，這家醫院啟動了大刀闊斧的行政改革。被梁公仰真誠挽留的丁大夫，在「蛻變」後陽光天堂般的新醫院裡，不僅在救死扶傷方面大顯身手；而且主動建議梁公仰針對全院官員職工實施觸及靈魂的「勞心者治人」、「存天理，滅人欲」式的思想改造。在第四幕中，捨家愛國的丁大夫又通過對於自己的親生兒子丁昌「存天理，滅人欲」式的犧牲奉獻，立地成佛般超凡入聖，公然享受著康復後重返抗日前線的一營傷兵山呼萬歲的崇高榮譽和人生正果。

在這部戲劇中同樣存在著被曹禺稱之為「原始的情緒」和「蠻性的遺留」的「陰間地獄之黑暗+男女情愛之追求+男權家庭之反叛+專制社會之革命+捨身愛人之犧牲+天誅地滅之天譴+替天行道之拯救+陽光天堂之超度」的密碼模式；但是，原本起於情色的「原始的情緒」，卻沒有了男女情愛的本能衝動，死去丈夫的丁大夫連相貌都變得像男人一樣。原本歸於宗教的「蠻性的遺留」，是把陽光天堂懸置於彼岸世界的，救死扶傷的丁大夫卻急功近利地在陽光天堂般的新醫院裡立地成佛、修成正果。據一九四三年四月二十三日《新華日報》報導，由郭沫若兼任團長的中國萬歲劇團在重慶三青團中央團部演出《蛻變》時，蔣介石應邀觀看，劇中原有的「丁大夫萬歲」被臨時改寫為「蔣委員長萬歲」。此時的《蛻變》，已經「先後獲得國民黨中宣部及政治部之獎金及獎狀」。

四、《豔陽天》的「陰魂不散」

當年的曹禺像《蛻變》中的丁大夫一樣，是想通過這部替天行道、文以載道的劇本立地成佛、修成正果的。但是，「先後獲得國民黨中宣部及政治部之獎金及獎狀」的

《蛻變》，並沒有真正改變曹禺的命運。《蛻變》在重慶演出之後，曹禺不得不和國立戲劇學校的師生們一起返回遠離重慶的江安縣城。王蒙在《永遠的雷雨》中，記錄了曹禺的相關回憶：

「一九八〇年夏，曹老叫北京文聯（那時，曹兼任北京市主席）的人告訴我，他某日某時要我家去。……他還感慨地說：『這幾十年我都幹了些什麼呀！王蒙你知道嗎？你知道問題在什麼地方嗎？從寫完《蛻變》，我已經枯竭了！問題就在這裡呀！我還能做些什麼呢？』他的說法非常令我意外，我也為之十分震動。然而，我無法懷疑他的認真和誠懇，雖然平素他說話或有誇張失實的地方，也有喜歡當面給旁人戴高帽子的地方。」

在曹禺「已經枯竭」的情況下，是一位悄然而至的異性可人兒，為他的戲劇創作注入新的靈感。當時的國立戲劇學校已經升格為國立戲劇專科學校，這位異性可人兒就是本名鄧譯生（又寫作繹生）的方瑞。她是劇專學生、中共地下黨員鄧宛生的同胞姐姐；同時也是另一位劇專學生、中共地下黨負責人方琯德的姑表姐。方瑞此前還與她的乾爹、青島大學前任校長楊振聲之間，有過一段情色緋聞。於是，與妻子鄭秀之間出現情感裂痕的曹禺，在方瑞的喚醒和配合下，創作了一部不再侷限於直接為政治宣傳服務的《北京人》。劇中愫方與曾文清、曾思懿、曾皓之間一女二男、一男二女的複雜關係，正是方瑞與曹禺、鄭秀、楊振聲之間複雜關係的起於情色歸於宗教的詩化表現。劇中像原始「北京人」一樣野蠻強壯的機器工匠「北京人」，像天神救星一樣把愫方、瑞貞救出曾家大院，護送她們前往以「人類的祖先」為標準榜樣的敢恨敢愛的彼岸天堂。被曹禺稱之為「原始的情緒」和「蠻性的遺留」的「陰間地獄之黑暗+男女情愛之追求+男權家庭之反叛+專制社會之革命+捨身愛人之犧牲+天誅地滅之天譴+替天行道之拯救+陽光天堂之超度」的密碼模式，也因此部分恢復了為藝術而藝術的詩化魅力。

曹禺一生創作、翻譯、導演、改編了十五部影劇作品，他在這些影劇作品中塑造了上百個人物形象，只有自編自導於一九四七年的電影《豔陽天》中的陰兆時，是一名執業律師。與此前的《雷雨》、《日出》、《原野》、《蛻變》、《北京人》等影劇作品一樣，《豔陽天》基本上是按照「陰間地獄之黑暗+男女情愛之追求+男權家庭之反叛+專制社會之革命+捨身愛人之犧牲+天誅地滅之天譴+替天行道之拯救+陽光天堂之超度」的密碼模式，來編排故事情節的起承轉合和影劇人物的悲歡離合的。為了證明號稱「陰魂不散」的自傳性人物陰兆時替天行道的超凡脫俗，三十八歲的曹禺採用《目蓮戲》、《西遊記》、《水滸傳》、《牡丹亭》、《長生殿》、《紅樓夢》之類傳統戲曲傳奇和話本小說所慣用的「鬼把戲」，煞費苦心地為陰兆時設計了一場「陰魂不散」的生日戲：先讓陰兆時忘記這一天是他自己的生日，只知道這是「彌陀佛降生的日子」；

然後通過陰太太一驚一詫抖包袱的低級戲法，吶喊出陰兆時原本是彌陀佛下凡轉世的前世真身：「你忘了？你怎麼了得啊，你的生日跟彌陀佛的生日是一天！」「今天是你四十歲的整壽啊！」

影片中受到救助的老婦人，對於彌陀佛下凡轉世的陰兆時，另有一個頗為樸素也頗為實惠的稱呼，叫做「救苦救難的陰律師」。陰兆時用以救苦救難的價值信仰和技術手段，並不是現代文明社會以人為本、主權在民、權為民所賦、法律面前人人平等、司法機關獨立辦案、疑罪從無的罪由法定、程序正義優先於實體正義的憲政法理；反而是公然凌駕於法律規定和法律程序之上替天行道的神道能量。老朋友魏卓平用「自己的房子，自己的經費」創辦惠仁孤兒院，院址就在陰兆時家小洋樓的隔壁，「喜歡孩子和朋友」的陰兆時，因此成為孤兒們愛戴的陰爺爺。敵偽時期當過大漢奸如今隱姓埋名做黑市生意的金煥吾，看上這家孤兒院既不惹眼又離碼頭近的地理位置，打算用來充當囤積居奇、投機倒把的倉庫，就指派手下打手楊大逼迫魏卓平出賣房產。出賣普通房產可以是單純的民事行為，出賣孤兒院的房產在很大程度上已經變成公益行為，因為一同出賣的還有孤兒們的生存權利和教育權利。起初在幫助魏卓平對付楊大時，陰兆時自報家門說自己是「孤兒院法律顧問」。等到魏卓平迫于金煥吾的強大壓力而不得不賣掉孤兒院時，這位法律顧問既不提供最低限度的法律支援，也不按照正當程序去申請政府公權力的干預救濟，卻出於朋友之間的意氣之爭撒手不管。在四個孤兒已經眼瞎、眾多孤兒失去生存保障的情況下，陰兆時不是利用法律手段為孩子們爭取以人為本的生存權利和教育權利，而是把孩子們的悲慘遭遇作為高調抒情的藉口籌碼，去與大漢奸金煥吾在法庭上大打口水官司，從而把對於大漢奸提起公訴的政府行為，架空轉換為他自己濫用法律替天行道的個人行為。

在打贏官司的當天夜晚，喝醉酒的陰兆時被金煥吾派遣的打手砸了石頭，經搶救躺倒在自家臥室靜養。曹禺為了突出強調陰兆時「陰魂不散」的前世真身，直接模仿傳統戲曲「活見鬼」的戲劇場面安排了一場鬧鬼戲：「一個傻傻的老人，駕著一輛殯儀館的屍車，高踞在車座上，口中銜著旱煙袋。一匹瘦弱的白馬拖著車拐進巷子，寂寞的巷內響著石子路上的馬蹄聲，車子緩緩朝陰家大門走去。」當這個傻傻的老者帶人抬屍時，「又有四五個人擁進，提著許多紙錢，香燭，壽衣和孝衣」。生命垂危的陰兆時竟然僵屍般爬起身來，說一聲「屍首來了」，對著眾人一通亂打。「陰魂不散」的陰兆時因為這場違法執業的法律案件在報紙上暴得大名，許多讀者為此給他寄來捐款。志得意滿的陰兆時最後在侄女陰堇修陪伴下，撇下原配妻子走進「灑滿了陽光」的「豔陽天」，在陽光天堂般的「豔陽天」中繼續他既「陰魂不散」又「救苦救難」的神聖事業。

一九四九年二月二十八日，在地下黨負責人喬冠華周密安排下，一直以神道設教、替天行道的宗教先知加抒情詩人的特權身份自居的曹禺，正是懷抱著陰兆時式既「陰魂不散」又「救苦救難」的神道情懷，帶著婚外同居的方瑞與柳亞子、鄭振鐸、葉聖陶、趙超構、馬寅初、王芸生、陳叔通等一行二十七人，乘坐外籍豪華客輪「華中輪」從香港出發前往北京解放區的。老牌革命家柳亞子用「六十三齡萬里程，前途真喜向光明」的詩句，表達了幾代文化人對於陽光天堂般的新政權的神往之情。

五、「新的迷信」與自我迷失

一九四九年之後的曹禺，既在新時代的豔陽天裡既享受著文藝高官的尊貴待遇，又面臨著《蛻變》中的丁大夫所主動建議的那種觸及靈魂的「勞心者治人」、「存天理，滅人欲」式的思想改造。身份地位的提高，是以委曲求全地犧牲自己幾乎全部的創作自由為慘痛代價的。文藝創作中為藝術而藝術、為表達而表達的第一位的本體價值，更被當作資產階級的敵對理論和敵對專利，遭受著同樣是「存天理，滅人欲」卻又表現得更加殘酷無情的精神審判和文化批判。據曹禺的女兒萬黛、萬昭在文章中介紹：

「一九四九年建國的時候，爸爸是作為青年代表參加第一屆政治協商會議的，當時他才三十九歲，充滿活力，滿懷激情。……現實生活並不完全像爸爸所期望的那樣，政治運動、文藝界的批判和鬥爭年復一年，一個接著一個，永遠沒個頭兒，涉及的面越來越廣，人越來越多。」

一九六二年二月十七日，周恩來在中南海紫光閣召開在京話劇、歌劇、兒童劇作家座談會，他在講話中專門點名批評了自己的南開小校友曹禺：

「曹禺同志的《雷雨》寫於『九・一八』之後，那個時代是國民黨統治時期，民國時代。寫的是『五四』前後的歷史背景，已經沒有辮子了。寫的是封建買辦的家庭，作品反映的生活合乎那個時代，這作品保留下來了。這樣的戲，現在站得住，將來也站得住。……曹禺同志是有勇氣的作家，是有自信心的作家，大家很尊重他。但他寫《膽劍編》也很苦惱。他入了黨，應該更大膽，但反而更膽小了。謙虛是好事，但膽子變小了不好。入了黨應該對他有好處，要求嚴格一些，但寫作上好像反而有了束縛。把一個具體作家作為例子來講一下有好處。所以舉曹禺同志為例，因為他是黨員，又因為他是我的老同學，老朋友，對他要求嚴格一些說重了他不會怪我。……《明朗的天》好像還潑一些。有人說它不深刻，但這是解放後不久寫的，寫在一九五三年。這個戲把帝國主義辦醫學院的反面的東西揭露出來了，我看過幾次，每次都受感動。《膽劍篇》有它的好處，主要方面是成功的，但我沒有那樣受感動。作者好像受了某種束縛，是新的迷信所造成的。」

周恩來所謂「新的迷信」，指的是當年對於以階級鬥爭為綱、文藝必須是「為人民大眾的，首先是為工農兵的」、文藝工作者「必須和新的群眾相結合，不能有任何遲疑」之類毛澤東思想的絕對迷信，以及對於以毛澤東詩詞為最高代表的革命現實主義與革命浪漫主義相結合的創作方法的絕對崇拜。在周恩來眼裡，曹禺真正成功的優秀作品，不是他作為中共黨員在「新的迷信」指導下所創作的《膽劍篇》，而是他早年自由創作的為藝術而藝術、為表達而表達的《雷雨》：「我在重慶時對曹禺說過，我欣賞你的，就是你的劇本合乎你的思想水準的。」正是在周恩來所說的「新的迷信」的束縛管制之下，一九四九年之後的曹禺，像「成了正果，被封為『鬥戰勝佛』，慈眉善目地坐在那裡，不再想花果山，不再想原來的猴身」的孫悟空一樣，在影劇創作中逐漸迷失了自己起於情色歸於宗教的「原始的情緒」和「蠻性的遺留」，以及由此而來的為藝術而藝術、為表達而表達的本體價值和詩化魅力。

20年代的林徽因

附錄五：冰心與林徽因的是非恩怨

吳文藻的清華室友梁思成由於意外車禍，只好與林徽因推遲到一九二四年同船赴美。一九二五年暑期，冰心和吳文藻到位於美國紐約上州中部綺色佳的康奈爾大學補習法語，與梁思成、林徽因相遇，冰心與林徽因在野餐時還留下一張珍貴合影。但是，撇開半真半假的影射小說《我們太太的客廳》不論，現實生活中的謝冰心與林徽因之間，也還是長期處於相互詆毀誤解的冷戰狀態。

一九八七年，晚年冰心在《入世才人燦若花》一文中，列舉到五四以來的著名女作家，其中公開讚美林徽因說：「一九二五年我在美國的綺色佳會見了林徽因，那時她是我的男朋友吳文藻的好友梁思成的未婚妻，也是我所見到的女作家中最俏美靈秀的一個。後來，我常在《新月》上看到她的詩文，真是文如其人。」而在事實上，早年冰心與比她年輕四歲的林徽因之間，曾經有過一些糾纏不清的是非恩怨。

一、從冰心的「緋聞」說起

陳明遠著《洗盡鉛華始見真：民國才女的個性與婚戀》一書，附錄有一篇舊文章《林徽因與冰心曾結怨成仇嗎？》，其中開門見山、開宗明義的一段話是這樣的：「讀到有些學者的論著斷定：『冰心跟林徽因二人結怨並成為仇敵』，筆者禁不住要考察史料、以真相來發表自己的看法。這個問題必須澄清，不能有絲毫意氣用事的成分。」

義正辭嚴地表示「不能有絲毫意氣用事的成分」的陳明遠，所表白的「這個問題必須澄清」，恰恰是自相矛盾的「意氣用事」。所謂「不能有絲毫意氣用事的成分」，說穿了就是別人不能「意氣用事」，陳明遠卻可以單邊片面、義正辭嚴地「意氣用事」。

應該說，「林徽因與冰心曾結怨成仇嗎？」，是民國史上不見得「必須澄清」的枝節問題，只是對於像筆者這樣有獵奇心理的讀書人，還有一點鑽研考證的個人趣味及史學價值，無論如何都是不值得擁護冰心或者擁護林徽因的甲方乙方義正辭嚴地「意氣用事」的。

陳明遠是專門為魯迅算過經濟帳的一個人，按照他的說法，「林徽因比冰心更漂亮、更有魅力、更活躍任性、不受傳統局限；而冰心顯得穩重、較為傳統與保守一些。冰心一輩子從來沒有緋聞，而林徽因的追求者很多。」類似的說法，還見於老舍的兒子舒乙此前寫作的《真人——冰心辭世十年祭》。所謂緋聞，就是與男女情色有關的真假傳聞。在陳明遠熟知的《魯迅全集》裏，就白紙黑字地記錄著冰心與高長虹之間真假難辨的緋聞逸事：「長虹寫給冰心的情書，已閱三年，成一大捆。今年冰心結婚後，將該捆交給她的男人，他于旅行時，隨看隨拋入海中，數日而畢云。」

這段話出自魯迅一九二九年五月二十二日到北平即北京探親時，寫給許廣平的「兩地書」。魯迅所謂冰心的「男人」，顯然是指吳文藻，只是冰心和吳文藻當時正在籌辦婚禮而沒有正式結婚。同樣是在一九二九年，天津《益世報》刊登據說是寫作於一九二三年的冰心小說《惆悵》，其中描寫的恰好是青年男女之間「雙重三角」的戀愛故事，兩男一女的三角戀愛發生在薛炳星、衛希禔與黃葹因之間；兩女一男的三角戀愛發生在劉若蕖、黃葹因與薛炳星之間。陳明遠所謂「冰心一輩子從來沒有緋聞」的說法，未免過於絕對了一點。

冰心原名謝婉瑩，一九〇〇年十月五日出生於福州三坊七巷謝家大宅（今鼓樓區楊橋東路十七號），該宅院以前是黃花崗七十二烈士之一林覺民的故居，是冰心祖父謝鑾恩從林家購得，而林覺民恰好是林徽因父親林長民的堂兄弟。一九一三年，冰心隨父母遷往北京，住在鐵獅子胡同中剪子巷十四號，其父謝葆璋時任民國政府海軍部軍學司長。與梁啟超、湯化龍、孫洪伊等人同為立憲派領袖人物的林長民，當時是眾議院秘書長。在普遍注重鄉黨情誼的民國初年，林謝兩家自然是來往不斷。

一九二三年，冰心畢業於由協和女子大學等教會學校合併而成的燕京大學，並且得到燕大的姊妹學校、位於麻塞諸塞州波士頓城西小鎮威爾斯利的美國威爾斯利學院（Wellesley College，MA）的獎學金。同年八月十七日，她與來自清華學堂和燕京大學的餘上沅、吳文藻、許地山、梁實秋、顧一樵等一百多人，由上海乘坐約克遜號郵船赴美留學。

吳文藻的清華室友梁思成由於意外車禍，只好與林徽因推遲到一九二四年同船赴美。一九二五年暑期，冰心和吳文藻到位於美國紐約上州中部綺色佳（Ithaca，又譯伊薩卡）的康奈爾大學補習法語，與梁思成、林徽因相遇，冰心與林徽因在野餐時還留下一張珍貴合影。一九二八年冬天，吳文藻在哥倫比亞大學獲得博士學位。一九二九年六月十五日，冰心與吳文藻在燕京大學臨湖軒舉行婚禮，由燕大校長司徒雷登親自主持。

這一年，冰心二十九歲，吳文藻二十八歲。

二、《我們太太的客廳》中的林徽因

一九三三年九月二十三日，由楊振聲、沈從文從清華研究院教授吳宓手中接編的天津《大公報》文學副刊，更名為文藝副刊出版第一期，此後每週三、週六各出一期。同年九月二十七日至十月二十一日，冰心的短篇小說《我們太太的客廳》，在《天津大公報・文藝副刊》逐期連載。據李健吾回憶：「我記起她親口講起的一個得意的趣事。冰心寫了一篇小說《太太的客廳》（？）諷刺她，因為每星期六下午，便有若干朋友以她為中心談論時代應有的種種現象和問題。她恰好由山西調查廟宇回到北平，她帶了一罈又陳又香的山西醋，立時叫人送給冰心吃用。她們是朋友，同時又是仇敵。」

李健吾所說的仇敵，指的不是男性之間爭強鬥狠、你死我活的同性仇殺，而是女性之間爭風吃醋、娥眉善妒的同性相斥。正是在這個意義上，他對林徽因的評價是：「絕頂聰明，又是一副赤熱的心腸，口快，性子直，好強，幾乎婦女全把她當仇敵。」

據韓石山《碧海藍天林徽因》一文考證，冰心的短篇小說《我們太太的客廳》不如十年前「二九年華」的「美」太太，對應的是出生於一九〇四年的林徽因。太太的女兒彬彬，對應的是出生於一九二九年，時年五歲的梁再冰。

「約有四十上下年紀，兩道短鬚，春風滿面」的文學教授，對應的是一八九一年出生的北大文學院院長胡適。

「一個瘦瘦高高的人，深目高額，兩肩下垂，臉色微黃，不認得他的人，總以為是個煙鬼」的哲學家，對應的是後半生一直寄住在梁思成、林徽因家裏的金嶽霖。

「很年輕，身材魁偉，圓圓的臉，露著笑容」的政治學者，對應的是一九〇〇年出生，二十五歲便做了清華大學政治學教授的錢端升。

「一個美國所謂之藝術家，一個風流寡婦。前年和她丈夫來到中國，捨不得走，便自己耽擱下來了」的柯露西，對應的是一九三二年與費正清在北京結婚的費慰梅。

「頭髮光溜溜的兩邊平分著，白淨的臉，高高的鼻子，薄薄的嘴唇，態度瀟灑，顧盼含情，是天生的一個『女人的男子』」的「白袷臨風，天然瘦削」的詩人，對應的是一年前已經因飛機失事遇難的徐志摩。他與林徽因一見面，便「微俯著身，捧著我們太太的指尖，輕輕的親了一下，說：『太太，無論哪時看見你，都如同看一片光明的雲彩……』」

「不是一個圓頭大腹的商人，卻是一個溫藹清臒的紳士」的丈夫，對應的是在營造學社任職，同時以「梁思成林徽因建築事務所」名義在北京掛牌營業的梁思成。

關於「美」太太與她的丈夫，小說中有極盡挑撥離間之能事的一段話：「書架旁邊還有我們的太太同她小女兒的一張畫像，四隻大小的玉臂互相抱著頸項，一樣的笑靨，一樣的眼神，也會使人想起一幅歐洲名畫。此外還有戲裝的，新娘裝的種種照片，都是太太一個人的——我們的太太是很少同先生一塊兒照相，至少是我們沒有看見。我們的先生自然不能同太太擺在一起，他在客人的眼中，至少是猥瑣，是市俗。誰能看見我們的太太不歎一口驚慕的氣，誰又能看見我們的先生，不抽一口厭煩的氣？」

按照韓石山的說法，這些都不算什麼，即便是影射，也還在可容忍範圍之內。可怕的是，小說中竟然不顧時人最為避諱的家庭隱私，一再暗示林徽因是庶出，即是小老婆生養的。林長民有妻葉氏，不生育，娶妾何雪媛，為浙江嘉興一小作坊主的幼女，生林徽因，又生一女一子，均夭亡。徽因八歲時，林長民又娶妾程桂林，先後生有一女四子。一九二五年冬天，林長民參與郭松齡幕府反叛張作霖，亂軍中被流彈打死。後事由準親家梁啟超出面料理。一九二六年一月五日，梁啟超給遠在美國留學的梁思成寫信說：「這些事過幾天我打算約齊各人，當著兩位姨太太面前宣佈，分擔責任。」兩位姨太太中的大姨太太，就是林徽因的母親何雪媛。

三、冰心與林徽因的是非恩怨

撇開半真半假的影射小說《我們太太的客廳》不論，現實生活中的謝冰心與林徽因之間，也還是長期處於相互詆毀誤解的冷戰狀態。

一九三一年十一月二十五日，也就是徐志摩遇難後的第六天，冰心在寫給梁實秋的書信中表白說：

「志摩死了，利用聰明，在一場不人道、不光明的行為之下，仍得到社會一班人的歡迎的人，得到一個歸宿了！……人死了什麼話都太晚，他生前我對著他沒有說過一句好話，最後一句話，他對我說的：『我的心肝五臟都壞了，要到你那裏聖潔的地方去懺悔！』我沒說什麼，我和他從來就不是朋友，如今倒憐惜他了，他真辜負了他的一股子勁！談到女人，究竟是『女人誤他？』還是『他誤女人？』也很難說。志摩是蝴蝶，而不是蜜蜂，女人的好處就得不著，女人的壞處就使他犧牲了。」

借著死者的名義以「聖潔」自誇的冰心，所要表白的是只有她自己，才是最值得包括徐志摩、梁實秋在內的所有男性，鍾情熱愛的最佳女性；同為女性的林徽因、陸小曼，卻用她們的「女人的壞處」，害死了天才詩人徐志摩。為了進一步表白自己賢妻良母式的「聖潔」，冰心推心置腹道：「我近來常常恨我自己，我真應當常常寫作，假如你喜歡《我勸你》那種詩，我還能寫他一二十首。無端我近來又教了書，天天看不完的卷子，使我頭痛心煩。是我自己不好，只因我有種種責任，不得不要有一定的進款來應用，……」

冰心料想不到的是，徐志摩生前寫給陸小曼的一封家書，印證了她所謂「他生前我對著他沒有說過一句好話」，其實是虛假矯情的不實之詞。一九二八年十二月梁啟超病重，徐志摩從上海趕到北平看望，期間曾到清華大學拜訪羅家倫、張彭春等人，「晚歸路過燕京，見到冰心女士，承蒙不棄，聲聲志摩，頗非前此冷傲，異哉。」

到了一九九二年六月十八日，中國作協的張樹英、舒乙登門拜訪，諮詢王國藩起訴《窮棒子王國》作者古鑒茲侵犯名譽權一案，冰心在談話中有意無意、閃爍其辭地承認了自己曾經利用小說進行影射的歷史事實：「《太太的客廳》那篇，蕭乾認為寫的是林徽因，其實是陸小曼，客廳裏掛的全是他的照片。」

被冰心影射的林徽因，也同樣沒有免除傳統女性爭風吃醋、娥眉善妒的陋習根性。她在一九四〇年寫給費正清、費慰梅夫婦的書信中寫道：「但是朋友『Icy Heart』卻將飛往重慶去做官（再沒有比這更無聊和無用的事了），她全家將乘飛機，家當將由一輛靠拉關係弄來的註冊卡車全部運走，而時下成百有真正重要職務的人卻因為汽油受限而不得旅行。她對我們國家一定是太有價值了！很抱歉，告訴你們這麼一條沒勁的消息！」

這封英文信後來由林徽因兒子梁從誡翻譯為中文，收入《林徽因文集》。另據冰心一九四七年四月發表在日本《主婦之友》雜誌的《我所見到的蔣夫人》一文介紹，她與當年的第一夫人宋美齡是先後在美國威爾斯利女子學院留學的校友。一九四〇年夏天，宋美齡以校友名義邀請冰心、吳文藻夫婦到重慶參加抗戰工作，冰心夫婦的人生軌道和家庭命運由此改變。同年十一月，在宋美齡的周密安排下，冰心、吳文藻夫婦與三個孩子還有保姆富奶奶，從雲南乘坐飛機直飛重慶，包括冰心睡慣的一張席夢思大床墊在內的全部行李傢俱，由一輛大卡車拉走。吳文藻隨後出任國防最高委員會參事室參事，冰心出任婦女指導委員會的文化事業部部長。

實事求是地說，在抗日戰爭最為艱苦的一九四〇年前後，冰心、吳文藻夫婦應中國戰區最高長官蔣介石及其夫人宋美齡的邀請為國效力，本身就是正直愛國的表現。借用出任中國駐美國大使的前輩學者胡適的話說，「現在國家是戰時，戰時政府對我的徵調，我不敢推辭」。林徽因對於冰心夫婦「飛往重慶去做官」的詆毀誤解，與冰心此前寫作《我們太太的客廳》一樣，主要是出於女性之間娥眉善妒的爭風吃醋。

同樣是女性作家娥眉善妒的爭風吃醋和詆毀誤解，滯留於上海淪陷區的年輕一代的張愛玲、蘇青，對於當年高踞於正統文壇之上充當婦女指導委員會文化事業部部長的冰心另有非議。一九四五年四月，張愛玲在《天地》月刊第十九期刊登《我看蘇青》一文，其中寫道：「如果必需把女作者特別分作一欄來評論的話，那麼，把我同冰心、白薇她們來比較，我實在不能引以為榮，只有和蘇青相提並論我是甘心情願的。」

蘇青隨後在投桃報李讚美張愛玲的時候，也同樣要針對冰心進行詆毀諷刺以至於人身攻擊：「從前看冰心的詩和文章，覺得很美麗，後來看到她的照片，原來非常難看，又想到她在作品中常賣弄她的女性美，就沒有興趣再讀她的文章了。」

四、晚年冰心的選擇記憶

種種跡象表明，既左右逢源又政治正確的冰心，是一個從來不把雞蛋放在一個籃子裏面的聰明人。她在與宋美齡、蔣介石夫婦建立親密關係的同時，還與共產黨方面的周恩來等人建立秘密聯繫。對於前者，冰心晚年基於她既左右逢源又政治正確的處世方略和女性智慧，採取的是遮蔽隱瞞的態度；對於後者，她所採取的卻是引以為傲並且刻意炫耀的另一種態度。

據冰心寫作於一九九一年的《周恩來總理——我所敬仰的偉大的共產黨員》一文的選擇性記憶，「一九四一年春天，我在重慶的中華全國文藝界抗敵協會的歡迎會上，第一次幸福地見到了周總理。這次集會是歡迎從外地來到重慶的文藝工作者的。」作為該文的結束語，冰心寫道：「周恩來總理是我國二十世紀的十億人民心目中的第一位完人！」

與這句選擇性的讚美話語形成鮮明對比的，是冰心一九四八年在日文訪談錄《聞名於世的女傑・我眼中的宋美齡女士》中高調表述的另外一句話：「（宋美齡女士）是集各種各樣的特點于一身的女人。」可以說，冰心在國共兩黨之間既左右逢源又政治正確的處世方略和女性智慧，在這兩句話中表現得淋漓盡致。

一九九九年二月二十八日，冰心在北京醫院逝世，享年九十九歲。這位擔任過中國民主促進會中央名譽主席、中國文聯副主席、中國作家協會名譽主席、中國翻譯工作者協會名譽理事等多項職務的世紀老人，被讚譽為「二十世紀中國傑出的文學大師，忠誠的愛國主義者，著名的社會活動家，中國共產黨的親密朋友」，享受到黨和國家最高規格的葬禮哀榮。

孫中山和陳粹芬

附錄六：陳粹芬，孫中山的第一位革命情侶

父母雙亡的陳粹芬，自從一八九一年認識比自己大七歲的孫中山之後，在此後將近二十年的時間裡，一直追隨孫中山從事革命活動。她經常給革命同志洗衣做飯，傳遞密函，甚至於從事秘密運送槍枝彈藥之類的地下工作，是革命先驅孫中山的第一位革命情侶。近年來，包括陳錫祺主編的《孫中山年譜長譜》等相關研究成果，已經不再回避這一歷史事實。

父母雙亡的陳粹芬，自從一八九一年認識比自己大七歲的孫中山之後，在此後將近二十年的時間裡，一直追隨孫中山從事革命活動。她經常給革命同志洗衣做飯，傳遞密函，甚至於從事秘密運送槍枝彈藥之類的地下工作，是革命先驅孫中山的第一位革命情侶。近年來，包括陳錫祺主編的《孫中山年譜長譜》等相關研究成果，已經不再回避這一歷史事實。

一、《中山樵傳》裡的陳粹芬

據陳錫祺主編《孫中山年譜長編》介紹，孫中山於一八六六年十一月十二誕生於廣東省香山縣（今中山市）翠亨村；譜名德明，幼名帝象，稍長取名文。一八九五年十月二十六日，廣州起義因計畫洩露而宣告失敗，陸皓東、朱貴全、丘四等人被捕犧牲。遭到通緝的孫中山，與鄭士良、陳少白等人經香港流亡日本，於十一月十三日抵達橫濱，並在橫濱組建興中會分會。在此後將近十年的時間裡，橫濱一直是孫中山最為重要的居留地。

一八九六年十月十一日，孫文在英國倫敦考察西方政治期間，被清政府公使館翻譯鄧廷鏗挾持到使館內。經他的恩師康得黎等人奔走營救，於十月二十三日獲釋。一八九七年八月十六日，孫中山乘坐英國輪船抵達日本橫濱，入住陳少白的住所。同年九月，日本政客犬養毅委派平山周、宮崎寅藏、可兒長一前往橫濱迎接孫文到東京相見時，由平山周給孫文取了中山樵的化名。後來家喻戶曉的孫中山的名字，就是由此而來的。

按照《孫中山年譜長編》的說法，一八九八年九月二十五日，也就是清光緒二十四年八月初十日，天津《國聞報》刊登的《中山樵傳》，是中國國內公開發表的第一篇關於孫中山的中文傳記。這篇據說是「從東友處輾轉傳抄」的傳記文章，是以日本人的口吻夾敘夾議的，其中充滿了對於孫中山的詆毀之詞：

「清國逸犯孫文，字逸仙，自到日本後，改名中山樵，始到時我日本人皆為震驚，以為絕大本領之人。乍與之處，尚不覺其有他，至與之往還三五次，即覺其言語彷彿，非有豪傑推誠之慨，心竊疑之。及考察於寓此之華人，則多以無恥視之。」

關於孫中山的生平，該文介紹說：「細察其行于香江，少習英文，未卒業，就其地瓦麗氏醫院習醫學。此院為華人何啟律師之妻瓦麗氏遺產所置，以西文教西醫，兼贈藥施醫者。中山樵學之數年，卒業後往來廣東省城香江。香江有利銀行辦房馮瑞之小妻生喉症，就中山樵醫，中山樵誘而姦之，舉香江之體面華人無不切齒此事。」

關於孫中山的宗教信仰，該文介紹說：「中山樵原從孔聖教讀孔孟之書，後入耶教，教內不得有小妻，中山樵違例，教眾未及攻，而中山樵刊報招醫，又自稱學宗孔孟。耶教之樸誠者懟其反覆無常矣。」

關於孫中山的革命事蹟，該文敘述道：「中山樵又嘗在廣東創開藥房，係香江富人秦芳嘗受其醫，故借款與之為辦理。不數月，盡將秦款為花酒夜合費，無以見秦，遂欲圖借圖不軌之事以消滅之，故遍告於人，謂於陰曆重陽後五日起事，香江有二千西兵相助，銀行亦允助款數千萬兩，實並無其事。……故設一館在廣東省城，一館在香江。中山樵有欲恐人不知，日必告人，於是支那官知之，即行查封。中山樵早預備行計，故受其愚者皆就執，而中山樵由別徑走香江，人不容，乃改西裝往歐米。其在英國被清欽差拿獲之事，久已揚播。今來我邦，欲惑商人棍騙財物以為自娛，此其狀大略也。」

由於這篇《中山樵傳》的詆毀傾向過於明顯，反而讓人更加懷疑作者自己的「推誠之慨」，也就通常所說的誠信度。查勘《孫中山年譜長編》，所謂「香江」就是今天所說的香港。「瓦麗氏醫院」，指的是何啟為紀念英國籍亡妻Alice Memorial而創辦於一八八七年二月十七日的雅麗氏醫院。孫中山於一八八七年由廣州博濟醫校轉學到香港時，這家醫院已經升格為英國式的五年制醫科大學香港西醫書院；由何啟任名譽秘書，湯姆生任秘書，史特渥地任掌院，名譽贊助人包括滿清政府的李鴻章等人。實際負責教學工作的，是先後擔任教務長的孟生和康得黎。所謂孫中山的「小妻」，指的是一八七三年出生於香港新界屯門的陳粹芬。

二、陳粹芬的革命傳奇

一八八三年底，孫中山與同鄉好友陸皓東一起在香港受洗成為基督徒，教名為「日新」，後來又改為「逸仙」。

一八八四年五月二十六日，十八歲的孫中山與十七歲的盧慕貞結婚。

一八九一年三月二十七日，二十六歲的香港西醫書院四年級學生孫中山，與四十多名教友在香港創立少年會，並設立「培道書室」。孫中山在署名孫日新的《教友少年會紀事》仲介紹說，「道之不可無培也」，之所以要設立「培道書室」，是因為「每見教中子弟與惡少交遊，以致流入邪途而不悟」。

這一年的十月二十日，盧慕貞為孫中山生育了長子孫科。同樣是在這一年，孫中山經香港西醫書院同學陳少白介紹，與十九歲的教友陳粹芬在屯門基督教堂（美國紀慎會）相識並開始同居。父母雙亡的陳粹芬，在此後將近二十年的時間裡，一直追隨比自己大七歲的孫中山從事革命活動，成為革命先驅孫中山的第一位革命情侶。但是，孫中山與陳粹芬的婚外同居，確實是違背了基督教所提倡的一夫一妻制。

一九〇〇年八月二十一日，也就是日本明治三十三年八月二十二日，神奈川縣報送日本外務省的密報中提到，孫中山當天晚上與住在山下町的張能之、黎煥墀、譚發、趙嶧琴以及「孫的妾（日本人）」一起，在橫濱市相生町二丁目嘉以古餐館參加送別宴會。在場的中國人當場籌資三百日元，交給孫中山充當革命經費，孫中山於第二天便離開橫濱前往上海。

孫中山在日本流亡期間所娶的多名日本籍妻妾中，留下姓名的只有兩位。一個是出生於一八八八年的大月薰。一八九八年，孫中山在日本橫濱初次見到大月薰時，她才剛滿十周歲。孫中山向大月薰的父母求婚時，對方以女兒年齡太小為由加以拒絕。一九〇三年，三十八歲的孫中山與十六歲的大月薰結婚。婚後不久，孫中山離開日本前往東南亞及歐美各國宣傳革命。一九〇五年，孫中山回到日本看望大月薰並參與組織同盟會。一九〇六年，大月薰生育了孫中山的女兒宮川富美子。一九〇七年三月四日，孫中山收取日本政府七千元贈款離開橫濱，從此再沒有回到大月薰的身邊。大月薰此後兩次改嫁，宮川富美子從小被送給另一個家庭收養撫育。在與大月薰結婚生育期間，孫中山還與日本橫濱一位名叫淺田春的少女保持著情愛關係。

關於孫中山的革命情侶陳粹芬，宮崎寅藏的夫人宮崎槌子在《我對辛亥革命的回憶》中，曾經有過十分傳神的敘述：宮崎寅藏的哥哥宮崎民藏一邊稱讚陳粹芬一邊對宮崎槌子說，「在照顧孫先生日常生活的那位中國婦女同志，真是個女傑。她那用長筷子、張著很大的眼睛、像男人在吃飯的樣子，革命家的女性只有這樣才能擔當大事。你看她聲音之大，應該向她看齊才對。」

一九三六年三月二十日，《逸經》第二期刊登馮自由的回憶文章，其中談到孫中山「頗精於三十年前盛行之廣東天九牌，乙巳以前居橫濱時，每與陳四姑（名香菱）、張能之夫婦玩之。」

這裡的「乙巳」，指的是孫中山一邊在日本參與組織同盟會，一邊讓大月薰懷上女兒宮川富美子的一九〇五年。「陳四姑」就是原名香菱，又名瑞芬，在自己家中排行第四的陳粹芬。

一九四五年，馮自由的《革命逸史》第三集出版，書前有同盟會元老劉成禺題詩十首，其中第八首寫道：「望門投宿宅能之，亡命何曾見細兒。只有香菱賢國媼，能飄白髮說微時。」

馮自由在為該詩所寫的注解中介紹說：「橫濱日本郵船會社華經理張果字能之，與總理有通家之好。陳夫人瑞芬原名香菱，曾寄居張宅一年。總理居日本及越南南洋時，陳夫人恒為往來同志洗衣供食，辛勤備至，同志咸稱其賢。」

一九〇七年十二月一日，黃明堂、李佑卿、何伍等人的會黨武裝，在孫中山、黃興等人的遙控指揮下，在廣西鎮南關發動起義，攻佔鎮北、鎮南、鎮中三個炮臺。孫中山得到報告後，於三日早晨告別伴隨他從橫濱來到越南河內的陳粹芬，率領黃興、胡漢民、胡毅生、盧伯琅、張翼樞，以及日本人池亨吉、法國炮兵大尉D氏，在隨從衛隊的保護下奔赴前線，於當天晚上九時抵達鎮北炮臺。孫中山在炮臺上親自為傷患包紮並且親自發炮，當場表示自己反對清政府二十多年，這是他第一次親自炮擊清政府的軍隊。在此期間，被革命同志親切地稱呼為「陳四姑」的陳粹芬，依然是經常為革命同志洗衣做飯、辛苦操勞。

一九四九年，劉成禺在收入《世載堂雜憶》的《翠亨村獲得珍貴史料》中，再一次談到時年七十五歲的陳粹芬。大意是說抗日戰爭以來，陳粹芬先在澳門居住，之後到時任中山縣縣長的女婿孫乾家裡養老。她聽說劉成禺到了中山縣城石岐鎮，便很高興地表示說：「我已經與劉成禺有四十年沒有見面了，沒有想到他還活在人間啊？」

劉成禺登門拜訪時，兩個人回憶起四十多年前流亡海外的情景，陳粹芬感慨道：「我未做飯與汝等吃，已四十八年矣。今日重逢，下午請吃飯。」

於是，陳粹芬親自派送寫著「孫陳粹芬」的大紅帖，並且表示說：「如今已經不像當年在橫濱街頭隨意買菜了，請人吃飯應該講究排場格調了。」

劉成禺當天下午再次來到孫乾家裡時，陳粹芬老太太站在門口招呼說：「我們這些人過了五十年都還活著，回憶當年亡命受苦，簡直就是大夢一場，不可不留下一個紀念。」

接下來，賓主一起請人拍攝了一張合影照片才各自就座。

據劉成禺介紹，陳粹芬在與他暢談過程中，提供了許多珍貴的歷史資料，其中特別談到發生於一九〇〇年十月的惠州起義：「陳老太太為言革命時期惠州之役。香港李紀堂、梁慕光等商議在惠州起事，軍械皆由海員公會海員秘密輸運，經日本郵船與美國、高麗等郵船運來者最多，以橫濱為居中策應，視情勢如何，在橫濱定行止。陳老太太任來往船隻起落密件之責，故橫濱郵船一到，老太太即往接船，以港方確實消息，轉告密運槍械之海員。日本因婦女上下，毫未注意。及事敗，梁慕光來橫濱，盛稱陳老太太英勇不已。老太太曰：我當時傳遞書簡，並不害怕，大家拼命做去，總有辦法。」

三、陳粹芬的出走與回歸

孫中山在男女情愛方面嚴格遵守基督教一夫一妻的規定，是他與宋慶齡結婚之後的事情。一九一八年十月十七日，他在寫給遠在英國的恩師康得黎的書信中表示說：

「從您最近的來信，我發覺您還沒有獲悉三年前我在東京第二次結婚的消息。……我的前妻不喜歡外出，因而在我流亡的日子裡，她從未有在國外陪伴過我。她需要和她的母親定居在一起，並老是勸說我按照舊風俗再娶一個妻子。但我所愛的女子是一位現代的女性，她不能容忍這樣的地位，而我自己又離不開她。這樣一來，除了同我的前妻協議離婚之外，再沒有別的辦法了。」

假如「按照舊風俗再娶一個妻子」算是結婚的話，孫中山與宋慶齡的婚姻顯然不是他的第二次結婚。一九一〇年十二月十日，前往歐洲宣傳革命的孫中山，在從埃及蘇伊士運河寫給女兒孫娫、孫婉的家信中寫道：「愛女娫、婉收看：父今晚行到第四個埠，即蘇彝士運河，再六日便到埠矣，可告兩母親知之也。」

這裡所說的兩母親，指的是孫中山的元配夫人盧慕貞，以及與盧慕貞一起住在馬來西亞檳榔嶼的陳粹芬。由此可知，孫中山當年是承認陳粹芬為自己「按照舊風俗再娶」的第二房妻子的。

一九三六年，七十三歲的三藩市洪門致公堂總理黃三德，在他所口述的《洪門革命史》中，既詳細敘述了孫中山與洪門會黨之間的多年恩怨，也談到了孫中山對於革命情侶陳粹芬的捨棄出讓。據黃三德介紹，他在一九一三年「二次革命」失敗後從上海來到澳門，與孫中山的同鄉好友楊鶴齡結伴去拜訪孫中山的哥哥孫眉。楊鶴齡走到孫家門口時藉故離開，孫眉見到老朋友來訪，熱情地殺雞買酒予以款待。盧慕貞、陳粹芬當時與孫眉全家一起居住在澳門風順堂四號。在同桌吃飯的過程中，盧慕貞詢問黃三德道：「阿科個老豆與宋女士一步不離，你知他行徑如何？」

黃三德不覺大笑，回答說：「宋女士與阿科老豆在上海文明結婚（此宋女士指大宋，不是二宋），鐵路總辦署人人皆知，你兩大小因何不知？」

陳粹芬插話說：「我早話兩人古靈精怪，你不信，你出入時，她扶掖你而行，叫亞媽，亞媽，你作她好心嗎，你作她好貨嗎？」

盧夫人聽了歎息道：「無怪我大女臨死，怨亞爸行為不好。」

孫眉接下來告訴黃三德說：「中山與我同胞，你與中山共患難十餘年，如三兄弟一樣，不妨講真話。你在席上，看見中山妾侍，好唔好，一表人才，中山娶他十餘年，昔年在鎮南關起事，失敗，走出安南河內，做夥頭，煮飯與眾弟兄食，洗衣裳，捱盡艱苦，今中山做大總統，聽宋女士枕頭鬼說話，要棄其妾侍，中山寫信來我，叫我將其妾侍送與楊鶴齡，中山再送一萬元與楊鶴齡，我可將中山原信與你看，你話中山成人嗎。中山不要面子，我要面子，既然有一萬元送妾侍與人，何不將一萬元交亞哥，養佢過世，你話中山應打靶唔應打靶。」

黃三德筆下的「大宋」，指的是孫中山的前任私人秘書宋藹齡。「二宋」指的是繼姐姐宋藹齡之後擔任孫中山的私人秘書進而與孫中山正式結婚的宋慶齡。孫中山的大女兒孫娫，於一九一三年六月在澳門病逝。她所說的「行為不好」，指的是孫中山與私人秘書宋藹齡之間未婚同居的「文明結婚」。

楊鶴齡一八六八年出生於廣東香山縣翠亨村，比孫中山小兩歲。一八九五年加入興中會，在港澳一帶協助孫中山開展反清宣傳、籌募起義經費。一九一九年五月十六日，楊鶴齡致函遠在上海的孫中山求職。孫中山批答他日後假如有用人之地，必不忘故人。一九二一年五月五日，孫中山在廣州就任中華民國政府非常大總統，于同年九月十四日任命楊鶴齡為總統府顧問。一九二三年四月四日，又改任楊鶴齡為「港澳特務調查員」。

一九一五年十月二十五日，孫中山與元配夫人盧慕貞離婚後與宋慶齡在日本東京結婚。自一八九一年起就以革命伴侶的身份追隨孫中山四海為家的陳粹芬，直到一九一七年依然與盧慕貞一起居住在澳門風順堂四號孫眉家中。據國民黨元老鄧家彥回憶，「總理寓橫濱時，妾四姑隨之同居，善烹飪，個性溫柔。後亦遣離。民國六年，總理返粵護法，住士敏土廠。一日，四姑複來，門警森嚴，不得入，佇立遙望。總理聞訊，登陽臺，頻揮手令離去。嗣後馬湘語人如此。馬任總理之侍衛，因得親睹此幕也。」

在此之後，陳粹芬才不得不主動選擇離開孫家出走南洋，並且在南洋抱養蘇氏華僑的幼嬰作為養女，取名孫容。一九三一年「九一八」事變後，陳粹芬應時任行政院長的孫科邀請，帶著孫容入住孫科的廣州家中。在此後的五年間，她悉心照料孫科的兒子孫治平和孫治強，使得他們先後考取大學。一九三六年蔣介石南下廣州期間，為答謝陳粹芬早年的革命貢獻，親自委託司法院長居正致送養老金十萬元。

一九三七年，陳粹芬的養女孫容與孫眉的第二個孫子孫乾相愛。考慮到兩個年輕人之間並沒有血緣關係，孫科建議孫容恢復原姓改名為蘇仲英，然後與孫乾遠赴義大利留學結婚。有了孫乾與蘇仲英之間的這樁婚姻，陳粹芬像大部分從一而終的中國傳統女性那樣，取得了生是孫家人、死是孫家鬼的正統待遇。

一九六〇年，陳粹芬在香港去世。一九八六年，陳粹芬的女婿孫乾到香港收拾岳母陳粹芬與妻子蘇仲英的遺物，改葬陳粹芬遺骨於中山縣翠亨村孫氏家族墓地之內。墓碑上寫道：孫陳粹芬夫人之墓，婿孫乾率外孫必勝、必興、必達、必成、必立建立。在《翠亨孫氏達成祖家譜》中，關於孫中山的婚姻情況是這樣敘述的：元配盧慕貞（一八八五年結婚，一九一五年離婚）享壽八十六歲。側室陳粹芬（一八九一年開始與孫中山同居，一九一二年秋離開孫中山）享壽八十九歲。妣宋慶齡（一九一五年二十二歲的宋與四十九歲的孫中山結婚）享壽八十九歲。

〔跋〕

周有光老人的「九泉之下」

由於為《環球人物》雜誌撰寫「民國紅粉」專欄的緣故，筆者先後收集購買了近二十本與此相關的新版書籍，意外發現這些書籍的內容高度重疊：不同的男女作者，在為相同的歷史素材添油加醋、注水稀釋，從而導致民國社會最為美好亮麗的人文資源和人文風景，像遍佈全國各地的礦井窯坑一樣，被這些人採用低級下流、調皮輕薄、醜陋變態、陰陽怪氣的惡俗腔調污染敗壞。尤其嚴重的是，近來年以其與時俱進的常識理性在文化思想界引領潮流的周有光老人，竟然被高調標榜為「《中華傳奇·大歷史》主編吳安寧多年打造力作」的《鴛鴦蝴蝶夢——民國名媛往事》一書，從「九泉之上」活生生地寫到了「九泉之下」。

查閱版權頁，《鴛鴦蝴蝶夢——民國名媛往事》的出版印刷日期為二〇一一年七月，出版發行方為華中師範大學出版社。為正視聽，先抄錄該書第一百二十三頁的原文：

「據葉稚珊女士回憶，張允和、周有光每天上、下午都有喝茶和咖啡的習慣。……張允和有詩雲：『人得多情人不老，到老情更好。』毋庸置疑，必是取自自己和丈夫的親身體驗，正因為有著不老的心，不老的情，兩人才能在接近百歲高齡，還能保持一顆年輕的心，維持一種鮮活的愛情，使得自己的人生，真正達到不老的境界。可以肯定地說，二老如今在九泉之下，必定也如此般不老地生活。」

而在事實上，周有光、張允和二老中間，只有張允和老人于二〇〇二年八月十四日離開人世，去了所謂的「九泉之下」。如今依然生活在「九泉之上」的周有光老人，反而步入了一個絢爛之極歸於平淡的思想活躍期和成果豐收期。僅就二〇一〇年而論，周有光老人就有「三喜臨門」：他的雜文集《朝聞道集》榮獲深圳讀書月「二〇一〇年度十大好書」；他本人被中華文化促進會評選為「二〇一〇中華文化人物」；《南方人物週刊》也將他評為「二〇一〇年魅力人物」。除此之外，刊登於《南風窗》二〇一〇年第十四期的訪談錄《周有光：全球化時代要「重估一切價值」》，以他跨越晚清、北洋、國民政府和新中國四個時期的人生經歷和全球視野，石破天驚地道破了一百多年來一直被人為遮蔽的常識理性：

「英國教授告訴我，世界上沒有奇跡，只有常規。什麼叫常規呢？按照國際先進的先例來做，但是有一個前提條件，這個國家要是民主的，要是開放的，有這個條件就可以得到國際幫助。……從經濟學上講，不存在『中國奇跡』。沒有奇跡，只有常規。常規就是走全世界共同的發展道路，一定要強調特殊國情，『獨闢蹊徑』，歷史已經證明『此路不通』。正所謂『殷鑒不遠』，希望那些無視走過的彎路，仍然試圖找到第二條道路、第三條道路的人們警醒為是。」

二〇一二年一月十三日，周有光老人迎來一百零七歲生日。如今的他不僅時不時地參加京城老人的各種聚會，而且各種媒體也一直在跟蹤報導他的生活狀況與思想態度。譬如二〇一二年一月十二日的天津《每日新報》，刊登有顧明君采寫的《周有光先生明天一百零七歲大壽》。二〇一二年六月一日的上海《新民晚報》，刊登有王成撰寫的整版長文《中文拼音之父徜徉在「被上帝遺忘」的時光裡》。「被上帝遺忘」的周有光老人，卻偏偏被後輩寫手吳安寧從「九泉之上」，活生生地寫到了「九泉之下」，像這樣的文史「力作」，是無論如何也不應該廉價傳播的。

行文至此，到網路上簡單搜索一下，才知道這位高調宣稱自己是「《中華傳奇・大歷史》主編，策劃單行本雜誌《開國大典》、《一九五五，授銜回眸》、《北洋軍閥真相》、《五四，那些事兒》等，策劃編著《一八九八—一九四五，海軍、海殤》、《李小龍傳奇》、《喋血遠征》等」的吳安寧先生，曾經是筆者在微博中的互粉網友，我們兩個人之間還殘留著幾條私信聯絡的記錄。私信聯絡的緣起，應該是對方主動找來邀約書稿，他的認證資訊注明的身份，是「華中科技大學出版社人文分社編輯」，他的個人資料中的廣告語是：「策劃總監，收文史社科，版稅制，有好稿子儘管砸，別張獅口就行，QQ346556643。」

在這位吳安寧先生的微博中，另有這樣兩條資訊。

其一是「六月四日17:23 來自新浪微博」的「遇到一個文化公司的傻逼，特喜歡『指點』作者稿子，然後搞成『合著』，哪怕是很多人寫的，他也要在最末尾加上自己的名字。這世道妖孽真多！」

其二是「六月五日11:55 來自新浪微博」的「跟朋友幫忙，撰了幾個稿子，就是一些資料的編寫，錢不多，也不難。本來還是很認真的做了些工作。現在遇到一個傻逼，要哥優化小標題和整合錯別字——不然就算不合格，扣錢，日，你當編輯是吃屎的啊，小標題讓哥教你做？」

由這兩條微博，讓我聯想到兩年前一家時尚雜誌的美女編輯，明確要求筆者寫作「消費歷史」類的稿件。在連學術研究和歷史敘述都可以像電視徵婚，甚至於像遮陽傘、超短裙、霜淇淋、羊肉串那樣喊價叫賣、揮霍消費的文化環境及社會氛圍裡，一百零七歲高齡的文化泰斗周有光老人，被華中科技大學出版社人文分社編輯兼策劃總監吳安寧先生，由「九泉之上」活活寫到「九泉之下」，雖然有些太過乖張，卻也不是完全孤立的個案現象。實事求是地說，以人為本的尊重知識、尊重人才，至少在當下還是懸在天邊的一份美好奢望。

血歷史 PC0305

新銳文創
INDEPENDENT & UNIQUE

紅粉民國
——政學兩界的女權傳奇

作　　者	張耀杰
責任編輯	邵亢虎
圖文排版	陳姿廷
封面設計	秦禎翊
出版策劃	新銳文創
發 行 人	宋政坤
法律顧問	毛國樑　律師
製作發行	秀威資訊科技股份有限公司 114 台北市內湖區瑞光路76巷65號1樓 電話：+886-2-2796-3638　傳真：+886-2-2796-1377 服務信箱：service@showwe.com.tw http://www.showwe.com.tw
郵政劃撥	19563868　戶名：秀威資訊科技股份有限公司
展售門市	國家書店【松江門市】 104 台北市中山區松江路209號1樓 電話：+886-2-2518-0207　傳真：+886-2-2518-0778
網路訂購	秀威網路書店：http://www.bodbooks.com.tw 國家網路書店：http://www.govbooks.com.tw
出版日期	2013年6月　BOD一版
定　　價	500元

國家圖書館出版品預行編目

紅粉民國：政學兩界的女權傳奇 / 張耀杰著. -- 初版. --
臺北市：新銳文創, 2013.06
面； 公分. -- (血歷史；PC0305)
ISBN 978-986-5915-69-8 (平裝)

1.女性傳記 2. 中國

782.228 102004646

讀者回函卡

感謝您購買本書，為提升服務品質，請填妥以下資料，將讀者回函卡直接寄回或傳真本公司，收到您的寶貴意見後，我們會收藏記錄及檢討，謝謝！

如您需要了解本公司最新出版書目、購書優惠或企劃活動，歡迎您上網查詢或下載相關資料：http:// www.showwe.com.tw

您購買的書名：＿＿＿＿＿＿＿＿＿＿＿＿＿＿＿＿＿＿＿＿

出生日期：＿＿＿＿年＿＿＿＿月＿＿＿＿日

學歷：□高中（含）以下　□大專　□研究所（含）以上

職業：□製造業　□金融業　□資訊業　□軍警　□傳播業　□自由業

□服務業　□公務員　□教職　□學生　□家管　□其它＿＿＿

購書地點：□網路書店　□實體書店　□書展　□郵購　□贈閱　□其他

您從何得知本書的消息？

□網路書店　□實體書店　□網路搜尋　□電子報　□書訊　□雜誌

□傳播媒體　□親友推薦　□網站推薦　□部落格　□其他＿＿＿＿＿

您對本書的評價：（請填代號　1.非常滿意　2.滿意　3.尚可　4.再改進）

封面設計＿＿　版面編排＿＿　內容＿＿　文／譯筆＿＿　價格＿＿

讀完書後您覺得：

□很有收穫　□有收穫　□收穫不多　□沒收穫

對我們的建議：＿＿＿＿＿＿＿＿＿＿＿＿＿＿＿＿＿＿＿＿

＿＿＿＿＿＿＿＿＿＿＿＿＿＿＿＿＿＿＿＿＿＿＿＿＿＿

＿＿＿＿＿＿＿＿＿＿＿＿＿＿＿＿＿＿＿＿＿＿＿＿＿＿

＿＿＿＿＿＿＿＿＿＿＿＿＿＿＿＿＿＿＿＿＿＿＿＿＿＿

請貼
郵票

11466
台北市內湖區瑞光路 76 巷 65 號 1 樓
秀威資訊科技股份有限公司 收
BOD 數位出版事業部

(請沿線對折寄回,謝謝!)

姓　　名:＿＿＿＿＿＿＿＿ 年齡:＿＿＿＿ 性別:□女　□男

郵遞區號:□□□□□

地　　址:＿＿＿＿＿＿＿＿＿＿＿＿＿＿＿＿

聯絡電話:(日)＿＿＿＿＿＿＿＿ (夜)＿＿＿＿＿＿＿＿

E-mail:＿＿＿＿＿＿＿＿＿＿＿＿＿＿＿＿